親鸞門流の世界

絵画と文献からの再検討

早島有毅 編

法藏館

はじめに——問題の所在——

早島有毅

中世仏教史研究のなかで親鸞とその門流（以下、親鸞門流と略称）をめぐる論究は、近年新たな段階に入ろうとしている。そのきっかけとなったのは、昭和六十二年（一九八七）からの『真宗重宝聚英』全十巻（同朋舎出版）の上梓である。さらに、平成十五年（二〇〇三）になり『蓮如方便法身尊像の研究』（法藏館）や、平成十八年（二〇〇六）現存する絵伝を集大成した『大系真宗史料』特別巻（法藏館）が刊行された。ここに至って親鸞門流で依用された絵画史料のほとんどが、容易に検証しうるようになり、文献史料からだけでなく初期の親鸞門流の実像に迫ることが可能となったといってよい。実際のところ近年の真宗史の研究には、こうした絵画史料を素材に、これまでの本願寺史や専修寺史主体の研究に替わって、十五世紀中頃までの親鸞門流総体の論究が見られるようになり、その蓄積は決して少なくない。

だが問題となるのは、これまで真宗絵画史料の基本的属性について論議されたことがなく、文献史料との接点が見出せないことである。いってみれば、多彩に伝来している絵画史料の性格を措定せず、絵画を素材にした研究が先行しているのである。そもそも親鸞門流の絵画史料には、どういった属性が内在していたのであろうか。この手懸かりとなるのは、親鸞門流の絵画史料が、顕密仏教のそれと較べてみるとき、文字史料と一体化していることである。文字史料とは、絵画の表に描かれた名号や影像の上下の讃に墨書された経・論・釈の抄出文や、影像の僧名を記した札銘などを指していう。南北朝期から礼拝の対象として導入された阿弥陀絵像には、そうした事例がないものの、戦国期の本願寺門流における方便方身尊像としての発給証明書、裏書が貼付されており、広い意味でこの裏書も、この範疇に含めてよいだろう。こうした文字史料は、要するに名号や影像、さらに絵像などの描かれた宗教的論拠を示しており、絵画史料の絵解のためには、必要なものとなっている。この文字史料を通しての絵画史料研究こそ、文献史料との接点を探るための重要な作業といってよいだろう。

そうした一方、親鸞門流総体の実像に迫り、新たな研究段階に到達するには、これまでの文献史料総体について、厳密な史料批判と新たな読み込みの作業が欠かせない、と思われる。従来の親鸞門流の研究は、本願寺文書や専修寺文書など既存の史料や記録、さらに近世に編まれた伝承・系譜記録をもとに進められてきた。だが近年に至り、既存の文献への史料批判による成立年代の訂正や、同時代の文書や記録の精査による基本史料の紹介が、相次いで見られるようになっている。もとよりこうした作業には史料自体が限られており、とくに通説を覆すような知見を得るに至ってはいないものの、それらを絵画史料と突き合わせることで、これまでと異なった親鸞門流の全体像を垣間見ることが可能となってきている。しかしながら、このような試みは、ようやく緒に着いたばかりであり、親鸞門流の研究において、充分な論議がなされていないのが現実である。こうした文献史料の新たな問い直しのなかにこそ、絵画史料研究との接合の第一歩が求められるように思われる。

本書を『親鸞門流の世界——絵画と文献からの再検討——』と題し、構成を第Ⅰ部「親鸞門流の名号と影像」、第Ⅱ部「真宗史の再検討」、第Ⅲ部「信仰の周辺」とした所以は、こうした研究状況に鑑み、新たな方向性を見出すためである。親鸞門流での絵画史料と文献史料との連携は、親鸞の著述『尊号真像銘文』を初見とし、本願寺門流での常楽台存覚の備忘録『袖日記』などが、それに次いで見られる。これらの文献は、親鸞門流において、出発当初から信仰の対象としての絵画史料に、重大な関心が寄せられ、文献記録として伝えようとしていたことを示している。本書での試みは、こうした親鸞門流の絵画史料と文献史料との結合の先蹤を踏まえ、親鸞門流研究における新たな地平を拓こうとする意味を持つ。

第Ⅰ部「親鸞門流の名号と影像」には、親鸞門流総体の名号と影像に関する五論文を収録した。そこでの名号とは、親鸞によれば諸仏全般の名を指すが、一切の衆生を救済する「誓願」を内在した弥陀如来の名号こそ、諸仏の名号と異なり浄土教の教えを基本的に示しているという。しかもその名号は、文字でしか表象しえない実存体であり、現在においても衆生救済の役割を果たしている。これに対し影像とは、浄土教の教えを伝えたインドの菩薩、中国の高僧、日本の聖徳太子や先徳の画像を基本的に指していい、時代が降るにつれ門流集団個々の指導者の肖像画も、この範疇に含める場合もある。これら影像は、坐を連ねるという意味で連坐の御影とも呼称されるものが多く、弥陀如来の誓願に基づいた念仏の教えを信じ伝えたインド・中国・日本の僧俗の系譜を示している。もとよりこれらは、顕密仏教での『三国伝灯記』などの歴史観の影響のなかで成立するが、いずれも顕密仏教のそれと区分されて、当初から親鸞門流の敬信の対象、本尊として十五世紀中頃まで実質的に機能し、丁重に伝持されてきたのである。

ところで、親鸞門流の絵画史料として現存最古で年紀の確かなものは、高田専修寺に襲蔵される黄地《おうじ》十字名号である。この名号はいわば、親鸞門流の絵画史料の出発点に位置するといってよい。①早島有毅「本尊としての十字名号の宗教的立場とその成立意義――高田専修寺蔵黄地十字名号を中心素材にして――」は、この黄地十字名号について、名号の書体と文字としての機能、その名号の持つ宗教的性格、東国の親鸞門流集団で果たそうとした名号の役割といった展開で、総体的に考察する。中世仏教にあって、本尊といえば造形的に制作された仏、菩薩、明王の像や絵像などであり、文字を本尊として描き、敬信の対象とすることは、供養塔としての板碑を除くと、これまでけっして見られることがなかった。親鸞の師である源空にあっても、本尊として礼拝したのが、阿弥陀坐像であったことを想起するとき、その特異性は充分認識されてよい。

この論文での最大の課題は、親鸞がどうして文字を本尊として措定したのかにある。その理由について、親鸞による「帰命」の二文字の自釈に着目し、そこに「帰命は本願招喚の勅命なり」という衆生へ喚びかける音声が、文字の音韻として内在していると見る。このように名号の文字を捉え、上下の讃文の解釈を通して、この名号の救済対象が、親鸞門流集団の人々だけでなく、「一闡提」つまり仏教を信じない衆生を含めており、要するに中世社会の人々総体にあることを明らかにする。いわば十字名号とは、中世社会にあって、こうした宗教的普遍性を内在化しうるように、親鸞によって構想されていた。このような名号本尊が、造悪无㝵の徒の出現を契機に生じた念仏禁圧のなかで東国の親鸞門流集団に発給された意味について、中世東国の村落民共有の草堂や村堂の性格から解明し、名号の本尊としての位置をそうした村落の宗教施設から解き明かしている。

[2]山田雅教「中世の真宗における天竺・震旦の連坐像」は、親鸞門流の名号と並ぶ本尊としての影像の連坐像について、諸尊の配置、勢至菩薩と天竺の二菩薩、三震旦の高僧たちの人選、震旦の高僧たちの「像様」を通して、その由来と思想的背景から論究する。この連坐像が、鎌倉時代中頃に成立した愛知県岡崎市妙源寺蔵の九字名号を中尊とした三幅の右幅と近似する様式にあるのは、よく知られている。本論では、妙源寺の三幅の本尊について、平松令三氏がこの後に展開する「光明本尊」の端緒であるとの見解を前提にして、現存数の少ないこの連坐像を総体的に位置づけている。もとより妙源寺の三幅の本尊について、光明本尊と措定しうるか否かについては論議があ

るが、ここでは、そうした論議を避けて平松氏の見解に従って論を展開する。その理由は、この連坐像が左幅の日本の太子・先徳連坐像と対となる構想で、制作されたからという。

こうした連坐像についての問題は、どうして菩薩・高僧の像が下部から上部にかけて描かれ、そこにはどういった宗教的意味が措定されるのか、という点にある。だが本論の関心は、そうした方向にない。むしろ美術史の方法に学びながら、菩薩・高僧の「像様」の源流、僧の配置や僧の人選について論議を展開する。この問題は、真宗の教学史の展開から見るとき、確かに重要な論点となる。とりわけ意を注いでいるのは、中国の七高僧の人選の問題である。本論では、その人選にあたり、親鸞の『唯信鈔文意』の慈愍と法照、二尊院の「浄土五祖像」の曇鸞・道綽・善導・少康に由来があるという。こうした方法から、妙源寺の三幅を始源にしたこの連坐像が、現在の真宗寺院に安置される三朝高僧連坐像へと展開する経緯について考察する。

③脊古真哉「専海系三河門流の北陸地方への展開――高僧連坐像二点の紹介によせて――」は、②の山田論文と同じ影像の連坐像を素材にしている。この様式の連坐像は、上部から下部へ時系列的に描かれ、東海・北陸・近江周辺でのみ展開している。常楽台存覚の『袖日記』にも記載される連坐像である。本論は、制作年代が近世初頭まで降るものの、新たに発掘された二つのこのような連坐像を紹介するために、東海地域に現存する初期親鸞門流の絵画史料を整理し、その教線がどう北陸地方へ展開していったのかについて論じる。

その集眉となるのは、専海系三河門流での絵画史料の整理と分析を通して、二つの論点を示したことである。その一つは、元来から着目されてきたこの地域で多く伝来する掛幅絵伝を検討し、それら専海系門流の法然・親鸞・太子・善光寺如来の四種の掛幅絵伝が三河に進出していた源海系荒木門流との影響で制作・伝持されたとすることで、三河の親鸞門流は、これまで荒木門流主体に考えられてきたが、その実態は、専海系門流と荒木門流との複合体でなかったかというのである。もう一つは、専海系三河門流の高僧連坐像の札銘と『親鸞聖人門侶交名牒』とを突き合わせ、この専海系門流の法系の実態を新たに検証したことである。このような試みこそ、絵画史料と文献史料との連携という課題にふさわしいもので、史料的に改竄の多い『門侶交名牒』が、本願寺や高田専修寺門流の影響のもとに成立し、専海系三河門流の法系は、記載されていないと断言した。

こうした専海系三河門流の実態を緻密に明らかにし、この教線が美濃郡上郡と越前大野郡を経て越前平野に伝搬していったことを白山信仰圏との関連で検証する。ここから、戦国期になって「教団」を形成していった本願寺門流や高田専修寺門流と異なり、越前三門徒諸派が、なぜ初期親鸞門流での高僧連坐像を、近世江戸時代前期に入っても制作していたのかが、新出史料を紹介しつつ解き明かされる。

以上は、どちらかといえば、初期親鸞門流の名号と影像に関しての三論文であったが、残りの二論文は、本願寺門流が他の諸門流を吸収し、本願寺を主体に「教団」形成を主導した蓮如の名号と影像を主題にしたものである。

4青木馨「蓮如墨書名号の意義」は、裏書も基本的に貼付されず、楷書・草書で多彩に墨書された六字主体の名号が、どういった「場」に安置され、どのような宗教的役割を果たしたのか、という素朴な疑問を課題にして出発する。この疑問は、文字史料があまりないにもかかわらず遺存数が多量にある名号なので、絵画史料として答えることは容易ではない。本論において、この問題を検証するために、「蓮如名号の種々相」を設け、墨書の十字・九字・六字の名号の形態を種類ごとに整理し、裏書の確認できる名号を手懸かりにして、寛正六年の大谷破却以前の裏書のある墨書名号は、蓮如による本尊措定への「試作的名号」でないかという。しかもその検証過程において、これ以降、草書の六字名号を中心に楷書の六字名号などが多く発給された事実を指摘する。

ここから主題となる墨書の六字名号の二形態、楷書と草書の分析に入って行く。本論での集眉は、六字名号の

「む」の用字法にある。楷書の場合、親鸞門流で親鸞以降踏襲される「无」という文字が用いられ、草書の場合、蓮如から「無」という文字が用いられるという。これに加えて、楷書の六字名号には表書に讃文を書き添えるものもあるが、草書には特殊な一例を除き、その痕跡がない。こうした楷書と草書の六字名号の形態を比較して、草書の六字名号は、楷書の十字・九字・六字名号を基準として想定すれば、名号の簡略化へ展開していったと述べる。こうした手続きのもと、課題とした六字名号の安置の「場」と宗教的役割が、「教学と思想的背景」と題して親鸞の名号観と蓮如の名号観の捉え方の比較を通して考究される。

[5]吉田一彦「大谷本願寺第七世釋蓮如」は、題名から窺えるように、凝りに凝った論文である。これまで、本願寺の「教団」体制を確立した蓮如は、通例親鸞から数えて第八代の住持にあたる、といわれており、辞典類の項目を見ても、蓮如を第八代と記述している。だが蓮如の寿像の裏書に、大谷本願寺第七世、七代と記すものが各一点、表の札銘に大谷本願寺第七世と記すものが一点、計三点のものが現存する。こうした文字史料の存在は、『真宗重宝聚英』第九巻の早島有毅の解説などで、はやくから知られていたものの、近年の千葉乗隆氏の論考に至るまで、どう理解すべきかはあまり論究されることがなかった。本論文は、これらの見解を手懸かりとして、その論拠を絵画史料の文字史料を活用して深化させている。

まず既存の七世、七代と記した絵画史料について、署名・花押のみならず筆跡・字配り・用字など蓮如の書法総体を詳細に点検し、これらがいずれも蓮如の自筆であると断定した。遺されている寿像は、蓮如が順如の死去の後ふたたび本願寺住持に復職した文明十六年の三河勝蓮寺宛、明応七年性信に発する横曾根門流の本寺坂東報恩寺宛、さらに晩年の飛驒奈良谷楢谷寺宛の三点であるが、楢谷寺の場合は詳細にたどれないものの、いずれも本願寺住持として第七代に位置している自覚が強く感じられると述べるのである。この論証は、実証的で絵画史料の属性である文字史料の論証方法として、基準とすべきものである。

ついで、蓮如を第八世と記す本願寺の「代々銘」各本の成立時期を、蓮如死後本願寺住持となった実如期ではないかと検証し、蓮如がどうして本願寺第八世と措定されるようになったのかについて、実如期の文献史料を通して解き明かしている。ここでの指摘は、文献史料だけでは窺い知れない見解であり、絵画史料の活用によって生まれた新しい知見である。こうした絵画史料からの論究は、これからの親鸞門流研究にとって、重要な位置を占めるであろう。

第Ⅱ部「真宗史の再検討」は、これまで明らかとなっている文献史料を駆使し、親鸞門流研究で近年論じられることが少なくなった問題について取り扱った三論文を収載した。親鸞門流についての文献史料は、先に確認したように若干の論考で史料批判が見られ、かなり厳密性が高くなってきている。しかも、第Ⅰ部3脊古論文において明らかとなったように、『親鸞聖人門侶交名牒』の信憑性が、絵画史料との突き合わせにより再検討を余儀なくされており、わずかながら、既存の文献史料の見直しが進んでいる。こうした地道な作業こそ、親鸞門流の研究を一歩でも進展させることができよう。

1平雅行「親鸞の配流と奏状」は、現在の親鸞研究にあって、最も関心が高いものの、その状況を伝える史料が欠落するなかで、新たな研究のあり方を模索した論文である。そのために、この論文では既存史料の見直しだけでなく、親鸞の配流と関係すると想定しうる「建永の法難」、つまり建永二年の専修念仏弾圧との関連からまず追究する。この法難とは、よく知られるように源空門下の安楽・住蓮らの密通事件をきっかけに生じた念仏弾圧といわれる。この法難は、伝搬経路が定かにならないものの、戦国期の東国岩城二本松での法然・親鸞・明教の連坐像に処罰されたという鈴虫・松虫の像が連ねて描かれており、中世社会では広範囲に知られていた事件と想定しうる。

本論文では、この法難が朝廷や貴族の主導でなく、執拗な顕密仏教によって主張されたとし、密通事件による弾圧は、偶発的なものではなかったと断定する。この前提に立脚し、親鸞の越後への配流の問題を論じる。親鸞の配流について、直接示す一次史料はなく、『教行信証』後序に記載される「承元の奏状」だけである。この内容についてのこれまでの研究史の論点を整理し、この弾圧の根幹が「諸行往生」を否定する念仏者に向けられていることを明らかにし、中沢見明氏や古田武彦氏の見解を手懸かりに、親鸞の名が確認しえないものの、やはり流罪者の一員であったと推定する。

こうして、改めて「承元の奏上」の成立年次が越後配流からの赦免以前に朝廷に提出されたものであるという。さらに、朝廷にだれがそれを取り次いだのかと設問する。このことについて、『親鸞伝絵』や『親鸞血脈文集』では、岡崎中納言範光としている。この論文では、この人物が当時越後の知行国主であり、彼が後鳥羽院の寵臣であるだけでなく、法然の帰依者という三点から、やはり岡崎中納言でよいのではないかと想定する。こうした建永の念仏弾圧と「承元の奏状」の検証を通して、中世の流罪者の生活事例を参考に、親鸞の越後での流罪生活の内実が想定されている。

2 今堀太逸「一向宗の聖人二人――黒谷源空聖人と親鸞聖人――」は、十四世紀後半の『法水分流記』において、親鸞門流が「一向宗と号す」と記されている点に着目し、法然と親鸞を大師聖人、祖師聖人と尊崇した一向宗の成立過程について、浄土教の勧進という視点から論じている。本論文の論点は多岐にわたるが、そこでの論理は、二つの論点に集約される。その一つは、親鸞の念仏勧進のあり方が法然と共通しているという点であり、もう一つは、初期親鸞門流の念仏教化の浄土宗における位置づけである。

親鸞が勧進聖でなかったのかという見解は、古くから見られるが、近年の平松令三氏の『親鸞』（吉川弘文館、一九九八年）によって、ほぼ定説化しつつある。この観点に立脚し、浄土宗の念仏教化のあり方が、『伝法絵流通』などの絵画史料を通しての絵解によって弘まっていったと論じている。親鸞の場合も、『尊号真像銘文』の記述により、そのなかに位置づけるが、そこでの教化の根幹となるのは、本地垂迹説つまり仏教に縁のない日本の衆生に、仏法を説明する説ではなかったかという。初期親鸞門流での念仏勧化と本地垂迹説を結合させて説く見解は、これまでの真宗史で禁忌視されていたと思われるが、絵画史料における文字史料のあり方と関連して文献史料と突き合わすとき、必ずしもこの見解は否定しえず、充分に傾聴すべきであろう。

それでは、初期親鸞門流の場合は、どうであったのか。このことについて、本論文では、親鸞の消息集の編纂に着目する。そこにあって、その編纂の目的は、門弟たちが親鸞の念仏の教えを自己の信心とするためであり、それを法然の生涯と念仏を説いた『伝法絵流通』と共有すると論じる。しかもそれだけでなく、『法然聖人絵』や『親鸞聖人絵伝』各本が東国の親鸞門流で成立した経緯をたどり、法然だけでなく、親鸞も仏・菩薩の「権者」としての祖師像が成立するという。こうして「一向宗の聖人二人」という主題が考察されることになる。

3大田壮一郎「中世仏光寺史の再検討——仏光寺・興正寺分立期の諸史料から——」は、冒頭で指摘したように、本願寺史や専修寺史の影に遮られ、論究が進展しえなかった仏光寺の史料を再検討し、戦国期仏光寺の実像に迫ろうとする論文である。そこでまず手掛けたのは、文明期に仏光寺の住持経豪が、門末を率いて本願寺の門下に編入しようとした際、延暦寺から弾圧を蒙ったという「文明の法難」史料の検討である。史料は、三通の「山門事書」として仏光寺と本所妙法院に遺されているが、そこで明らかとなったのは、これらが山門延暦寺からの弾圧でなく、仏光寺内部の本願寺に編入しようする住持経豪と、反対する集団との内部抗争に関係する史料であることだという。したがって、仏光寺での「文明の法難」とは、実際に破却が延暦寺によって実行された本願寺の寛正の法難とは、異なる位相にあったと断言する。

続いて、こうした綿密な史料の検討から一転して、仏光寺と天台三門跡の一つ妙法院門跡との関係について論究する。この指摘を前提に、仏光寺が「候人」として妙法院の構成員の位置を獲得するのは、通例いわれるように南北朝期でなく、室町時代中頃でないかという。それは、『親長卿記』文明五年六月十八日条に妙法院門跡による仏光寺住持の僧官推挙の記述があるからだという。しかも、この僧官推挙は、南北朝期には僧事による僧位・僧官の補任制が崩壊し永宣旨や勅許による補任が多くなるが、仏光寺の場合、あくまで妙法院門跡の「候人」にあることで、僧官推挙がなされたという。

こうして戦国期の仏光寺の社会的位置を、『井戸村文書』の原本確認作業から解き明かすが、集眉となるのは、これまで宮川満氏の『太閤検地論』（お茶の水書房）第Ⅲ部に翻刻されていたこの史料について原本で確認し、近年の仏光寺の位置を措定した早島有毅の見解を批判する。その要点は、この文書で井戸村氏の集積した所領に仏光寺という寺院の名が散見し、早島説では、その寺院について京都の仏光寺といい、そこに「免田」を有していたと指摘するが、これは『改訂近江国坂田郡志』に見える近隣の日撫神社の神宮寺の名称でないかというものである。この論文では、史料は省略されているものの、井戸村文書には仏光寺のほかに「さゑんしの南坊」の名が記される。この南坊は、仏光寺六坊の一つ長性院の里坊であり、本論文での見解でよいのであろうか。この一帯は、「山門事書」でいう「江州末流之族」の一つの基盤であり、現在でも仏光寺派の有力基盤の一つである。ともあれ、この論点は、もう少し論議すべきであろう。

以上、親鸞門流の実像について、「親鸞門流の名号と影像」、「真宗史の再検討」と二部に区分し、八論文それぞれから解き明かしてきた。ここで示された実像は、各論文の問題関心が異なるため、「親鸞門流の世界」へどこまで踏み込んで論究されたか、定かとならないが、個々の論文において、これまでの研究成果を踏まえ、新たな地平の確立のための第一歩を歩み始めたのは否めないといってよいだろう。

第Ⅲ部「信仰の周辺」では、「親鸞門流の世界」と直接関わらない古代末期の仏教、室町・戦国期の信仰と絵画に関する三論文を収載した。近年の古代仏教史の研究動向の一つの特色は、東アジア世界とりわけ中国の隋・唐仏教で成立した経・論・釈との関連性のもと、古代仏教の基本的性格を探ろうとすることである。このきっかけとなったのは、いうまでもなく大山誠一氏の聖徳太子研究で、以降多くの古代仏教史研究で着実に浸透し、古代仏教だけでなく、記紀の編纂過程にまで波及している。この成果が中世浄土教の研究にどう影響してくるかは、いまだ明確となっていないが、いずれ大きな波となって襲ってくるのは確かである。

室町・戦国期の社会において、流通経済を担う商人の信仰を論究する研究は、近年に至るまであまり見られない。その最大の理由は、信仰を語る史料の伝来が少なく、研究の対象となりにくいことに求められる。だがこうした研究は、本来宗教史研究だけでなく、社会史の研究として必要な領域である。とりわけ、一向一揆の研究との関連のもとでの研究は、これから重要な課題となろう。

中世の茶道史における絵画研究も、文献研究を補う重要な領域である。しかし、これまでの研究の多くは、絵画研究と文献研究の接点を見出すことなく進められており、多くの問題が遺されている現状がある。

こうした問題状況のなかで、三論文はその課題に迫っていったのであろうか。以下、その大略を紹介していくことにしたい。

①北條勝貴「礼拝威力、自然造仏――『三宝絵』所収「長谷寺縁起」の生成と東アジア的言説空間――」は、十世紀末に成立した仏教説話集『三宝絵』下巻二十に引用される、長谷寺縁起の初発「観音縁起」を素材にして、東

アジア世界で先行する説話を探りながら、その成立問題を論じている。この縁起の原本は、よく知られるように確認しえず、『三宝絵』の著者、源為憲が仏典を参照して創作した可能性もある。

本論文での主要な関心は、この縁起を東アジアの漢字文化圏のなかで、どう読み取ることができるかにある。このような方法は、絵画史料というより文学・民俗学の領域と歴史学との接合から、仏教説話の成り立ちを考えようとする新たな試みであり、興味深いものがある。そこで縁起に見られる「樹霊婚姻譚」にまず着目し、この伝承形成には、木鎮めを行う木工・林業集団の存在を比定する。さらにこの縁起の全体構図は、「神身離脱譚」つまり樹木に宿る神が仏教的作善などを行う説話とも理解できるといい、それには流木の仏教的利用との関連があったという。この地点から、この説話には、中国の仏教典籍に先蹤があり、この縁起には長谷寺での僧侶の修行が深く関係するのでないか、というのである。こうした観点から、日本天台宗で主張される「草木成仏説」との関連性が良源との関係により解き明かされていく。

2早島大祐「京都商人の信仰と経営――上京野洲井と下京沢村の事例を中心に――」は、戦国期の商人として活躍した野洲井家と沢村家の動向を素材に、日吉信仰と経営戦略の進展との関連性を論じる。近年に至って商人と信仰との関連性を問う研究が、早島大祐氏などによって始められつつあるが、研究の裾野がそれほど拡がっているとはいえない。それは、商人の経営に関する文献史料が遺されているものの、信仰の内実を窺える一次史料が、ほとんど伝わっていないことにある。そうした意味で本論文は、貴重な論考といってよい。

問題となるのは、本論文で信仰と経営戦略とが、具体的にどのように関連しているのかである。このことについて、応仁の乱後の沢村家は、乱以前から日吉神人身分でありつつ、八幡神人へも入座しようとしていたといい、これは、京都を核とする商品流通網で、神人身分が必要であったからと指摘する。さらに、野洲井家の場合、日吉神人として北陸日本海方面の商品流通に関わる商人であったと想定する。こうした神人身分にありながら、応仁の乱以降の京都の治安の悪化に伴い、両家は信仰の領域で、武家へ接近して臨済禅や法華宗との関わりを持つようになるという。こうして神仏習合的な信仰形態を、祠堂銭などの土倉業原資や商品流通路の確保という経営戦略の上で、必要としたのでないかという。

このような神人と流通経済の関わりについては、古くは井上鋭夫氏、さらに網野善彦氏の論究によって想定されており、ことさら新しいものではない。だが、その具体的連関性は、あまり論じられていないのが現状である。しかし、この連関性に説得力を持たせるには、中世南北朝期からの比叡山延暦寺とその荘園との流通関係が明らかにされねばならない。例えば、後に一向一揆の拠点の一つとなる白山衆が、それにどう関わっていたのかなどの問題である。こうした問題の解明こそ、本論文の見解が説得力のあるものとなるのでないか、と思われる。さらに、野洲井家や沢村家が没落するのは、延暦寺の庄園が一向一揆などの支配下におかれ、天文年間に至ると、対外貿易の拠点堺や大坂本願寺「寺内」に流通の拠点が移動したことを留意すべきである。白山衆は、そうした意味で一向一揆の構成員となっていたのである。こうしたことについて、信仰と経営戦略との関連から論究するとき、野洲井・沢村両家の没落は、むしろ自然なことであったといえよう。

③山田哲也「ある利休画像をめぐって――利休の娘おちょうについて――」は、京都の堀内家に伝来する利休画像を素材にして、表に墨書された讃文の「其信女」を誰に比定するかを論ずる。いわば、絵画史料に内在する文字史料の内容検討である。近年、中世仏教史の研究にあって、臨済僧の頂相画の文字史料を手懸かりにして、その宗教活動を措定する論考がある。親鸞門流の絵画史料研究においても、先に見た通り同様な論考があり、これと歩調を合わせた茶道史からの論文である。

この女性については、これまで杉本捷夫氏により千利休の娘で、千家二代少庵の妻「亀」でないか、といわれている。この説は、中村修也氏や村井康彦氏によって疑問視されているが、本論文では、村井氏が指摘した「おちょう」説を新たに検討する。その論拠とするのは、千利休からのおちょう宛の書状である。この書状の筆跡について、小松茂美氏の利休の筆跡の基準であるとの指摘を前提に、おちょうの素性を検証していく。こうして、数少ない史料から「其信女」が千利休の娘であり名を「おちょう」、法名「喜室宗桂」といった女性である、と結論する。細かなことであるやもしれないが、絵画史料の文字史料の内容の検証が重要であることを、この論文は示唆していよう。

以上、本書に収録した十一論文の論点を紹介してきた。冒頭の問題の所在で述べた観点に即した論述であるか否か、躊躇するものの、おおむねそう異ならないと考えている。この問題の所在と個々の論文の紹介を終えるにあたって、親鸞門流の研究とは対象とすべき領域が幅広く、個々人のひとつの問題の究明だけでは、けっして解決しえない現状を、よく知っていたつもりでありながら、改めて実感認識した次第である。こうした試みがこれからも繰り返されることによって、親鸞門流の研究は新たな地平を獲得しうるように思えてならない。

ちなみに表紙のカバーには、大阪天満定専坊御住職の御好意で所蔵の『親鸞聖人伝絵』（重要文化財）信心諍論の段を用いさせていただいた。「親鸞門流の世界」へ、茶道文化が入ったことを示す場面である。

親鸞門流の世界——絵画と文献からの再検討——＊目次

Ⅲ 信仰の周辺

親鸞門流の世界

――絵画と文献からの再検討――

I

親鸞門流の名号と影像

本尊としての十字名号の宗教的立場とその成立意義

――高田専修寺蔵黄地十字名号を中心素材にして――

早島有毅

はじめに

三重県津市高田派本山専修寺に襲蔵される十字名号の一つに、黄地十字《おうじじゅうじ》と尊称される名号本尊がある（『真宗重宝聚英』第一巻、同朋舎出版、一九八八年、後掲**図1**）。この名号の形態は、よく知られるように、中央に「帰命尽十方旡导光如来」という十の文字を蓮台の上に双鈎塡墨体つまり籠文字で描き、上下の讃文には、親鸞の筆で『大旡量寿経』（以下『大経』と省略）の三文と、天親の『旡量寿経優婆提舎願生偈』（以下『浄土論』と略す）の二文が、それぞれ墨書され、下部末尾に「愚禿親鸞敬信尊号、八十三歳」の款記がある。この特色は、二つの点に求められよう。その一つは、十字名号の書体が籠字つまり双鈎を造り、その字画の内を墨で塗りつぶすという影写の方法にある。もう一つは、一幅の絹地に胡粉の彩色や廓線で上中下の三段を区分し、黄地の周囲を三重の墨廓線で縁取り、その廓線の中間に白線各一条を引くという絵画様式の手法にある。これらは、いずれも中国文化の影響のなかで伝来した様式である。書における影写方法は唐代文化、絵画の描表装様式は宋代文化の系譜にあり、いってみれば、両者が合体した形態で制作されていたのである。

このような特異な様式の十字名号についての研究は、平松令三氏の「高田本山所蔵の名号本尊について」（『顕真学報』五〇号、一九六八年）をはじめ、宮崎圓遵氏の「本尊としての十字尊号」（『初期真宗の研究』永田文昌堂、一九七一年）、千葉乗隆氏の「総説」（『真宗重宝聚英』第一巻、前出）、さらに近年の平松氏の「親鸞真蹟名号四幅にまつわる思い出と問題点」（平松令三『親鸞の生涯と思想』、吉川弘文館、二〇〇五年）などの論考がある。なかでも、宮崎氏の論考は、十字名号研究のなかで実証性に富んだ論考として、現在に至るまで揺るぎない評価を得ている。この理由は、親鸞の名号総体について、礼拝の対象として敬信した本尊と措定し、親鸞自筆の紙本墨書との比較のなかから、この名号の様態を検討したことにあるが、その特色は、その様式とだれにこの名号が授与されたのかの検証についてであった。そこにあって、上下の讃文が、親鸞の肖像画、安城御影の上部二段（『真宗重宝聚英』第四巻）と同じであることに着目し、親鸞が、源空の故事に倣って、遠江国池田庄鶴見に拠点を構えた専信房専海に『教行信証』の書写を認め、安城御影とともに付与したのではないか、と指摘した点にある。この想定は、現在専修寺に蔵される『教行信証』の教巻・信巻・真仏土巻の識語（早島有毅『真宗史料集成』第一巻「聖教目録」、同朋舎出版、一九八二年）や、『袖日記』（『存覚上人一期記・存覚上人袖日記』、龍谷大学、一九八二年）などから見て確かなことといってよく、宮崎氏ならでの蘊蓄を傾けた見解である。

だが、中世浄土教の本尊研究にとって重要な問題は、親鸞がこうした文字を墨書した名号をどうして敬信の対象としての本尊と措定したのかにある。別に見たように、本尊という宗教概念は、七世紀のインドでの密教の成立のなかで形成されたが、本尊とは、サンスクリット語の「スヴァー・ディヴァー」という語彙が、密教の中国伝来とともに『大日経』の漢訳過程のなかで、「本」つまり始源と、「尊」つまり神の降りる所という意味を合成し、宇宙の創造主大日如来の降りる所と措定して造語されたのである。実際、インドでの本尊概念とは、瑜伽の行法によって個々人の心の中に本来内在する「菩提心」が顕現し、大日如来の「極無自性心」に至るための媒体として生じた最終的実存体を指しており（酒井真典『大日経の成立に関する研究』、国書刊行会、一九八七年）、かなり正確に漢訳されていたといえよう。しかし九世紀の日本に空海によって初めて請来された密教の本尊観は、このように漢訳された本尊概念とかけ離れた内実にあったといってよい。それは、インド密教でのように修行者の内面に生ずる抽象的な実存体として捉えられたのでなく、もっぱら瑜伽行の観見の対象として、外在的に実在すると理解されていたのである（松永有慶『密教』、岩波新書、岩波書店、一九八〇年）。具体的にいえば、胎蔵界・金剛界の両曼荼羅を基本に、別尊曼荼羅など個々の仏・菩薩・明王の画像総体を本尊として措定していた。

こうした本尊観が、空海に次いで入唐した円仁、円珍、さらに天台密教を体系化した安然にも確認されるので、日本密教における本尊概念が観見の対象として理解されていたのは、疑問の余地がない。やがて十二世紀中頃から、真言密教や天台密教という顕密寺院社会だけでなく、貴族や京都周辺の多くの人々の信仰生活のなかに、こうした本尊観は定着していったが、そこでの基本的な属性は、九条兼実の『玉葉』で検証しうるように、顕密仏教の概念を基本的に継承しつつ、仏・菩薩・明王の像総体を観見の対象とするのでなく、祈願の対象として措定していった（早島有毅「中世仏教における本尊概念の受容形態」、『日本仏教の形成と展開』、法藏館、二〇〇二年）。ここに至って、本尊とは、寺院や僧坊に安置される仏・菩薩や明王の像と同義の概念として捉えられるようになった。中世浄土教の本尊概念とは、こうした顕密仏教の性格を基本的に脱してなく、称名念仏して往生を願う自力得悟の対象としての仏・菩薩の像総体を指していたといってよい。

宮崎氏の論考にあって、こうした中世浄土教の本尊概念と名号との関連性を視座にすえ、その意義を論究しなかった理由は、定かとならない。だが宮崎氏の方法的視座が、鎌倉新仏教論を基盤とした初期真宗論に立脚していたことを想起するとき、そのことと関係がないとは、いえないように思われる。初期真宗論とは、宮崎氏自身によって用いられた言葉であり、学術用語として必ずしも概念化されていない。その内実は、鎌倉期の親鸞から室町中期に本願寺蓮如や専修寺真慧が本格的に活動し始める時期までをいい（宮崎『初期真宗の研究』自序、前出）、ある意味で、真宗史という個別宗派史総体を論究するための歴史的範疇でしかなかったのである。この範疇の致命的な問題は、親鸞の名号を本尊と位置づけながら、中世浄土教の本尊研究の視座に立って論究しえていないことにある（早島有毅「中世浄土教の本尊研究における問題状況とその課題」、『禅とその周辺学の研究』、永田文昌堂、二〇〇五年）。こうした本尊研究の状況は、宮崎氏のみならず平松氏、千葉氏などにおいても基本的に共通しており、なんら進展を遂げていないと思われる。このような研究状況を打開するには、中世浄土教の本尊の展開のなかで、親鸞が文字で描かれた名号について、どういった意味で本尊を敬信尊号と措定したのか、改めて問うことが必要となろう。本稿においては、黄地十字名号を素材にして、その書体と文字としての機能、その宗教的立場とその性格、さらに十字名号自体の社会的役割について検討するなかで敬信尊号の意味を追究し、この本尊成立の意義の一端を示してみたい。

ところでここ数年、中世浄土教とくに親鸞門流の本尊研究のなかで異彩を放つのは、美術史の分野からの津田徹英氏の諸論著である（津田徹英「光明本尊考」、『美術史研究』第三七八号、二〇〇三年。『中世真宗の美術』、日本の美術I〈四八八号〉、至文堂、二〇〇七年など）。これらの論著の特色は、豊富な美術史の知見を生かし、多くの作例を通して親鸞門流で多彩に展開した本尊について接近しようとした点にある。とりわけ愛知県妙源寺蔵の九字名号を中尊とした三幅一舗の本尊を軸とした論究は、提示された作例はさておき、名号や像主の教理的位置づけがほとんど追究されていない（早島有毅「九字名号を中尊とした三幅一舗の本尊の成立意義――岡崎市妙源寺蔵本を中心素材にして――」、『藤女子大学紀要』第四四号、二〇〇七年）。しかも、絵画的要素が希薄な黄地十字名号については、焦点が絞りきれておらず論述も曖昧である（津田『中世真宗の美術』、前出）といってよい。このことは、要するに津田氏による美術史的観点のみの本尊研究が、親鸞門流の本尊研究にとって、視覚的側面しか論究しえないことを示唆していよう。

こうした問題について、藤原良章氏は、かって絵画史料への美術史分野からの接近を前提にして、美術史の独自な方法を踏まえ、文献、あるいは他の諸分野と美術史との連帯の必要性を提言している（藤原良章「絵画史料研究をめぐって」、『絵巻に中世を読む』、吉川弘文館、一九九五年）。実際のところ、藤原氏の問題提起は、これまで美術史研究の分野でどう受けとめられたのか、寡聞にして知らない。だが、浄土教の本尊研究だけでなく、顕密仏教の本尊研究にとっても、美術史的方法を踏まえ、文献とくに仏教の教理的思想的な検討を軸として論究する必要があるのは、当然のことである。本尊とは、それが絵画的に描かれ、造形的に制作されていても、仏教の教理や思想を表象化しているからである。

以下、このような本尊研究の基本的視座に立ち、黄地十字名号の書体にはどういった意味があり、描かれた文字自体にはどのような宗教的権能が込められていたのか、まず論究し、漸次上来の課題へと接近していきたい。

一　黄地十字名号の書体とその文字機能

真宗高田派本山専修寺に襲蔵される黄地十字名号は、現存する親鸞の名号本尊のなかでもっとも古く、建長七年（一二五五）八十三歳のとき讃文を記した本尊として知られる。絹地を黄色で塗りつぶし、その中央に蓮台の上に籠文字で「帰命尽十方旡㝵光如来」と描いている。そこには、光明などは描かれておらず、絵画的要素は希薄であ

図1　黄地十字名号（専修寺蔵）

る。蓮台は緑青を主色とし、代赭の暈しを加え、葉脈には截金を用いている。蓮と葉の間には朱色が見え隠れするものの、総じて地味な色調で描かれる。先に述べたように、黄地の周縁を三重の墨廓線で縁取りし、その廓線の間を黄土色で塗り、そこへ白線一条を引く。この技法は、安城御影の周辺部輪郭と同一である。しかも、上下の讃文が安城御影と同一であり、その筆致も相同で、款記の「愚禿親鸞敬信尊号　八十三歳」も同趣の書き方である。これらの点から宮崎圓遵氏は、安城の御影の絵仏師朝円の工房と同一でないか、と指摘している（宮崎「本尊としての十字尊号」、前出）が、私もその可能性が高い、と思っている。

　ところでこの名号の様式の特色は、すでに見たように、書の影写と絵画の描表装の技法とが合体した形態に求められるが、とりわけ注目すべきことは、十からなる「帰命尽十方旡导光如来」という文字が双鉤を造り、その字画の内部を高価な艶墨で塗りつぶすという、書の影写と共通する方法で描かれたことにある。ただ双鉤の墨線は、現在一部の文字しか肉眼では確認しえない。この技法は、中国唐代に発し宋代に継承されたもので、八世紀の日本にはすでに伝来していた。響搨ともいわれ、『延喜式』の図書寮式模書の条に、「凡そ模書は、長功、日に九十言、内墨四十言」（『延喜式』、国史大系26、吉川弘文館、一九六四年）とあり、一日に四十字の籠文字制作の作業が夏三ヵ月の間に行われたというので、この技法は、平安時代初期から定着していた書法といえよう。この技法は、自筆の文字を下にしての忠実な複製が原則という（加藤諄「影写と拓本」、『書の日本史』第三巻、平凡社、一九七五年）ので、黄地十字名号には、制作の原本となった自筆の名号のあった可能性が高い。実際、現存する親鸞自筆の十字名号の各文字と対比すると、自筆名号には「光」の異体字「䒒」が用いられており、その文字だけでは比較できないもの

図2　金泥籠文字十字名号（堅田本福寺蔵）

の、宋朝体の特異な親鸞の書風は、黄地十字名号の籠文字に驚くほど近似している。戦国末期の影像に限るが、本願寺顕如と教如の影像の下絵が各一点現存し、それをもとに影像が描かれており、この想定は技法的に無理がないといってよい。ただ、鎌倉期の仏教絵画のなかで、このような書の技法が絵画の様式に転用された事例は、管見の範囲で知りえないため、断定を保留しつつも、この推定が確かなことと考えている。

このような黄地十字名号は、戦国期に入り本願寺蓮如によって金泥貼付の籠文字と光明で彩られて再生される(図2)まで、その書体を基本的に踏襲しつつ多彩に展開するが、そこには一つの特色が見出される。それは、中世顕密仏教で明恵の筆による三宝菩提心の名字本尊があるものの、中世浄土教としては、初めて無彩色の籠文字が、本尊の書体として登場したことである。こうした黄地十字名号について、これまで多くの解説が試みられているが、そこにおいては、礼拝の対象とされる文字は、単なる楷書や行書ではなく、多少の技巧が加えられるのが当時の通例であったという、宮崎氏の指摘(宮崎「本尊としての十字尊号」、前出)があるだけである。だがこの見解では、籠文字の書法からその書体については言及されておらず、到底納得できる点がない。とすれば、まず検証すべきことは、黄地十字名号の書体の描かれた意味についてである。

この問題について示唆するのは、書の世界にあって「書は人なり」といわれるように、自筆真跡にこそ、書いた人の性格がよく投影されるということである。実際のところ親鸞門流において、親鸞の発給した聖教や自筆書状は、宋朝体の独自な書風と相俟って、親炙すべき対象として認識されていた。例えば慶信宛の親鸞・蓮位連署書状のなかで、親鸞の指示で蓮位が法義を代わって認めても、受け取る慶信が「つよき証拠におぼしめされ候ひぬ」と懸念を表明しており(『浄土真宗聖典―註釈版』、本願寺出版部、一九八八年、以下聖教史料は本書による)親鸞自筆文に対する門流集団のこだわりが垣間見られる。いってみれば、それだけ自筆真跡の書を通して、師主としての親鸞による教化を蒙りたいという門流の人々の強い気持ちが、そこに溢れていたことを窺わせる。だが自筆真跡の書が、元来「一回性」つまり模倣書写しようとしてもしえない性質にあるのは、周知のことである。籠文字の書法とは、自筆真跡のこうした一回性を克服し、真跡を鑑賞・研究・学習するための方法の一つであった、といわれる（加藤「影写と拓本」、前出）。この書法が本尊に適用された事例は、寡聞にして知りえない。だが、自筆真跡の名号の一回性を克服し、十字の名号を多くの人々に敬信の対象として親炙させるために、親鸞によってこの書法が採用されたのでないか、と思われる。後述の通り、この名号は、東国常陸を中心とした造悪无㝵のはびこる渦中に付与されている。下讃末尾に、自筆名号の裏書にない「愚禿親鸞敬信尊号　八十三歳」という款記が、その際付与されたと推定しうる十字名号の系譜の名号には、年齢を欠きつつ墨書されている（図3）。このことは、なによりもその事実を物語っていよう。

ただ親鸞が、このような書法について、どの程度自覚していたのか、定かにしえない。しかし、親鸞が宋朝体の文字や表装にとりわけ関心を寄せていたのは、確かである。事実、自筆の十字名号において、名号を大書した本紙の上下に讃文を書いた添紙を付し、三段に表装する様式には、新しく到来した宋代文化に対する親鸞の憧憬がある

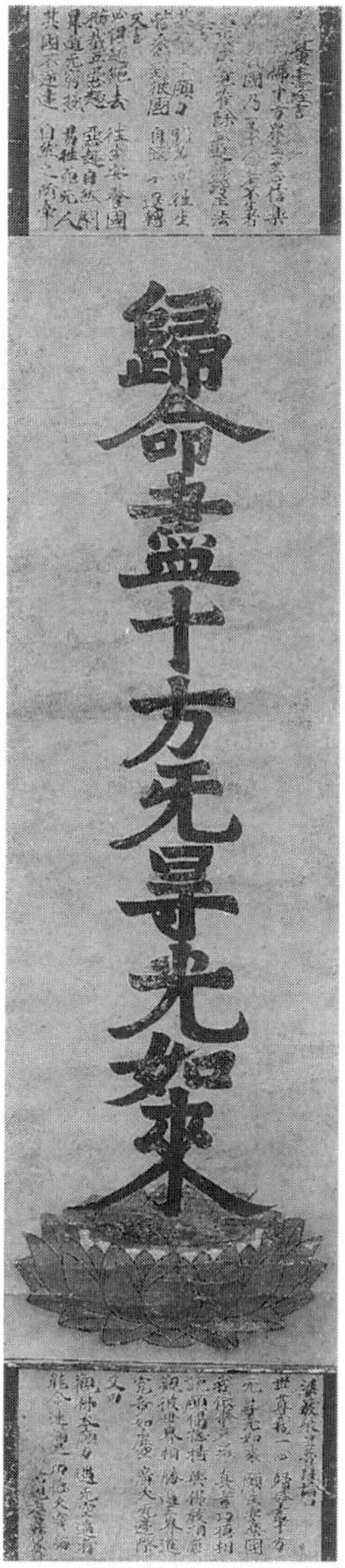

図3　籠文字十字名号
（本願寺蔵）

と指摘されている（宮崎「本尊としての十字尊号」、前出）。籠文字の書法の採用も、こうした新しい文化の吸収に意を注いだ意識と関連があったのは、疑問の余地がない。とすれば、親鸞が籠文字書法の再現複製の性格を認識しており、門流集団の真跡要望の風潮のもとに、こうした書法が名号の書体に採用したのではないか、と想定してよいだろう。実際のところ、黄地十字名号と同一の名号は、長野県須坂市勝善寺、長野市長命寺などに、十四世紀後半から十五世紀初めの頃のものが、おのおの襲蔵されている。さらに京都市西本願寺（図3）や高田派京都別院には、讃文と款記が一部異なるものの、黄地十字名号と異なる系譜の様式の名号本尊が伝来している（『真宗重宝聚英』第一巻、前出）。このような現存籠文字の十字名号の現存事例から想定するとき、その書体の意味には、自筆名号が果たしえない写伝の機能があったといってよい。

以上のように、黄地十字名号の籠文字書体で確認されたこの特色には、いずれにしても親鸞の自筆真跡に対する門流からの親炙という意識が根底にあり、十字名号はそれを前提にして籠文字の書法で制作された、といってよいだろう。要するに、自筆の十字名号の付与には、基本的に数量的に限界があり、この名号を門流への流布させていくとすると、親鸞が籠文字様式を名号に採用したのであろう。とするならば、このような名号本尊は、いつ発給されていたのであろうか。

宮崎氏によると、建長七年の書写年記のある『尊号真像銘文』略本（『真宗聖教全書』第二巻、興教書院、一九四二年）は、黄地十字名号の讃文と同じ経論があるが、そこには、ほとんど訂正された個所がなく、しかも識語に「書写之」とあり、すでに完成されていた本からの書写といった感がある。そこから、こうした名号本尊は建長七年以前に発給されていたのでないかという（宮崎「親鸞教団の構成」、『初期真宗の研究』、前出）。平松氏も同様な見解に立っており（平松「名号本尊形式成立への道のり」、『親鸞の生涯と思想』、前出）、私も先に想定しておいたが、善鸞の東国下向頃にはすでに流布していたと考えられる（早島「九字名号を中尊とした三幅一鋪の本尊の成立意義」、前出）ので、宮崎氏の指摘は確かなことといってよい。

問題となるのは、こうした本尊の書体の文字に、どういった宗教的意味があったのかであろう。千葉乗隆氏によると、中世浄土教とくに源信や源空が本尊として礼拝の対象としたのは、絵画や彫刻の来迎像である。だが親鸞にあっては、念仏を称えて往生を志し、臨終に際し仏や菩薩の来迎を待ったり自力で往生を祈念するような立場にはなく、もっぱら不来迎の思想に立脚している。この認識のもと、これまでのような宗教的美の世界での本尊でなく、宗教の本質を直接人々に示すために、名号を本尊とした（千葉「総説」、『真宗重宝聚英』第一巻、前出）、という。この見解は、親鸞が来迎思想を否定した立場にあることから想定されており、一見すると妥当なものと見られがちである。しかし親鸞において、造形された仏菩薩の像をそうした来迎思想と結びつけて否定した立場は、文献的に見られない。もとより親鸞の立場は、基本的に来迎思想を否認しているものの、その立場と造形された仏菩薩の現存する現実を区分し、それらは方便誘引の「権教」の教えを勧める像として、親鸞によって独自に捉えられており（『末灯鈔』第一通）、千葉氏の指摘は親鸞賛美の護教的な見解であるといってよい。とするならば、十字の名号が本尊として措定された宗教的意味については、改めて追究しなおす必要があろう。それには、千葉氏が言及しえなかった、文字で構成された名号という概念の内実の検討から始めていかなければならない。

名号という概念は、元来、中国では名目・名声・地位といった語意であったが、インド仏教での「ナーマ・デーヤ」つまり仏の名を重んずる意の漢訳の過程で、その語意がその称として転用されたのである。そこで、例えば『大乗義章』に「体を顕すに名となし、徳を樹つるに号となす」（『大乗義章』、大正新脩大蔵経四十四巻、大正新脩大蔵経刊行会、一九六四年）というように、仏の徳を称揚する語彙として中国唐代で確立したといってよい。わが国では、十世紀末の仏教説話集をこの語の初見とし、浄土教の社会への浸透のなかで、仏の名を口称する際の祈願についての呪術的言語として定着していった（早島有毅「本願寺蓮如の名号本尊と戦国社会——十字名号を素材として」、『京都市歴史資料館紀要』一〇号、一九九二年）。親鸞は、そうした中国での漢訳の過程での名号の字義を基本的に認識しつつ、以下のように『唯信鈔文意』で措定していた。

如来尊号甚分名、このこころは、如来と申すは无㝵光如来なり、尊号と申すは南无阿弥陀仏なり、尊はたふとくすぐれたりとなり、号は仏に成りたまふてのちの御なを申す、名はいまだ仏に成りたまはぬときの御なを申すなり、この如来の尊号は、不可称不可説不可思議にましまして、一切衆生をして无上大涅槃にいたらしめたまふ大慈大悲のちかいの御なもり、この仏の御なは、よろづの如来の名号にすぐれたまへり、これすなはち誓願なるがゆゑなり、

ここにおいて名号とは、一切衆生の救済を誓った法蔵菩薩と、その誓いによって阿弥陀如来となった「御な」、つまり名称を連結させた語彙である。しかもその語彙には、阿弥陀如来によって一切の衆生を成仏させる大慈大悲の誓願が込められており、そこが他の諸如来の名号と決定的に異なる点であるという。要するに、弥陀如来と諸如来の名号とを区分する指標が、弥陀の誓願にあり、ここから「誓願をはなれたる名号も候はず、名号をはなれたる誓願も候はず候ふ」と、『末灯鈔』第九通で説くような名号概念が構築された、といってよい。『浄土文類聚鈔』の『大経』の大意を要約したなかで、「如来の本願を説くを経の宗致とす、すなはち仏の名号をもって経の体とするなり」といい、名号こそ『大経』の宗教的本質を表象している、との主張が生まれたのである。このように弥陀如来の誓願が二つの文字に凝縮されたという点に、親鸞の名号概念の基本的属性があったと見てよいだろう。

黄地十字名号をはじめとする自筆の十字・八字・六字の名号は、こうした誓願を凝縮した名号概念に立脚して制

作されたが、黄地十字名号には、自筆の十字や八字名号と異なり、上部紙背に「方便灋身尊号　康元元丙辰十月廿五日書之」と書かれたような裏書は現存しない（『真宗重宝聚英』第一巻、前出）。これは、当初からないのか、あるいは紛失したのか、定かにしえないものの、この名号自体、方便法身尊号として描かれたのは、下讃の親鸞の款記により疑問の余地がない。方便法身とは、別に確認したように、いろもかたちもない「一如」の世界から衆生救済の誓願をおこした法蔵菩薩を指し、天親によって「尽十方无㝵光如来」とその「かたち」が命名された実存体そのものをいう（早島「九字名号を中尊とした三幅一鋪の本尊の成立意義」、前出）。尊号とは、すでに見たように、一切の衆生を大涅槃に至らしめる「大慈大悲のちかいの御な」を指している。とすれば、方便法身尊号とは、衆生済度のために顕れた弥陀如来の「かたち」を、文字として表象した実存体の尊称といってよいだろう。

検討を要するのは、この「帰命尽十方无㝵光如来」という名号に、文字としてどのような機能が含められていたのかである。この解明の鍵となるのは、『教行信証』行巻「大行釈」で、以下のように「帰命は本願招喚の勅命なり」、と親鸞によって措定される過程そのものにある。

> しかれば南无の言は帰命なり、帰の言は、至なり、また帰説なり、説の字は、悦の音なり、また帰説なり、説の字は、税の音なり、悦・税二つの音は告なり、述なり、人の意を宣述するなり、命の言は、業なり、招引なり、使なり、教なり、道なり、信なり、計なり、召なり、ここをもって帰命は本願招喚の勅命なり、

この一節は、曇鸞の『往生論註』と、それを承けた善導の『観経疏』「玄義文」の「帰命」説を前提にしているが、なかでも天親の「帰命尽十方无㝵光如来」を「帰命」と「尽十方无㝵光如来」とに区分し、前者を礼拝門、後者を讃歎門と措定した曇鸞の「帰命」説が、下敷きとなっている。脚注の字訓は、中国宋代の字書『広韻』の注釈に拠っており、いってみれば、『広韻』の音韻による字訓を求める方法から、曇鸞の「帰命」には、礼拝だけでな

く、そこから信心が顕れるとの指摘について、音声的にその内容を深化させ、本尊自体に現実的な機能を賦与させようとしていたのである。

そこで「帰命」の言について、「帰」と「命」に区分して解釈しているが、まず「帰」を「至なり」ということから始めている。「至」は、『広韻』に「到る」に通ずるとあり、『教行信証』信巻の「至心釈」において、「至とはすなはちこれ真なり、実なり、誠なり」といい、「至心はすなはちこれ真、実、誠、種の心なるがゆゑに、疑蓋雑はることなきなり」という。つまり「至なり」とは、弥陀如来の真実が、衆生に満入していく極みそれ自体を表象していることとなる。親鸞は、「帰」の字義について、このように「極み」と措定するが、「帰」に「帰説」と同義とし、そこでの「説」を「せつ」と「さい」、つまり「兌」声の同音系列のもとで区分して、「至なり」の基本の字義に、具体的な内容を加えたのである。それが、「悦・税二つの音は、告なり、述なり、人の意を宣述するなり」の注記である。この音韻からの字義によって、「帰説　きせつ」に「よりたのむなり」、「帰説　きさい」に「よりかゝるなり」との左訓が施されたといえよう。要するに、ここにおいて「至なり」の弥陀如来の真実が衆生に満入する極みに対し、「よりたのむ」「よりかゝる」ことの意味が、付加されることになったといってよい。要するに、「帰」の字義には、弥陀如来の真実へ依拠せよとの意味がある、ということであろうか。

これに対し「命」の字の場合は、どうであろうか。引用した『往生論註』において、曇鸞が天親の「帰命はこれ礼拝なり」の意味を試みるなかに、右の「命」の字義の八訓のうちの六訓が、頭注に『広韻』から「命の字、使なり、教なり、道なり、信なり、計なり、召なり」と引用している。この解明には、『往生論註』の該当文との関連のもと追究する必要がある。そこで曇鸞は、龍樹の『十住毘婆沙論』「易行品」の「稽首礼」「我帰命」「帰命礼」という釈から『浄土論』の長行での「帰命」には、確かに弥陀如来を礼拝する意味に会通する。しかし、その礼拝とは形式的な「恭敬」を示しただけでは、それが天親の「帰命」の意味にならない。つまり、「帰命」には、礼拝の意を含みながら、それより重い宗教的意味があるといっている。親鸞は、この曇鸞の釈を承けて、「命」の字に、右の六訓の頭注を記し、新に自釈において「業なり、招引なり」の二訓を加えたのである。これら「命」の字義についでは、江戸宗学以来「命の八訓」といわれ、現在に至っても諸説がある。だが、「招引」に「まねきひく」、「計なり」に「はからふ」、「召す」に「めす」と、それぞれ音声を示す訓読が施されており、「命」には、八訓の字義をいう主体による「喚ぶ」音声の意味が想定されていたといえる。とすれば、「尽十方旡导光如来」との関連で「命」の主体を見るとき、「命」の字義には、そうした八訓を発する弥陀如来の存在があり、それを前提として「喚ぶ」音声が、文字に施されていたといってよい。

以上を要するに、「帰命」の語義には、衆生に対して弥陀如来の真実へ依拠せよ、と招く声が内在されていたのである。このことは、天親の「帰命」説を基盤とした曇鸞の礼拝が帰命から顕れる、との信心と礼拝の関係について、親鸞によって本尊つまり、敬信すべき対象としての現実的な機能が付与されていた意味にある。「帰命は本願招喚の勅命なり」という命題の「招喚」と「勅命」という語句に、「まねく　よはう」、さらに「おほせ」と親鸞が左訓し、『尊号真像銘文』略本で「帰命はすなはち釈迦・弥陀の二尊の勅命にしたがひめしにかなふとまふすことばなり」というのは、その左訓を具体的に示していたといえよう。

かくして「帰命」の語義に音声を含めて、親鸞は「本願招喚の勅命」の内実について、善導の『観経疏』「玄義分」で、「南旡といふは、すなはちこれ帰命なり、またこれ発願回向の義なり」を承け、以下のように述べている。

発願回向といふは、如来すでに発願して衆生の行を回施したまふの心なり、即是其行といふは、すなはち選択本願これなり、必得往生といふは、不退の位に至ることを獲ることを彰すなり、『経』には即得といへり、釈には必定といへり、即の言は願力を聞くによりて、報土の真因決定する時剋の極促を光闡するなり、必の言は審なり、然なり、分極なり、金剛心成就の貌なり、

ここでの「回向」とは、『一念多念証文』で「回向は、本願の名号をもって十方の衆生にあたへたまふ御のりなり」とあり、弥陀如来を主体として、衆生に廻らす意味である。とすると、ここでは弥陀如来こそ「衆生の行」としての称名念仏を回施せしめる宗教的主体であり、そこで選択された本願でもって衆生を「不退の位」に至らしめる権能がある、という。いってみれば、「本願招喚の勅命」とは、弥陀如来によって発願された選択本願としての称名念仏を衆生に示し、それに帰せよという意味となろう。しかも、その称名念仏が往生への選択本願の行であることについて、弥陀如来の勧化の声を聞くことで、信が衆生に生ずることを『広韻』の「必」という字義について「審なり、然なり、分極なり」と示して説いている。これは、往生への行が、報土での真因決定に必要であり、行こそ信への最初の階梯であることを示そうとしていたといってよい。

以上のことから、「帰命尽十方旡㝵光如来」の「帰命」には、弥陀如来によって発願された選択本願の念仏への帰依を衆生に喚びかけ勧める意味が込められていたといえる。このことは、方便法身尊号としての十字名号に、「尽十方旡㝵光如来に帰命せよ」という宗教的権能がある、と認識されていたことを示唆している。実際、『浄土和讃』三十七首において、親鸞が「自利利他円満して　帰命方便巧荘厳　こころもことばもたえたれば　不可思議尊を帰命せよ」と讃歎しており、そのことは、確かなことと思われる。とするならば、親鸞は「帰命」という文字に、こうした音声的機能を含めた理由は、どこに求められるのであろうか。

この解明には、天親による五種の行が、法蔵菩薩所修の功徳として名号に具わり、衆生に回向されていると説いた『入出二門偈頌』の「入第二門」について、どう捉えるかにある。

いかんが讃歎する、口業に讃じたまひき、名義に随順して仏名を称せしめ、如来の光明智相によりて、実のごとく修し相応せんと欲ふゆゑなり、すなはちこれ无导光如来の摂取選択の本願なるがゆゑなり、これを名づけて入第二門とす、すなはち大会衆の数に入ることを獲るなり、

ここでの釈顕は、文自体が錯綜しており、意味が取りにくい点があるが、光明と名号のいわれを信じ、口に仏名を称えて弥陀如来の功徳を讃えることこそ、「大会衆」つまり浄土の眷属に連なる、というのでなかろうか。要するに、衆生の念仏称名による讃歎とは法蔵菩薩の名号概念の原義と対応して発せられる、と親鸞が考えていたことを、右の文は示していよう。とすれば、この原理的関係を現実的に対応させる意味で、十字名号の「帰命」という文字に音声的機能を賦与したのではないか、と思われる。

いうまでもなく中世浄土教にあって、自力による往生得悟を目指す念仏の行者の眼前には、持戒・読経・写経・造寺造仏・布施・念仏など、多彩な行が方法として存在した。行者は、そうした祈願の対象を一つ選び、それを専修することで弥陀の浄土への往生を望んでいた。源空の選択本願としての称名念仏とは、念仏を選択する主体を行者から弥陀如来へ転換し、弥陀の選択した念仏こそ行者にとって唯一の絶対的価値であり、他の行が無価値である、と説いた点にあるという（平雅行『日本中世の社会と仏教』第二編「V　法然の思想構造とその歴史的位置」、塙書房、一九九二年）。親鸞による称名念仏とは、そうした源空の念仏往生への主体変換の立場を継承し、『教行信証』行巻の表紙の「諸仏称名の願」の傍註で「浄土真実の行　選択本願の行」と措定されるように、「无导光如来の名を称する」大行と性格づけられ、「浄土真実の行」として先に確認したように、第十八願を軸に再構成した位置にある。

親鸞は、こうした立場から『教行信証』行巻で浄土真実の行として、弥陀如来によって発願された称名念仏の効能について、以下のように措定していた。

しかれば名を称するに、よく衆生の一切の无明を破し、よく衆生の一切の志願を満てたまふ、称名はすなはちこれ最勝真妙の正業なり、正業はすなはちこれ念仏なり、念仏はすなはちこれ南无阿弥陀仏なり、南无阿弥陀仏はすなはちこれ正念なりと、知るべしと

この「名を称する」機能は、『大経』十七願成就文での諸仏による「无量寿仏」の働きに対する称揚・称名・咨嗟の文と、さらに『大経』下巻「往観偈」の「その仏の本願力、名を聞きて往生せんと欲へば、みなことごとくかの国に到りて、おのづから不退転に至る」を論拠にして主張されている。要するに、こうした阿弥陀仏の名を音声で発し聞くことによってしか、衆生のすべての「无明」が破壊されず、極楽に往生しえないというのである。とすれば、このような称名こそ「本願招喚の勅命」、つまり弥陀如来の喚び声に応ずる音声といってよい。『末灯鈔』十二通で、親鸞が念仏往生について「弥陀の本願と申すは、名号をとなへんものをば極楽へ迎へんと誓はせたまひたるを、ふかく信じてとなふるがめでたきことにて候ふなり」と指示しており、音声としての機能が称名に賦与されていたのは、確かなことといってよい。ここにこそ、名号本尊について、親鸞が敬信尊号と措定した論拠があった。

以上、黄地十字名号の書体の性格と描かれた文字の機能について、煩雑な論を展開してきた。そこには、籠文字書体の写伝的性格と深く絡みあった文字の機能が、確認しえたのである。それは、曇鸞の『往生論註』を媒介に、天親の『浄土論』の「帰命」説を親鸞が文字として音声的に機能させ、名号本尊に衆生の称える念仏と対応する関係を賦与したことにある。要するに、十字名号の「帰命」という文字に、『広韻』の音韻を含ませることで、門流集団の称名念仏に対応させる本尊の現実的な機能を構想していたといえよう。籠文字の書体を取り入れたのは、こうした名号本尊を流布させ、念仏の教えを広めようとしていたからに他ならない。実際のところ、『御消息集』第十八通において、「諸仏称名の願と申し、諸仏咨嗟の願と申し候ふなるは、十方衆生をすすめんためときこえたり、

また十方衆生の疑心をとどめん料ときこえて候ふ」といい、「詮ずるところは、方便の御誓願と信じまゐらせ候ふ」と親鸞が述べるのは、十字名号の籠文字書体とその文字機能を念頭にしてのことであった、といってよいだろう。

とするならば、これは、黄地十字名号の籠文字様式が、選択本願としての念仏往生を勧めるために、親鸞によって構想されていたことを物語っている。だが、『末灯鈔』第十二通の有阿弥陀仏への返書によれば、「念仏往生と信ずる人は、辺地の往生とてきらはれん候ふらん」という状況が、東国の仏教者のなかにあったという。このことは、称名念仏を自力得悟の行の余行とした顕密仏教の浄土教観が、東国とくに鎌倉近郊に早くから実在していたことを示している（早島有毅「中世社会に展開した親鸞とその諸門流集団の存在形態」、『藤女子大学紀要』第四三号、二〇〇六年）。

こうした現実のなかで、親鸞は、念仏往生を勧める文字機能のあった名号本尊を、どういった宗教的立場から門流集団に授与しようとしていたのであろうか。次節において、この問題を詳細に検討しておこう。

二　黄地十字名号の宗教的立場とその性格

黄地十字名号において、それがどのような宗教意味で描かれたのかを文献的に示すのは、冒頭で見た親鸞自筆による上讃と下讃の記述である。上讃には、『大経』より第十八願全文、「往観偈」「釈迦指勧」の三文を抄出し、下讃には天親の『浄土論』冒頭の「世尊我一心」から「広大无辺際」までの十二句、後半の「観仏本願力」から「功徳大宝海」までの四句が抄出される。これら上下の讃文は、西本願寺本や高田派京都別院本を除いて、この系統の籠文字様式の十字名号に基本的に継承される。こうした讃文は、すでに確認したように、詰まるところ、描かれた名号の属性について敷衍することであり（早島「九字名号を中尊とした三幅一舗の本尊の成立意義」、前出）、下讃の『浄土論』の意味を通して、上讃の『大経』の三文の意義を具体的に示そうとしている。これら抄出文で、親鸞は何を語ろうとしていたのであろうか。

この手懸かりとなるのは、黄地十字名号と同年に書写された『尊号真像銘文』略本（『真宗聖教全書』第二巻、前出）の存在である。この書は、先に見たように自筆本といっても、この時点で成立したといえず、すでにあった草稿本を自ら写したものといわれる。この書の特色は、本文の語句の解説文体が漢字片仮名混じりで綴られ、右訓・圏発と朱筆が施されている点にある。このことは、この書がその解釈文を高声で読み、人に音声を媒介にして聞かせるように工夫されていたことを示している。これは、要するに、それまでに制作されていた尊号や真像の讃文について、談義解説して、その宗教的意義を伝えようとしていたといってよい。文の終止形に「とおもへとなり」とか「としらせむとなり」と伝聞の助動詞によって記されるのは、この書がそうした談義唱導の性格にあることを示唆している。とすれば、この上下の讃文で親鸞が何を訴えようとしていたのかは、この解釈に沿っておこなう必要があるといってよいだろう。

この観点から下讃を読み解いていくと、『浄土論』前半の偈頌十二句は、「世尊我一心　帰命尽十方　无碍光如来　願生安楽国」と、「我依修多羅　真実功徳相　説願偈総持　与仏教相応　観彼世界相　勝過三界道　究竟如虚空　広大无辺際」とに区分しうる。親鸞は、最初の四句で、『浄土論』について「世親菩薩、弥陀の本願を釈したまへる御ことを論といふなり」と位置づけ、まず「世尊我一心」の釈から論を展開している。「世尊」とは、釈迦つまりブッタを指し、「一心といふは、教主世尊のみことをふたごゝろなくうたがひなしとなり、すなわちこれまことの信心なり」という。このような世親つまり天親による仏教観に立ち、「帰命尽十方无㝵光如来」について、前節で見た通り「帰命」と「尽十方无㝵光如来」に区分し、「帰命とまふすは、如来の勅命にしたがひたてまつるなり」といい、「尽十方无㝵光如来とまふすは、すなはち阿弥陀如来なり」といって、その実存体を「智慧の相」としての「光如来」と措定する。そしてその実存体が「十方微塵刹土」に充満しており、天親は「无㝵光仏」の願行を信じて「安楽国」に生まれたいと述べたという。これは、要するに「一切衆生悉有仏性」という『涅槃経』の立場を前提にしての見解である。

後半の八句は、このような解釈に至った天親の立場についての概説である。まず「我依修多羅　真実功徳相」では、天親が浄土三部経によって「真実功徳相」つまり「誓願の尊号」の「かたち」を措定し、「説願偈総持」つまり本願のこころを示す『浄土論』を著したが、その趣意は、「与仏教相応」つまり「この論のこゝろは釈尊の教勅、弥陀の誓願にあひかなへりとなり」にあるという。この観点に立ち、後半の四句において、无㝵光如来の本願力を信楽する人のあり方が、以下のように讃歎し、この下讃の内容を聴聞する人々にその「如来のくどく」の広大さを「大海のみず」の満ちている喩えを通して訴えるのである。

観仏本願力遇无空過者といふは、如来の本願力をみそなはすに、願力を信ずるひとはむなしくこゝにとゞまらずとなり、能令速満足功徳大宝海といふは、能はよしといふ、令はせしむといふ、速はすみやかにとしといふ、よく本願力を信楽するひとはすみやかにとく功徳の大宝海を信者のそのみに満足せしめるなり、如来の功徳のきわなくひろくおほきなることを大海のみづのみちみてるがごとしとたとえたてまつれるなり

こうした天親の『浄土論』での「无㝵光如来」の真実性についての解釈は、曇鸞の『往生論註』で「後の聖者婆藪般頭菩薩、如来大悲の教を服膺して、経に傍へて願生の偈を作れり」という見解を前提にして述べられている。

すでに確認したように、親鸞の経典解釈の方法の特色は、中国宋代に確立した典籍の類聚編纂のあり方に影響された独特なもので、文字の音韻による訓読を基礎にして、それまでの菩薩・高僧・先徳の論・釈の要点を整理し、経典自体の「意」の真実性を確認しようとした点にある（早島「九字名号を中尊とした三幅一舗の本尊の成立意義」、前出）。この場合も同様な方法で、曇鸞の『往生論註』を媒介にして、天親の「ウパーデシァ」つまり経典注釈の書『浄土論』を解釈していたのである。『浄土文類聚鈔』「念仏正信偈」のなかで、「天親菩薩論を作りて説かく、修多羅によりて真実を顕す」といい、曇鸞について「天親菩薩の論を註解して、如来の本願、称名に顕す」と述べるのは、そのことを的確に示していた。とすれば下讃の趣意とは、天親によって文字としてしか表象しえない方便法身尊号、「旡导光如来」の救済原理の真実性を明瞭に示し、その信頼性を説き聞かせようとした点に求められる。上讃に抄出された『大経』の三文の意は、その註釈を基軸にして解釈されねばならない。

冒頭の「大旡量寿経言」から「唯除五逆　誹謗正法」までの十句は、周知の通り『大経』の第十八願の全文である。親鸞は最初の句で『大経』の趣旨が如来の四十八願を説く経典であるといい、続いて「至心信楽」「欲生我国」という第十八願の骨格について、その意義を説くのである。「至心信楽」について、弥陀如来と衆生のあり方を対比し、「至心は、真実とまうすなり」と釈し、その真実こそ如来の誓願であるという。それに対し衆生とは「煩悩具足」であり、もとより「真実の心なし、清浄の心なし」と断言する。この観点のもと「信楽」とは、「如来の本願真実にましますを」状況を指し、疑心なく深く信ずることをいう。そうして「至心信楽」とは、「十方の衆生をして、わが真実なる誓願を真楽すべしとすゝめたまへる御ちかひの至心信楽なり」と措定し、その基本的属性が、「凡夫自力のこゝろにあらず」というのである。さらに「欲生我国」について、「他力の至心信楽をもて安楽浄土にむまれむとおもへとなり」といい、天親の『浄土論』の解釈を軸に「至心信楽」の誓願を受容することによって、往生しうることを確信せよと説くのである。

ここで解釈された「至心信楽」と「欲生」の関係は、『教行信証』信巻の「三信結歎釈」で、天親の『浄土論』の「我一心」に収斂されると、以下のように指摘している。

まことに知んぬ、至心・信楽・欲生、その言異なりといへども、その意これ一つなり、なにをもってのゆゑに、三心すでに疑蓋雑はることなし、ゆゑに真実の一心なり、これを金剛の真心と名づく、金剛の真心、これを真実の信心と名づく、真実の信心はかならず名号を具す、名号かならずしも願力の信心を具せざるなり、このゆゑに論主、建めに「我一心」とのたまへり、また如彼名義欲如実修行相応故とのたまへり

上讃の釈文は、「欲生我国」より「至心信楽」に力点を置いて説かれるが、これは、三信結歎の天親による「真実の一心」釈を前提としつつ、「至心信楽の願」の獲得を現世の衆生に説き、そのことの重要性を強調させようとしていたのであろう。この念仏往生としての至心信楽の願の勧めこそ、黄地十字名号の宗教的立場を表象化していたといってよい。

この地平に立って、信心を獲得することの意味が、次の「乃至十念」の解釈で示されたのである。

乃至十念とまふすは、如来のちかひの名号をとなえむことをすゝめたまふに、偏数のさだまりなきほどをあらはし、時節をさだめざることを衆生にしらせむとおぼしめして、乃至のみことを十念のみなにそえてちかひたまへるなり、如来より御ちかひをたまりぬるには、尋常の時節をとりて臨終の称念をまつべからず、ただ如来の至心信楽をふかくたのむべし、この真実信心をえむとき、摂取不捨の心光にいりぬれば、正定聚のくらゐにさだまるとみえたり

ここにおいて、「乃至十念」とは、如来による誓願の名号を勧める意味であるが、「乃至」という言葉が添えられ

ることで、称名念仏の役割がそれまでの中世浄土教で捉えられた臨終称念の意味と異なる、と説かれている。その要点は、日常生活で称えられる念仏こそ偏数に関係なく、「如来の至心信楽をふかくたのむべし」というのである。この解釈に至って、「乃至十念」の念仏の意味とは、真実信心を獲得する基本的属性にあり、衆生はその念仏によって、「正定聚のくらゐにさだまる」と説くのである。要するに、念仏往生とは真実信心を得ることにより、来世でなく現世にあって正定聚の位にいる、との自覚が必要というのである。

続いて「若不生者不取正覚」を字義の通り釈し、「唯除五逆誹謗正法」について、「このふたつのつみのおもきことをしめして、十方一切の衆生みなもれず、往生すべしとしらせむとなり」といい、第十八の誓願の総体としての意義を結論づけたのである。このような解釈は、親鸞の他の文献にはほとんど検索しえず、『尊号真像銘文』広略両本にしか確認しえない。だが、『末灯鈔』第二通「笠間の念仏者の疑ひとはれたる事」のなかで、他力とは本願を信楽して「往生必定なる」といい、

しかれば、わが身のわるければ、いかでか如来迎へたまはんとおもふべからず、凡夫はもとより煩悩具足したるゆゑに、わるきものとおもふべし、またわがこころよければ往生すべしとおもふべからず、自力の御はからひにては真実の報土へ生るべからず

というのは、第十八願の「唯除五逆誹謗正法」の内実を指しているといってよい。平雅行氏は、親鸞の悪人観には、内面に常に「虚仮」という悪を随伴せざろうえないとの意味があり、五濁悪世に生きる衆生総体を指すと指摘している（平『日本中世の社会と仏教』第二編「Ⅵ　専修念仏の歴史的意義」、前出）。「唯除五逆誹謗正法」の解釈は、こうした立場を踏まえており、『正像末和讃』「愚禿悲歎述懐讃」一〇七首で、「罪業もとよりかたちなし　妄想顚倒のなせるなり　心性もとよりきよけれど　この世はまことのひとぞなき」と悲嘆する立場と共有していよう。

このように第十八願の解釈を終えて、『大経』下巻の「往観偈」四句の讃歎文が解釈される。「其仏本願力」から「自致不退転」までの四句は、前節で見た『教行信証』の行巻で諸仏称名の願の成就文に関連して引用されているが、ここでは第十八願の意味を補強するべく引用される。まず「其仏本願力」について、弥陀如来の本願力といい、「聞名欲往生」を如来の誓いの名を信じ、極楽に生ずることを確信せよとの言葉という。さらに、「皆悉到彼国」について、名号を信ずる人は皆もれずかの浄土にいたるといい、「自致不退転」とは、自力のはからいによらず、不退の位に到達するという。こうして「如来の本願の御名を信ずるひとは、自然に不退のくらゐにいたらしむるをむねとす」と説くが、それは、要するに念仏往生を願う人が、「正定聚のくらゐにいたる」ことを示すことにあったといってよい。

「釈迦指勧」の「必得超絶去」から「自然之所索」までの八句は、『大経』下巻の「欣浄厭穢」の段よりの抄出である。ここでまず「必得超絶　往生安楽国」の二句が解釈される。解釈の要点は、「娑婆世界をたちすて、流転生死をこえはなれて、安養浄土に往生をうべしとなり」にある。次いで、この二句と関連して「横截五悪趣　悪趣自然閉」の意味が詳述される。そこで「横」とは「よこさま」といい、「竪」に対する言葉であり、「たださま」の意味である。この「竪」とは、「迂」とともに「自力聖道のこころ」であり、「横」と異なる。その「横」の内実について、「五悪趣を自然にたちすて、四生をはなるゝを横といふ」とし、これこそ「他力」といい、さらに「横超」と述べ、「横と超は、すなはち他力真宗の本意なり」という。ここから「横截五悪趣」について、「五悪趣のきずなをよこさまにきるなり」と措定する。これは、『教行信証』信巻の「現世十益」のなかで、「金剛の真心を獲得すれば、横に五趣八難の道を超え、かならず現生に十種の益を獲」ということを意味している。さらに、「悪趣自然閉」と「昇道无窮極」について、願力に帰命することの意味を説き、「无上涅槃」に至ることを説明する。加えて

「易往而无人」の意味を源信の『往生要集』の大意から位置づけて、「其国不逆違　自然之所索」の二句の解釈を踏まえて、以下のように結論づけていたのである。

真実信をえたる人は大願業力のゆへに自然に浄土の業因たがはずして、かの業力にひかる、ゆへにゆきやすく、无上大涅槃にのぼるにきはまりなしとのたまへるなり、しかれば自然之所牽とまふすなり、他力の至心信楽の業因の自然にひくなりとなり

以上の上讃の抄出三文は、十八願文で至心信楽の願の意義について、称名念仏との関連で説き、「往観偈」の文で、そうした如来の本願力によって「自然に不退のくらゐにいたらしむる」ことを述べる。さらに「釈迦指勧」の文において、親鸞の教判の骨格となる「横」の概念を駆使し、「横超」の意義について、「五悪趣のきずなをよこさまにきる」との意味に措定したのである。要するに、弥陀如来の他力の至心信楽によって、「よこさま」に煩悩総体が断ち切られ、この現世において正定聚の位に至ることを説くためであった。このような宗教的地平こそ、下讃の『浄土論』で明らかにされた「釈尊の教勅、弥陀の誓願にあひかなへり」を軸にして確認された立場であったといってよい。

実際のところ、親鸞はこうした上下の讃での宗教的立場について、『往生論註』での「安楽国土」が、「阿弥陀如来の正覚浄華の化生するところにあらざることなし、同一に念仏して別の道がなきがゆゑに」との文を『教行信証』行巻「行信利益」で引用し、以下のように措定していた。

しかれば真実の行信を獲れば、心に歓喜多きがゆゑに、これを歓喜地と名づく、これを初果に喩ふることは、初果の聖者、なほ睡眠し懶堕なれども二十九有に至らず、いかにいはんや十方群生海、この行信に帰命すれば摂取して捨てたまはず、ゆゑに阿弥陀仏と名づけたてまつると、これを他力といふ、ここをもって龍樹大士は

即時入必定といへり、曇鸞大師は入正定聚之数といへり、仰いでこれを憑むべし、もっぱらこれを行すべきなり、

要するに、この「入正定聚之数」という自釈こそ、「本願招喚の勅命」、つまり弥陀如来の我に帰せよ、という喚び声に即応する宗教的立場であったといってよい。

問題となるのは、こうした十字名号の讃文で説かれた正定聚の位に至るとの宗教的立場が、どういった教理的性格に立脚して説かれていたのかである。この解明には、『教行信証』真仏土巻の「結釈」で、『涅槃経』「迦葉品」を引用しつつ、以下のような「仏性」論を説く意味の検討が必要となる。

しかれば如来の真説、宗師の釈義、あきらかに知んぬ、安養浄刹は真の報土なることを顕す、惑染の衆生、ここにして性を見ることあたはず、煩悩に覆はるるがゆゑに、経には、われ十住の菩薩、少分、仏性を見ると説くとのたまへり、ゆゑに知んぬ、安楽仏国に到れば、すなはちかならず仏性を顕す、本願力の回向によるがゆゑに、また経には、衆生未来に清浄の身を具足し荘厳して、仏性を見ることを得とのたまへり、

「如来の真説」とは、『大経』とその異本、『涅槃経』各品などを指し、「宗師の釈義」とは、天親の『浄土論』、曇鸞の『往生論註』、善導の『観経疏』「玄義分」などをいう。いわば、これらの経論釈を通して、中国・日本の天台・華厳・法相などの諸宗での仏性の有無や、一乗三乗の権実の相論を踏まえての真仏土巻での結論である。

ここにおいて「仏性」とは、衆生が現世にあって「煩悩」に覆われて認識しえず、本願力の回向によって到達した「安楽仏国」で初めて顕現する、と『涅槃経』「迦葉品」の二文に基づき説いている。この指摘は、下讃の「十方微塵世界」に「光如来」が充満しているとの解釈においても確認しており、教理の基盤を構成していたのは確かなこととといってよい。親鸞が『涅槃経』に着目したのは、この経典が一貫して、大涅槃こそ仏の本質であり、成仏

するとは仏性を顕すことであると、「一切衆生悉有仏性」の観点から強調していることによる。だがそれだけでなく、この経典には「一闡提」つまり仏教を信じない人にさえも、「仏性」があり、基本的に成仏しうる条件がある、と説く点にあった（横超慧日「親鸞聖人の読経眼」、『涅槃経と浄土教』、平楽寺書店、一九八一年）ことによる。実際、横超氏の指摘の観点からすると、『唯信鈔文意』で「仏性すなはち如来なり、この如来、微塵世界にみちみちたまへり、すなはち一切群生海の心なり、この心に誓願を信楽するがゆゑに」と述べるとき、その基底にはそうした「一闡提」の成仏すら含まれており、仏性とは、阿弥陀如来の「誓願を信楽する」性が、煩悩に覆われた衆生総体に内在しているもの、と捉えるようになっていたと考えられる。

こうした「仏性」論こそが上讃で説かれた正定聚の位に至るとの主張の基底にあったのは、疑問の余地がない。『浄土和讃』「現世利益讃」九十四首で「信心よろこぶそのひとを　如来とひとしとときたまふ　大信心は仏性なり　仏性すなはち如来なり」と讃歎し、この観点から『末灯鈔』第七通で、浄信の如来等同に関する質問への以下の返書を見るとき、そのことは明らかとなろう。

如来の誓願を信ずる心の定まるときと申すは、摂取不捨の利益にあづかるゆゑに不退の位に定まると御こころえ候ふべし、真実信心の定まると申すも、金剛信心の定まると申すも、摂取不捨のゆゑに申すなり、さればこそ、无上覚にいたるべき心のおこると申すなり、これを不退の位とも正定聚の位に入るとも申し、等正覚にいたるとも申なり、このこころの定まるを、十方諸仏のよろこびて、諸仏の御こころにひとしとほめたまふなり、このゆゑに、まことの信心の人をば、諸仏とひとしと申すなり、また補処の弥勒とおなじとも申すなり、

ここにおいて、すでに確認した「五逆」や「誹謗正法」の人のみならず、「一闡提」についても、「如来の誓願を信ずる心の定まる」ことを前提にして、正定聚の位に入ることの可能性が、「仏性」論を基盤に措定されていたと

見てよい。実際、『教行信証』信巻「逆謗摂取釈」において、「ここをもっていま大聖の真説によるに、難化の三機、難治の三病は、大悲の弘誓を憑み、利他の信海に帰すれば、これを矜哀して治す、これを憐憫して療したまふ」といい、「濁世の庶類、穢悪の群生、金剛不壊の真心を求念すべし」と指摘するのは、そのことを物語っている。とすれば、黄地十字名号の宗教的立場の性格とは、基本的に衆生総体を現世で救済しようとする普遍的性格が、そこに表象されていた、といっても過言ではない。

以上を要するに、黄地十字名号の上下の讃文の内容について、『尊号真像銘文』略本の解釈を中心に、「尽十方旡导光如来」としか表象しえない弥陀如来の宗教的権能を紐解いてきた。そこで確認された宗教的地平とは、弥陀如来の誓願のなかで、第十八の至心信楽の願こそ、彼岸でなく此岸で称名念仏を介し、衆生総体を正定聚の位に入れることができるとの立場にあったといってよい。しかもこの衆生総体には、それまでの中世浄土教での自力得悟による来世での往生すら確約されてない「五逆」や「誹謗正法」の人、さらに仏教での救済を信じない「一闡提」すら、至心信楽の願に帰すればとの条件が伴うものの、含まれていたのである。平氏により、親鸞の念仏往生とは、浄土教が愚かな衆生のための宗教ではなく、末代のすべての人々によって信仰されるべき宗教である、との立場にあったと指摘されている（平『日本中世の社会と仏教』第二編「Ⅵ　専修念仏の歴史的意義」、前出）。

実際、これまで確認してきたことからすれば、この見解は首肯してよいと思われる。とすれば黄地十字名号には、現世における衆生総体に対し、第十八願に基づく念仏を称え信を確立して正定聚の位に達せよという、弥陀如来の喚び声が内在していたといえよう。

このような宗教的立場を内在した十字名号は、先に確認したように、建長七年以前の善鸞の東国下向前後に、すでに二、三本流布していた、と想定されるが、この名号に表象化された宗教的立場は、東国の親鸞門流の人々によって、どのように捉えられていたのであろうか。この問題は、十字名号が東国の門流集団で果たした役割を知ろうとするとき、重要な意味があるといってよいだろう。そこで次節では、親鸞帰京の後の東国諸門流の動向と仏事の「場」との関連のなかで、親鸞宛の浄信書状や蓮位宛の慶信書状を中心素材にして、このことについて考えてみたい。

三　東国での親鸞門流集団と十字名号の役割

中世鎌倉期の東国において、親鸞門流の各集団は、親鸞の帰京の後も、地域の枠を越え勧進ヒジリの頂点に有力門弟を据え、人格的結合のもとに展開していたが、そこでの動向が一定度明らかとなるのは、建長四年（一二五二）二月二十四日付けの『末灯鈔』第二十通である。これは、常陸国の南東部の鹿島郡、その西隣の行方郡、さらに北部の奥郡に点在した門流集団に宛てられた長文の法語消息である。冒頭でこの地域の人々からの懇志への礼をいい、明法房や相模の平塚の入道の往生の知らせを聞き、そのあり方を賞賛しつつ、「放逸无慚のものども」（『末灯鈔』第十六通）つまり造悪无㝵者の往生のあり方について、二つの点から批判を厳しく展開している。

その一つは、浄土教の教理を変貌させて誤解を与える教えを説く、新たに加わった信見房と、彼に同調する人々への論難である。そこで親鸞は、まず東国の門流の人々が初めて釈迦・弥陀による方便の教えに遇い、元来人間が好む「貪欲・瞋恚・愚痴」の三毒から解放されつつあるなかで、どうしてそうした毒を再び勧めるのであろうかといい、以下のように東国滞在中に接した門弟のあり方と比較して述べていた。

煩悩具足の身なればとて、こころにまかせて、身にもすまじきことをゆるし、口にもいふまじきことをもゆるし、こころにもおもふまじきことをもゆるして、いかにもこころのままにてあるべしと申しあうて候ふらんこそ、かへすがへす不便におぼえ候へ、

酔ひもさめぬさきになほ酒をすすめ、毒も消えやらぬに、いよいよ毒をすすめんがごとし、薬あり、毒を好めと候ふらんことは、あるべくも候はずとぞおぼえ候ふ、仏の御名をもきき念仏を申して、ひさしくなりておはしまさんひとびとは、この世のあしきことをいとふしるし、この身のあしきことをばいとひすてんとおぼしめすしるしも候ふべしとこそおぼえ候へ

ここにおいて、親鸞が問題としているのは、集団のなかで「いかにもこころのままにてあるべし」といい、その立場から「毒を好め」と申し合わせた人々のあり方である。こうした念仏の教えは、かって親鸞の教えを仰ぎ、この世の悪しきことを厭い、自己の悪しきことを厭うた生き方と異なるというのである。要するに、親鸞の念仏の教えの核心は、弥陀如来の誓願によってこそ、「煩悩具足したる身」の自覚が生じ、その悪性を棄てる生き方こそが求められるという点にあったといってよい。

もう一つは、心のままに悪を好む念仏のあり方が、門流集団の構成員の秩序を乱しているのでないか、ということへの危惧である。このことについて、親鸞は以下のように述べていた。

この御なかのひとびとも、少々はあしきさまなることのきこえ候ふめり、師をそしり、善知識をかろしめ、同行をもあなづりなんどしあはせたまふよしきき候ふこそ、あさましく候へ、すでに謗法のひとなり、五逆のひとなり、なれむつぶべからず、『浄土論』と申すふみには、かやうのひとは仏法信ずるこころのなきより、このこころはおこるなりと候ふめり、また至誠心のなかには、かやうに悪をこのまんにはつつしんでとほざかれ、ちかづくべからずとこそ説かれて候へ、善知識・同行にはしたしみちかづけとこそ説きおかれて候へ、

「師」とは親鸞自身をいい、「善知識」とはこの集団の頂点に立つ勧進ヒジリを指すのは、『末灯鈔』第十九通の後半の内容から明らかとなろう。このことは、常陸の霞ヶ浦以北や以東の先の門流集団が、勧進ヒジリによって統率された組織体であったことを示唆していよう。しかも、天親の『浄土論』を引用して批判しており、その組織体は、『入出二門偈頌』でいう「大会衆の数にいる」状況を念頭にし、念仏者の現世での生き方を求めている。こうした造悪旡㝵者への批判は、この時点から三年後の建長七年の『尊号真像銘文』略本で確認した「唯除五逆誹謗正法」での「つみのおもきことをしめして」衆生総体をもれなく救済するという柔軟な解釈と異なり、感情的で教条的な見解といってよい。東国在住時代には親鸞にとって想定しえない門流集団の一部の動向があり、どう対処すべきかについての判断ができにくかったのではないか、と思われる。

こうした造悪旡㝵の主張が、どういった念仏の教えから流入したのかは、定かにしえない。だが、こうした「悪をこのむ」風潮は、鎌倉初期の顕密仏教で、末代において悪人の方こそ来世において救済されやすい、との立場があるという（平『日本中世の社会と仏教』第二編「Ⅶ　解脱貞慶と悪人正機説」、前出）。しかも鎌倉には、不断光明真言などの教えの浄光明寺や光明寺などが創立された時期であり（早島「中世社会に展開した親鸞とその諸門流集団の存在形態」、前出）、そこから東国に漸次伝搬していたのであろう。実際、鎌倉中期の嘉禄三年（一二二七）以降南北朝期まで、武蔵国を中心に造立された現存板碑の主種子は、阿弥陀一尊が六割、弥陀三尊が三割と指摘されている（峰岸純夫『中世東国の荘園公領と宗教』「第四章　東国における浄土信仰の展開」、吉川弘文館、二〇〇六年）。要するに、真言密教や天台密教本来の種子に対し、顕密的浄土教の種子が九割にも達し、そうした宗教的風土が実在していたことになる。こうした板碑の造立は、通例勧進ヒジリによって担われるのが原則であり、その可能性はかなり高いといってよい。親鸞が名指しで「浄土の教もしらぬ信見房」と糾弾したのは、このような現実を前提としていたのであろう。とすれば、親鸞が黄地十字名号の先蹤となる十字名号を東国の門流集団に付与したことは、こうした新たに加わった人々の念仏理解のあり方と深く関連していたといってよいのでなかろうか。このことを確認するために、念仏勧化の「場」について、見ておく必要がある。

いうまでもなく、東国の親鸞門流各集団の念仏勧化の「場」について、明確に示す文献はない。ただ、先の法語消息の文末において、親鸞は念仏往生のあり方を「この文をもって鹿島・行方・南の荘、いづかたもこれにこころざしおはしまさんひとには、おなじ御こころによみきかせたまふべく候ふ」と記している。こうした法義聴聞の「場」が、すでに確認した常陸国の鹿島・行方・奥郡などの組織体のなかにあったのは、確かなことといってよい。だが、これまでの研究において、そうした「場」を想定する論考は、ほとんど見られない。その「場」とは、常陸国などでどういった性格にあったのであろうか。

このような「場」の手懸かりは、必ずしもないわけではない。それは、高田の真仏、顕智が下野国大内庄の高田如来堂を拠点に、念仏ヒジリとして活動していたという事実である。高田の如来堂は、善光寺弥陀三尊を本尊として、結城広綱の子弥三郎宗重の所領大内荘に建立されており、親鸞自身も善光寺勧進ヒジリとして、この如来堂と関係があったのでないかといわれる（平松「善光寺の信仰とその勧進念仏聖親鸞」、前出。峰岸「東国における浄土信仰の展開」、前出）。こうした如来堂は、信濃善光寺へ通じる東西に走る東山道や、これと南北に交差する鎌倉街道や奥大道沿いに点在し、親鸞門流だけでなく法然諸門流の東国展開の拠点となっていた。このほか、十三世紀頃から東国東南部の霞ヶ浦などの湖沼、利根川など水運交通の要衝にも、薬師堂・阿弥陀堂、さらに観音堂や太子堂といった古代からの草堂、中世に入っての村堂が存在していた、と想定されている（網野善彦『茨城県史料Ⅰ』、茨城県、一九八〇年）。時代が鎌倉末期、南北朝期まで降るものの、親鸞門流のなかには、常陸の奥郡や相模の大庭御厨などの薬師堂、観音堂、さらに鎌倉甘縄の太子堂を拠点に念仏の教えを勧化した門流もある（早島「中世社会に展開した親鸞とその諸門流集団の存在形態」、前出）。高田如来堂の事例と併考すれば、こうした草堂や村堂が、親鸞門流の人々参集の基本的な「場」であったことは、確かなことといってよい。

こうした草堂や村堂は、古代の国分寺や天台系寺院、鎌倉の光明寺など顕密浄土教寺院の末端に、それぞれ独立的に位置し、荘や郷の村落生活と不可分に結びついていた。このように多彩に存在する草堂や村堂は、十二世紀末からの畿内だけでなく、関東や北陸などの天台系浄土教・真言密教の展開地域に、漸次に検出しうる（黒田俊雄「荘園制社会と仏教」、『日本仏教史』Ⅱ、法藏館、一九六五年）が、これら草堂や村堂の性格は、領主層を含めた荘内上層部の共有の寺庵として、共同体の機能の一翼を担っていたといわれる（浅香年木『中世北陸の社会と信仰』第四編「第二章　加賀長福寺の成立事情」、法政大学出版局、一九八八年）。この基本的形態は、地域によって偏差があるやもしれないが、基本的に各荘や郷で共通しているといってよいだろう。実際のところ、高田の如来堂の場合、応安二年（一三六九）十一月二十七日の「高田荘如来堂堂職安堵状」によると、「たうしき」が領主結城祐朝によって安堵されている（『真宗史料集成』第四巻、同朋舎出版、一九八二年）。この安堵の権限が、当初のどういった権能に由来するのか定かにしがたいものの、おそらく村内上層部の共有の寺庵という事実に系譜があるのでないかと思われる。高田の真仏の俗名が真壁氏の一族で椎尾弥三郎であるという伝承は、そうした想定を裏づけていると思われる。とするならば、このような草堂や村堂は、親鸞門流だけでなく、天台浄土教や法然諸門流などの勧進ヒジリの拠点となっていた可能性が高い。現存する聖教の奥書や仏像・鐘の銘文などに、多くの勧進僧の名が記されており（『武蔵史料銘記集』、東京堂出版、一九六七年）、このことは、そうした事実を投影しているといえよう。

このような草堂や村堂には、高田如来堂の善光寺三尊仏のように、寺庵の名称と同一の本尊が安置されているが、親鸞門流の宗教的拠点としての活動については、基本的に支障とならなかった。前節で確認したように、建長三年（一二五一）の『末灯鈔』第一通の「有念无念の事」のなかで、親鸞は聖道門の教えについて、権化の聖者の説いた方便誘引の教えといい、「権教といふは、すなはちすでに仏に成りたまへる仏・菩薩の、かりにさまざまの形をあらはしてすすめたまふがゆゑに権といふなり」と述べている。これは、要するに、仏・菩薩の像も方便誘引の像と措定していたことによる。実際、星野元豊氏によれば、『教行信証』化身土巻において、仏教総体を聖道門と浄土門に大別し、聖道門が難行道であり、末法の世では到底修行しえないものの、聖道門を究極的には弥陀の誓願に入らしめる方便権化の教えであるといっており（星野元豊「『教行信証』の思想と内容」、『親鸞』、日本思想大系一一、岩波書店、一九七一年）、その想定は確かなことといってよいだろう。とすれば、親鸞が名号本尊を付与する以前の建長三年前後の状況では、こうした権教の仏・菩薩像を本尊とした草堂や村堂で、門流集団の仏事などが営まれていた、と考えるべきであろう。信見房など造悪无㝵の人々は、おそらくこうした草堂や村堂に安置された本尊のもとでの法会などで、「悪はおもふさまにふるまふべし」（『末灯鈔』第十六通）といった法義を示し、親鸞や古くからの門弟のあり方を批判していたのでなかろうかと思われる。

親鸞が籠文字様式の十字名号を本尊として授与しなければならない理由は、こうした建長三年前後の、東国門流集団、とりわけ常陸各郡での念仏勧化の「場」での、造悪无㝵を中心とした混迷状況に胚胎していた、と見てよいだろう。このことを示唆するのは、建長四年の先の法語消息の一節で、「聖教のをしへをもしらぬ、おのおののやうにおはしますひとびとは、往生さはりなしとばかりいふをききて、あしざまに御こころえあること、おほく候ひき、いまもさこそ候ふらめとおぼえ候ふ」と親鸞が述べていることである。ここにおいて、念仏の教えとは、基本的に浄土教の典籍に基づかなければならない、との親鸞の宗教的立場から、造悪无㝵の念仏の教えの誤謬が指摘されている。これは、人間に基本的に内在する「悪」自体を否定するのでない。「造悪」行為が往生への障导にならないとの主張を聞いて、そのように理解しようとするあり方が、弥陀如来の他力誓願が記された「聖教」、つまり経論釈の教えを知らないことによって生じたというのである。「いまもさこそ候ふらめ」というのだから、親鸞が東国滞在中に遭遇した伝道状況と同一だと認識しての言である。

ここで想起すべきは、黄地十字名号の書体としての写伝性、親鸞自筆の「愚禿親鸞敬信尊号　八十三歳」の款記、念仏往生を勧める文字機能と上下の讃文の経論抄出文による聖教の裏づけである。こうした特色を保持した籠文字様式の十字名号が、この状況を打開し、聖教に基づく教えを鼓吹しようとして付与されたのは、確かなことといってよい。とりわけ、自筆の上下讃文と款記こそ、先に見たように親鸞への親炙という点で、おおきな役割を担っていたのはいうまでもない。しかも十字名号の形態は、持ち運びの容易な軸装であり、その特色は、随時に随所に、本尊として掛けて礼拝しうる形式にある。この軸装形式の本尊は、『今昔物語集』巻十二第三十八話の本尊画像（新日本古典文学大系、岩波書店、一九八二年）や、太子絵伝の掛軸形式の存在などにも見られ、必ずしも親鸞門流だけのものでなく、中世社会で一般化しつつある本尊の形態である。これは、詰まるところ、寺院に安置される仏・菩薩像と異なり、親鸞門流の勧進ヒジリが草堂や村堂を移動して、そこで十字名号に盛られた親鸞の念仏の教えを東国の人々に説くことが容易であることを示唆している。おそらく、領主層を含めた荘民共有の草堂や村堂のなかで、元来の本尊と並立する形で、門流集団の仏事などの法会の際に掛けられたのであろう。ただ平松氏が、そうした十字名号の一本を高田専修寺蔵の紺地十字名号であるという（平松『親鸞の生涯と思想』第一部「四善鸞義絶事件の根本的再検討」、前出）が、現存法量や制作年代について疑問があり、断定は保留したい。

検討を要するのは、付与された十字名号に内在した宗教的立場が、こうした渦中の門流集団において、どのように捉えられていたのかという点である。このことを直接示す文献はほとんどないものの、解明の鍵は、善鸞事件後と推定しうる『末灯鈔』第七通の親鸞宛の浄信書状を、十字名号との関連で、どう意義づけるかに掛かっていよう。この書状は、冒頭で「旡㝵光如来の慈悲光明に摂取せられまゐらせ候ふゆゑ、名号をとなえつつ不退の位に入り定まり候ひなんには、この身のために摂取不捨をはじめてたづぬべきにはあらずとおぼえられて候ふ」と自己の領解を述べ、『華厳経』入界品の「与諸如来等」の文、さらに第十七願と願成就文について記している。そこから信心の人が「この世より如来とひとしとおぼえられ候ふ」といい、「このほかは凡夫のはからひをばもちゐず候ふなり」と自己の拠る立場を明確に述べて、こうした念仏の要点について尋ねた点に趣意がある。簡潔な誠意のこもった文体で綴られ、念仏者として実直な人柄にあることが垣間見られる。

親鸞の返書も、それに対応するかのごとく、「諸事恐々謹言」という書止文言、自署・花押という、浄信と対等な立場にある書札礼で記されている。しかも、尋ねられた要点について、如来の誓願を信心決定した人が「諸仏等同」の立場にあり、それこそが「義なきを義とす」、つまり凡夫のはからいにない立場にあると、二つの点から丁寧に答えている。このような浄信の質問こそ、造悪旡㝵の進展から生じた善鸞事件、念仏弾圧の渦中に付与された十字名号の影響のもとに醸成された念仏往生のあり方でないか、と親鸞が見ていたのは、返書の内容から確認しうる。とすれば、選択本願としての念仏往生を勧めるために構想された十字名号が、基本的に浄信のような立場の人をいくらか生みだした事実は、否めない。いわば、ここにこそ十字名号の果たした役割があったといってよいだろう。

しかしながら、『末灯鈔』第十四通の蓮位宛慶信の書状によれば、浄信のような「諸仏等同」の理解について立場を定かにしえないものの、批判的な人々もいたのは、以下の記述で明らかとなる。

『大无量寿経』に信心歓喜と候ふ、『華厳経』を引きて、『浄土和讃』にも、信心よろこぶそのひとを　如来とひとしとときたまふ　大信心は仏性なり　仏性すなはち如来なりと仰せられて候ふに、専修の人のなかに、ある人こころえちがへて候ふやらん、信心よろこぶ人を如来とひとしと同行達ののたまふは自力なり、真言にかたよりたりと申し候ふなるは、人のうへを知るべきに候はねども申し候ふ、

ここでいう「如来等同」の立場について、自力といい真言に偏重していると述べた親鸞門流の人々は、定かとならない。だがこうした批判が、親鸞在世中だけでなく没後の門流集団の一部にあったのは、確かなことといってよい。『歎異抄』第十五条において、「煩悩具足の身をもって、すでにさとりをひらくということ、この条、もってのほかのことに候ふ」という項目を設けて、そのような主張は、ブッタの悟りを基本としているようであるが、『高僧和讃』第七十七首の「金剛信心の　さだまるときをまちえてぞ　弥陀の心光摂護して　ながく生じをへだてける」の意味を誤解し、「さとるとはいひまぎらかすべきや」といっているにすぎないと述べている。

慶信の記した伝聞は、このような誤った「煩悩具足」観を前提に「如来等同」の立場を批判していたと考えられ、そうした門流も存在したのは、疑うべくもない。さらに、別に論究したように、現世でなく真実報土に往生することを第一義とした念仏の立場に、慶信自身があり（早島「九字名号を中尊とした三幅一舗の本尊の成立意義」、前出）、「如来等同」の立場を名号や聖教を通して理解していたとしても、十字名号の宗教的性格と似而非なる地平にあったのである。

以上、常陸を中心とした門流集団に加わった人々の主導した造悪无导の渦中で、草堂や村堂に掛けられた十字名号の様式と形態が、聖教に基づく「如来等同」の宗教的立場を東国の門流の人々に浸透させていったのは、想像に難くない。だが、十字名号の付与によって、当初のそうした状況は少なからず打開されていったであろうが、右に

見たようなさまざまな念仏往生の捉え方も、それによって醸成されていったのも事実である。顕密浄土教の立場からする称名念仏について「辺地往生」と捉える人々や、これと関連して誓願と名号とを区分して往生のあり方を主張する人々も、『歎異抄』第十七条や、『末灯鈔』第十九通などで確認しうる。いってみれば、顕密浄土教などの勧進ヒジリの集団への流入によって、その状況は一層深刻に進展していった。

このような動向を基盤にして、善鸞の東国下向によってその状況は、在地の領家・名主による念仏禁止、さらに鎌倉幕府による念仏弾圧へと変貌していった。こうした念仏禁圧の発端は、親鸞門流集団の仏事法会などが、領主や荘民共有の草堂や村堂で高声に修されたことにあったと想定しうるが、親鸞の性信宛『血脈文集』第四通によれば、康元元年（一二五六）九月前後に弾圧の根幹となっていた幕府への念仏訴訟が解決したという。だが、その訴訟が片づき、念仏禁圧の状況がいくらか弛緩したといっても、領家・名主などの念仏嫌悪の姿勢は、草堂や村堂を念仏勧化の「場」とする限り、基本的に止むことがなかったといってよい。幕府への訴訟問題が解決した翌年の康元二年（一二五七）正月九日、『御消息集』第十二通の常陸鹿島の真浄房宛書状において、念仏禁圧のなかで「そのところの縁ぞ尽きさせたまひ候ふらん」と述べ、そうだからといってこれ以降「余のひとびとを縁として、念仏をひろめんと、はからひあはせたまふこと、ゆめゆめあるべからず候ふ」と親鸞は指摘している。「余のひとびと」とは、一般に土地の有力者といわれる（平松令三「親鸞教団の地縁性について」、『教学院紀要』第十三号、二〇〇六年）が、もっと厳密にいえば、草堂・村堂を管理していた荘民のなかの地頭・名主層に連なる有力者といってよい。とすれば、そうした寺庵を念仏弘通の「場」としていた門流集団の常に直面する現実の問題状況について、親鸞が確かに認識していたことを示していたのである。

以上のような過程において、本尊としての十字名号が果たした役割は、遺憾ながら実証しえない。だが建長七年に、黄地十字名号が東海地域の専信房専海の集団に付与されていたことを想起するとき、浄信の書状で確認しえたように、造悪旡导から進展した状況に対し、その抑制に効果のあったことは、疑問の余地がない。かって松野純孝氏は、「如来等同」について検討した論著において、この宗教的立場が一念信心往生による金剛不壊の「信」を決定し、それにより造悪旡导の行動が抑制され、しかも東国の家父長制を否定し、人格の尊厳性、御同朋・御同行の思想を門流集団に普及させていった、と指摘していた（松野純孝『親鸞――その生涯と思想の展開』、三省堂、一九五九年）。造悪旡导の理解のあり方、念仏禁止の在地での誘因の問題など、現在の時点から見るとき、評価しがたい点があるものの、その社会的機能については基本的に首肯しうる点がある。この見解を前提にすれば、親鸞によって構想された現世の衆生総体に対して、第十八願による念仏を称え信を確立して正定聚の位に達せよ、という弥陀如来の喚び声を内在した十字名号の様式と形態には、確かに現実的効能があった、と措定してよいだろう。だが、一方その過程で、それと異なる念仏の教えも、生じたことは疑問の余地がない。

おわりに

以上、三節にわたって黄地十字名号を素材にして、十字名号の書体と文字機能、十字名号の宗教的立場とその性格、さらに東国の親鸞門流集団で生じた造悪旡导の行動を通して、十字名号の果たした役割について、煩雑な検討を加えてきた。

この名号は、冒頭で指摘したように、絵画の様式を表装面では採っているものの、書の世界における影写の技法を中心に親鸞によって構想された特異な形態である。こうした絵画としての形態にある名号本尊について、どういった視点から論究すべきかは、これまで論議がなく、いまだ方法的に確定していない状況にある。だが藤原良章氏が、絵画史料への美術史からの接近を前提にして美術史の独自な方法を踏まえた、文学、歴史学や考古学などと美術史との連携の必要性について提唱していた。この正当な提唱についての評価は定まっていないものの、こうした絵画史料研究の現状にあっては、秀れた問題提起の一つといってよいであろう。この論考にあっては、そうした藤原氏の提言を承けて、書道史の成果を踏まえて宗教史の観点から名号本尊に内在した諸問題を析出しようとしたものである。ここでは、中世浄土教の本尊展開のなかで、名号本尊の成立意義を措定するため、最初に各節の論点を要約整理しておきたい。

「一　黄地十字名号の書体とその文字機能」において、まず名号の書体の意味を確定するために、数少ない書道史の成果を踏まえ、上下の讃文末尾の「愚禿親鸞敬信尊号　八十三歳」という自筆款記とどう関連するのかに視点を据えて論じた。書道史からの論究によると、この書体は双鈎塡墨体つまり籠文字といわれるが、この特色は、書の世界において自筆真跡こそ芸術性に富んでいると認識されるようになり、その「一回性」を克服し、真跡を鑑賞・研究・学習するために考案された影写技法の一つである。しかもこの方法は、自筆の文字を下にしての忠実な複製が、原則であった。だが重要なことは、鎌倉期の仏教絵画のなかで、こうした書法が絵画の様式に転用された事例について、管見の範囲で確認しえないことにある。しかもそれだけでなく、影写のために用いられた自筆名号自体も伝来していないが、戦国時代末期の影像に限定されるが本願寺顕如と教如の下絵は各一点ずつ現存しており、このことからすると、下書となった自筆名号が、かつてあったと想定した。

こうした観点に立脚し、黄地十字名号の書体は現存自筆名号の文字と近似しており、双鈎の縁取りもかすかに確認できるので、自筆真跡を下にしての影写といってよい。親鸞がこうした技法に着目した理由は定かにしえないものの、東国の親鸞門流集団の人々による親鸞自筆真跡へのこだわりがあった、と考えてよいだろう。要するに、親鸞の書を通して彼へ対する人々の親炙の度合いが強かったのである。

籠文字の書体の特色の一つに、複製転写の可能な技法がある。黄地十字名号のほかに、それの写伝本として長野県須坂市勝善寺・長野市長命寺などの十四世紀後半から十五世紀初頭の二本、さらに別系統の写伝本も、十四世紀中頃の西本願寺、十五世紀中頃の高田派京都別院の二本が現存しており、その想定を裏づけることができよう。しかも、黄地十字名号の款記に「愚禿親鸞敬信尊号　八十三歳」の文字が墨書され、系譜の異なる名号本には「八十三歳」の年齢を欠くものの、同じ款署が記されている。これは、自筆名号と同様な効能があり、これらの事例から、自筆の名号に代替しようとして、親鸞が籠文字の書法に着眼し、構想したのが十字名号であったと措定したのである。

次に確認することは、こうした書体の文字自体に内在する宗教的意味である。文字としての名号について、千葉乗隆氏は、親鸞の思想が不来迎の立場、つまり来迎思想を否定する立場にあり、ブッタの原点の「宗教的本質」を知らせようとして、この名号を考案したという。この指摘は、親鸞の本尊観に「権教」つまり方便誘引の仏・菩薩の像を認めている事実を捨象しての見解であり、首肯しえないものである。そこで、この問題を改めて検討するために、名号という概念の内実、さらに方便法身尊号の意味を確定し、そこから名号の文字機能について追究することにしたのである。

最初に、親鸞によれば、名号とは諸仏全般の名をいうが、弥陀如来の名号の場合、諸如来と決定的に異なるという。それは、一切の衆生を無上涅槃に至らしめる「誓願」が、名号という二文字に凝縮されているからという。だが、その名号の根源は、いろもなくかたちもない「一如」真実の世界にあり、そこから衆生救済の誓願を起こした方便法身としての法蔵菩薩について、天親菩薩が、「尽十方无㝵光如来」と文字で表象化したのだという。要するに、救済主体の弥陀如来とは、こうした意味で文字でしか表現しえない実存体というのである。繰り返して言えば、弥陀の名号とは、こうした意味からして「尽十方无㝵光如来」としか表象しえないということになろうか。とすれば、「帰命尽十方无㝵光如来」という文字には、どういった機能が込められていたのかが、次の検討の対象となるのである。

この解明について着眼したのは、『教行信証』行巻「大行釈」において、親鸞が自釈で「帰命は本願招喚の勅命なり」と断言し、「帰命」という二文字に焦点を当てながら詳細に論拠を提示していた章句にある。親鸞の文献解釈の方法は、別に論究したように、経典の意がどこにあるのか検索するために、論と釈の意味について文字訓読を基礎に類聚的に整理する手法である。「大行釈」における引文や自釈での手法は、その典型例といってよく、中国宋代の『広韻』を主体に、ときには漢代の『説文解字』という字書などを駆使し、字訓の意味を音韻学つまり音声の領域にまで踏み込んで、解釈していたのである。そうした方法から「帰命」の二文字を「帰」と「命」に分離し、「帰」の字義には、「至る」の意味があり、「命」の字義には「招引」など八訓の意味があり、「喚ぶ」という音声が、文字に内在しているというのである。

この解釈は、下に描かれた「尽十方无㝵光如来」を前提にしており、そこから『尊号真像銘文』略本での「帰命はすなはち釈迦・弥陀の二尊の勅命にしたがひめしにかなふとまふすことばなり」に通ずる意味になっていたのである。さらに、親鸞はこうした「帰命」の字義解釈に留まらず、善導の『観経疏』「玄義分」で提起された「帰命」と「発願回向の義」に眼を向けて、「発願回向」の内実が弥陀如来による「衆生の行を回施したまふの心なり」といい、「帰命」には選択された本願でもって、衆生を「不退の位」に至らしめる権能があるというのである。

こうして二つの字義の解釈を通して、「帰命は本願招喚の勅命なり」とは、弥陀如来によって発願された選択本願としての称名念仏を衆生に示し、それに帰せよという音声的意味をもつことが確定しえたのである。とすれば、親鸞が「帰命」という文字に、こうした音声的機能を付与した理由は何か。それは、このように親鸞が構想した原点が、天親の『浄土論』の五種の行によっていると考えられるからである。それを示した親鸞の著述に『入出二門偈頌』があり、そこでの「入第二門」で光明と名号のいわれを信じ、口に仏名を称えて、弥陀如来の功徳を讃えることこそ、「大会衆」つまり浄土念仏の徒に連なるというのである。要するに、衆生の念仏称名による讃歎が法蔵菩薩の名号概念の原義と対応して発せられると親鸞が考えていたからである。こうした原理的関係を現実的に対応させる意味で、「帰命」という文字にこのような音声的機能を付与したといってよい。

「二　黄地十字名号の宗教的立場とその性格」では、このような音声的文字機能のある十字名号には、どういった宗教的立場が求められるのかを論じた。これには、十字名号の上下の『大経』と『浄土論』を抄出した讃文を検討したが、この讃文の親鸞の解釈については、建長七年以前に草稿本のあったと推定しうる『尊号真像銘文』略本があり、それを媒体としての析出である。この解釈の方法は、先に見た親鸞の文献解釈の方法に従って、下讃の検討から試みている。

親鸞は、下讃の『浄土論』前半偈頌十二句において、天親が「无㝵光如来」の願行を信じ、浄土に往生したいとの意味であるといい、その信ずる論拠に「光如来」という実存体が智慧の相として「十方微塵刹土」に充満しているからという。これは、要するに「一切衆生悉有仏性」という『涅槃経』の立場を前提にしての所論といってよい。後半の八句は、このような解釈に至った天親の立場についての概説である。ここでの要点は、天親の解釈が大乗仏教の経典解釈によった見解であり、ブッタが説いた弥陀如来の誓願に適うと力説する。こうした下讃の趣意は、要するに天親によって文字としてしか表象しえない方便法身尊号、「旡导光如来」の救済主体としての真実性を明確に示し、その信頼性を説き聞かせようとしていたといえよう。

これに対応する上讃の三文は、いずれも『大経』からの抄出文である。ここでの主眼は、念仏往生の中心にある第十八願の全文にある。その重要な語句「至心・信楽・欲生」を「至心・信楽」と「欲生」に区分し、天親の『浄土論』に沿って、この誓願を受容することにより往生しうると説く。この観点に立って、親鸞は「乃至十念」に着目し、中世浄土教の称名念仏と異なり、如来の誓願に裏づけられた称名念仏こそ、現世にあって正定聚の位にいるとの自覚が生ずるというのである。ここにおいて、この願文で問題視される「唯除五逆誹謗正法」について、この二つの罪の重きことを示して、十方一切の衆生をもれず救済する、と解釈する。さらに「往観偈」と「釈迦指勧」の抄出文で、本願他力の力によって名号を信ずる人が「正定聚の位」に自然に入るといい、「横超」の概念を駆使して「五悪趣のきずなをよこさまにきる」というのである。

こうした正定聚に入るとの宗教的立場は、親鸞の独自な仏性論を基盤としている。その典拠となったのは、『涅槃経』「迦葉品」を中心にした天親や善導の論釈であった。『涅槃経』は、救済される衆生に「一闡提」つまり仏教を信じない人でさえ仏性があるとの立場にあり、こうした仏性観が正定聚の位に至るとの主張の基底にあったといってよい。「五逆誹謗正法」だけでなく、「一闡提」をも救済対象として衆生の範疇に含めたことにより、親鸞の仏性論は、中世社会にあって宗教的な普遍性を堅持しうる条件を満たしていたのである。親鸞の十字名号とは、こうした宗教的立場を「尽十方旡导光如来」の上下の讃文に内在化させていたといってよい。

「三　東国での親鸞門流集団と十字名号の役割」では、以上の二節にわたって析出された十字名号が、東国の親鸞門流集団の人々に、どのように捉えられていたのかを論じた。この問題については、文献的に明らかにしえない点が多い。そこで方法として、親鸞帰京後の門流の動向に焦点を当て、仏事法会の「場」を想定するなかで、一つの試論を提出することにしたのである。

最初に論じたのは、建長年間を通して複雑に深化していく、「放逸无斬」つまり造悪无导の行動に焦点を絞り、建長四年の親鸞の法語消息を素材に、二つの点を明らかにした。その一つは、造悪无导を唱える人々が、親鸞のいう「煩悩具足したる身」という認識になく、「こころのままにてあるべし」という、恣意的に悪を造る立場にあるとした点である。もう一つは、そうした人々が常陸各郡の勧進ヒジリによって統轄された組織体に加わった顕密浄土教系の勧進ヒジリでないか、と想定した。この論拠となるのは、親鸞が「浄土の教えもしらぬ信見房」と名指しで批判していること、さらに近年の平松令三氏や峰岸純夫氏の論究によって、鎌倉中期の東国一帯には、顕密浄土教の宗教的基盤があったことによる。

こうした状況のなかで、十字名号が付与されたのでないか、と先に確認しておいたが、そうすると、常陸各郡で門流集団の念仏勧化の「場」自体を確定する必要がある。この「場」を想定する手懸かりとなるのは、高田門徒が一貫して依拠した下野国大内庄の如来堂の存在である。このほか、南北朝期に降るものの、親鸞門流の念仏勧化の拠点となっていたのは、常陸奥郡や相模国大庭御厨などの薬師堂、観音堂、さらに鎌倉甘縄の太子堂などである。これらは、古代からの草堂、中世に入っての村堂と総称される寺庵であり、その性格は基本的に領主層を含めた荘内村民共有の宗教施設であった。高田の如来堂のみ、そうした性格が濃厚に窺えるので、この想定は大過ないことであろう。

このような草堂や村堂には、高田如来堂に見るがごとく、寺庵の名称と同一の本尊が安置されているが、親鸞門流の宗教的拠点としての活動には、教理的に支障が生じない。それは先に指摘したように、そうした本尊としての仏菩薩が「権教」の像として位置づけられていたことによる。親鸞門流の人々は、この意味で仏事法会を草堂や村堂を拠点に営んでいたのは、想像に難くない。造悪无㝵の法義では、こうした「場」で、「悪はおもふさまにふるまふべし」と述べられていた。親鸞が法語消息の一節において、聖教の教えを知らないと信見房を論難していたのは、自らの念仏の教えを表象化した本尊がないことに起因している、と親鸞が認識したからでなかろうか。ここに、黄地十字名号に先蹤した名号を授与した理由が求められよう。

とすれば、十字名号に含まれた宗教的立場は、どのように門流集団の人々に捉えられていたのであろうか。親鸞宛の浄信書状によると、選択本願としての念仏往生の教えは、十字名号を通して、確かに基本的な点で「如来等同」の立場で捉えられていた。だが慶信の書状には、そうした教えは自力の教えであるとか、真言に偏重しているとの門流集団の批判の声もあったという。しかも、慶信の理解していた念仏の教えも、親鸞のそれと似而非なる立場にあったのである。このほか、『歎異抄』の記述によれば、称名念仏について「辺地往生」といったり、名号と誓願を区分して捉える教えなど、顕密浄土教の教えに近い立場があった。このことは、付与した十字名号によって「如来等同」の思想が普及し、造悪无㝵の行動が制御される一方、他方にあって、念仏往生に関するさまざまな考えが生じたことを示唆している。

このような動向を基盤にして、親鸞の子息善鸞の東国下向によって、その状況は在地の領家・名主による念仏禁止、さらに鎌倉幕府による念仏弾圧へと変貌していった。こうした念仏禁圧は、康元元年に至って緩んだが、念仏への嫌悪は依然として継続されていた。かかる状況下で、本尊としての十字名号が果たした役割は定かにならないが、建長七年において、黄地十字名号が付与されていた事実を想起するとき、親鸞にあっては、造悪无㝵の状況が念仏弾圧に進展していても、浄信の書状で確認しえたように、その打開に効果があると考えていたと思われる。

以上、煩雑な文ながら、各節の論点を要約し整理してきた。そこで明らかとなったことは、これまでの宮崎圓遵氏、平松令三氏、千葉乗隆氏などの論著によってもたらされた成果と異なる点が多い。だがここで示した論点は、親鸞の十字名号の様式の特色と深く関連しており、その検証には基本的な点で大過ないように思われる。顕密仏教の盛んな中世という時代にもかかわらず、こうした様式の名号本尊を親鸞が創出したことは、改めて驚かされるが、それはさておき、中世浄土教本尊の展開のなかで、この本尊にはどのような意義が求められるのであろうか。最後にこの問題について、これまで確認した親鸞の十字名号の性格を手懸かりにして、簡潔に述べておきたい。

黄地十字の名号の最大の特色は、これまで見てきたように、名号の文字自体に音声的機能を内在させ、その宗教的論拠を教理的に上下の讃文で示そうとした点にあるが、名号本尊にこのような機能があると想定したのは、親鸞の場合、天親の『浄土論』において、方便法身としての法蔵菩薩が、「尽十方无㝵光如来」という文字でしか表象しえないという論に着目したことによる。その地平から「帰命尽十方无㝵光如来」の「帰命」の音義について、唐代浄土教での解釈から本来の「帰命」の意味を措定し、十字の名号に内在する文字機能を「帰命とは本願招喚の勅命なり」、という命題に帰結させたのである。これは、要するに弥陀如来による選択本願に帰せよという音声が、この文字に内在していることを示そうとしていた。いってみれば、宗教的な実存体「无㝵光如来」による我が誓願に帰せよという、衆生への喚び声が、このように文字に内在せしめられていたのである。黄地十字名号下讃末尾の款記に「愚禿親鸞敬信尊号　八十三歳」と記したのは、このことを示唆することであったといってよい。

こうした念仏往生を衆生へ勧める音声的文字機能のあった名号本尊は、親鸞にあって、どのような考えに基づいて創出されたのであろうか。この直接の契機となったのは、論点の整理で確認したように、建長四年（一二五二）に近い時期に東国とりわけ常陸の国を中心に、新たに門流集団に加わった造悪无㝵を唱える人々の動向の抑制にあった、といえよう。だが、帰京後における親鸞の思想の展開過程を検討するとき、それだけでなかったように思える。その論拠として指摘しうるのは、建長七年に、親鸞自身によって書写された『尊号真像銘文』略本の伝来である。この著述の成立については、すでに見たように建長七年でなく、その奥書に「書写之」という文言があり、本文に自筆本にもかかわらず訂正の跡がないので、この年以前に成立したといってよいだろう。

注意されるのは、本書の内容構成それ自体である。この書の構成の特色は、標題から窺えるように、冒頭に十字名号の讃に見られる『大経』の第十八願文、「往観偈」の文、「釈迦指勧」の文と、インド・中国・日本における浄土教の菩薩・高僧・先徳と親鸞の影像に記される銘文について、親鸞の註釈を加えた内容にある。だが、この書はそれだけでなく、ここに註釈された銘文に付随する名号と影像が、この書の著された時期に現存していたのでないか、と想定させることである。実際、黄地十字名号の上下の讃文は、ここに記されており、親鸞の場合、この銘文に沿った安城の御影が伝来する。このほか、天親・曇鸞・善導・源空・聖覚の銘文に付随する影像は、愛知県妙源寺の九字名号を中尊とした三幅一舗の本尊のなかに描かれている。これらの事例からすると、この想定は、確かなことといってよいだろう。いってみれば、親鸞の思想においては、名号だけでなくこうした影像も広義の敬信の対象としての本尊の範疇に含めて考えられていたことになる。

ところが、親鸞のこうした本尊への考えは、そこに留まらなかった。論点でも簡潔に整理したように、顕密仏教の仏・菩薩ですら「権教」という位置づけをおこない、すでに仏となった仏・菩薩が方便誘引の立場から、さまざまの形を現して弥陀如来の念仏を衆生に勧めるというのである。これは、すでに確認した建長三年閏九月に、親鸞七十九歳のときに認められた「有念无念の事」で示されていた。このような考えが、どういった意味で主張されたのか、定かにしがたい。だが『教行信証』行巻において、標題で「諸仏称名の願」と措定し、本願成就文の「十方巻〔化身土〕で「恒沙の諸仏如来、みなともに无量寿仏の威神功徳不可思議なるを讃歎したまふ」を引用している。さらに化身土巻で顕密仏教の仏・菩薩をも弥陀如来の誓願に入れようとしていることを想起するとき、弥陀如来の誓願による衆生救済原理の絶対的優位性のもと、このような考えに至ったといってよいだろう。

以上の親鸞による広義の本尊観に立脚すれば、黄地十字名号をはじめとする名号本尊が、音声的機能を内在しつつ、中世顕密仏教とりわけ浄土教の世界に登場したのには、宗教的に見て大きな意義があったといってよい。それは、東国の親鸞門流で生じた造悪无㝵の行動を抑制するだけでなく、顕密仏教の本尊の効力、つまり観見や祈願の対象としての性格を否定し、新たに名号本尊の権能のもと方便誘引への敬信の対象の一つとして、再生させようとしていたのである。いってみれば、中世仏教の世界において、敬信尊号を頂点とした敬信対象としての本尊体系を構築しようとしていたのである。

こうした構想が、顕密仏教とくに源空没後の浄土教の世界にどのように受け入れられたのか、定かとならない。しかし、東国の親鸞門流の集団のなかにも、その構想がほとんど理解されてないのは、先に見た通りである。中世顕密仏教や浄土教の人々にとって、そうした本尊観が全く受容された痕跡はなく、ほとんど知られることがなかったのである。しかも、親鸞八十五歳前後から、自己の本尊観が「仏性」論から「光明」論へと転換する過程で、八字名号を生みだし、改めてこの構想を問うことになるが、八字名号自体の残存状況から見るとき、その方向性も頓挫したのでないか、と思われる。こうしたなかでも、十字名号だけは門流集団の一部の人々に受容され、戦国期の本願寺蓮如の時代に至って再生され、名号本尊独自の機能を一定期間発揮したのは、確かなことである。

主要参考文献

淺香年木『中世北陸の社会と信仰』、法政大学出版局、一九八八年。

横超慧日『涅槃経と浄土教』、平楽寺書店、一九八一年。

加藤　諄「影写と拓本」、『書の日本史』第三巻、平凡社、一九七五年。

黒田俊雄「荘園制社会と仏教」、『日本佛教史』Ⅱ、法藏館、一九六七年。

酒井真典『大日経の成立に関する研究』、国書刊行会、一九八七年。

平　雅行『日本中世の社会と仏教』、塙書房、一九九二年。

千葉乗隆「総説」、『真宗重宝聚英』第一巻、同朋舎出版、一九八八年。

津田徹英「光明本尊考」、『美術史研究』第三七八号、二〇〇三年。

――『中世真宗の美術』、「日本の美術」Ⅰ四八八号、至文堂、二〇〇七年。

早島有毅「本願寺蓮如の名号本尊と戦国社会」、『京都歴史資料館紀要』第十号、一九九三年。

――「中世仏教における本尊概念の受容形態」、『日本仏教の形成と展開』、法藏館、二〇〇二年。

――「中世浄土教の本尊研究における問題状況とその課題」、『禅とその周辺学の研究』、永田文昌堂、二〇〇五年。

――「中世社会に展開した親鸞とその門流集団の存在形態」、『藤女子大学紀要』四三号、二〇〇六年。

――「九字名号を中尊した三幅一舗の本尊の成立意義―岡崎市妙源寺本を中心素材にして―」、『藤女子大学紀要』四四号、二〇〇七年。

平松令三『親鸞の生涯と思想』、吉川弘文館、二〇〇五年。

藤原良章「絵画史料研究をめぐって」、『絵巻に中世を読む』、吉川弘文館、一九九五年。

星野元豊「『教行信証』の思想と内容」、『親鸞』、日本思想大系一一、岩波書店、一九七一年。

松永有慶『密教』岩波新書、岩波書店、一九八〇年。

松野純孝『親鸞――その生涯と思想の展開』、三省堂、一九五九年。

峰岸純夫『中世東国の荘園公領と宗教』、吉川弘文館、二〇〇六年。

宮崎圓遵『初期真宗の研究』、永田文昌堂、一九七一年。

中世の真宗における天竺・震旦の連坐像

山田雅教

はじめに

現在の真宗寺院における諸尊の安置状況は、言うまでもなく、中央に本尊・阿弥陀如来、脇壇に宗祖・親鸞影像や歴代の影像、そして余間には親鸞が尊崇した聖徳太子と七高僧の画像をかけるのが標準である。こうした安置形態がどこに源流するのかということについては、実に親鸞時代にまで遡ると言っても過言ではない。すなわち、岡崎市・妙源寺に蔵される三幅の光明本尊にそうした諸尊が描きこまれており、その讃銘は親鸞の高弟・真仏の手になると言われているのである(1)。もちろん、この光明本尊は中央が九字名号であるし、高僧の人選も現在のものとは異なっている。しかしながら、こうした諸尊を礼拝の対象にすべく安置するという発想は、この時点ですでに成立していたということになる(2)。

妙源寺の光明本尊は、後に様々に展開をとげ、三幅が一幅にまとめられて通規の一幅本光明本尊が成立し、左右の軸もそれぞれ個別に安置されるようになる。先に筆者は、向かって右幅から展開した「和朝（日本）太子先徳連坐像」を取り上げ、考察を行った(3)。この形式の連坐像は、初期の真宗においてはかなりの流布があり、図様も少しずつ異なっている。先の拙稿（以下、前稿と呼ぶ）ではその分類を試み、また、聖徳太子を描かない「和朝（日本）

高僧先徳連坐像」との比較も行った。一幅本の光明本尊との関係、また源空を尊崇する態度など、従来にない視点からの考察を、ある程度は行えたのではないかと思っている。

妙源寺の光明本尊の向かって左には「天竺震旦（インド・中国）高僧連坐像」が配置され、この形式の連坐像も単独で流布している。が、これに関しては、前稿でまったく触れ得なかった。そこで本稿では、この連坐像を研究の俎上に載せることにしたい。天竺・震旦の連坐像は、和朝の連坐像に比べて現存数が少なく(4)、あまり重視されなかったかに見えるが、現在の七高僧の図様は、配置などは改変されているものの、各高僧の像様に関しては割合当時のものをよく受け継いでいる。これは、初期真宗の聖徳太子像の図様が今は採用されないの(5)と比べて、特徴的なことと言える。天竺・震旦の高僧たちの像様は、どこに由来するのだろうか。またその背景にはどんな思想が存するのか。

前稿の和朝の連坐像と同じく、いやそれ以上に、天竺・震旦の連坐像の研究はなされていないと言ってよい(6)。諸賢のご叱正をお願いする次第である。なお、今回も現物を見ずに論を進めることになるので、その点もご海容願いたい(7)。

一　「天竺震旦（インド・中国）高僧連坐像」の諸尊の配置から読み取れるもの

天竺と震旦の高僧を描いた連坐像の構成は、現存最古のものである妙源寺本光明本尊の左幅からあまり変化していない。すなわち、下部に勢至菩薩と天竺の二高僧（菩薩形）、そしてその上に震旦の七高僧が描かれる。時間軸は基本的には下から上へ流れており、和朝の連坐像と相対している（図1）。

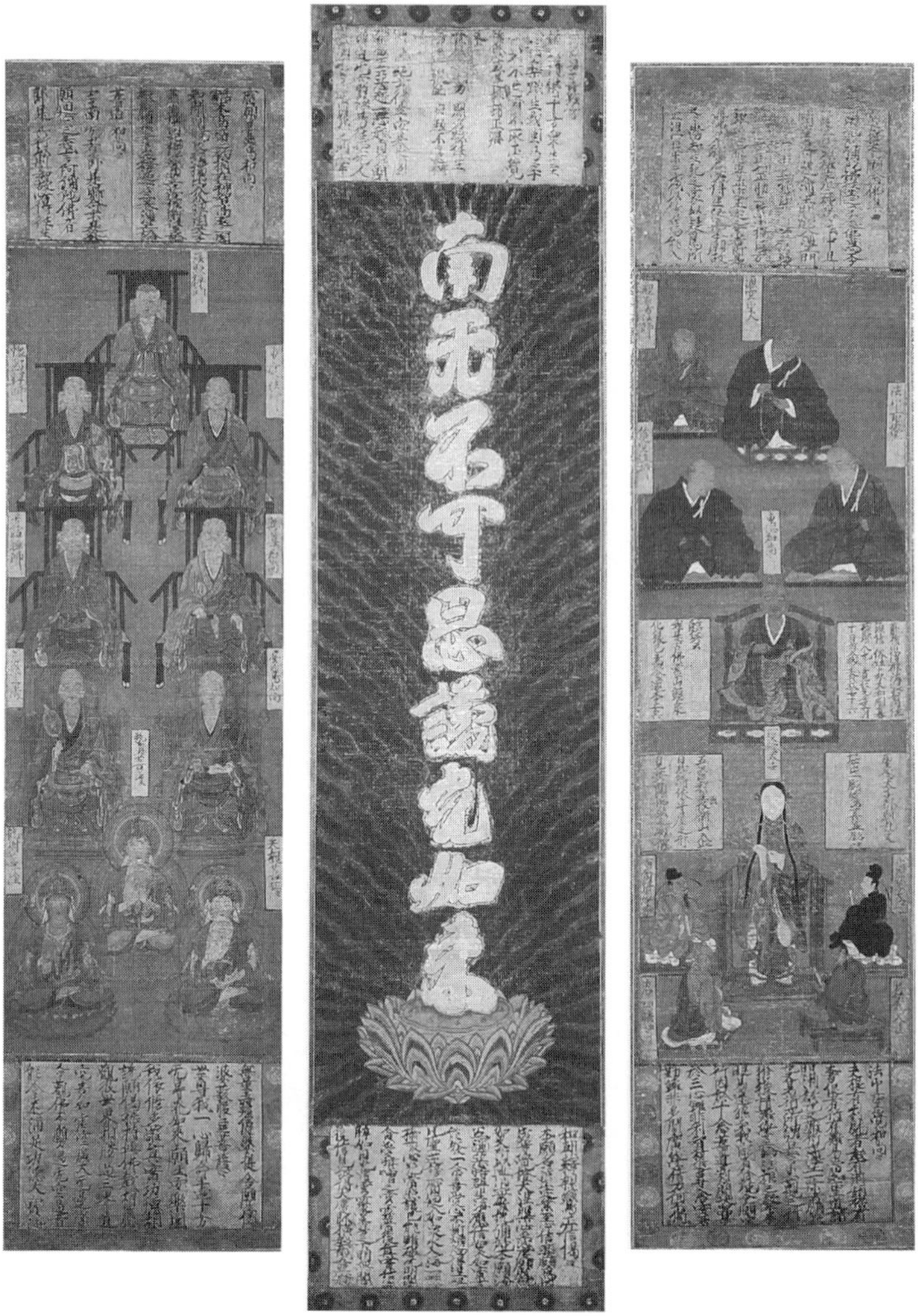

図1　三幅本光明本尊（妙源寺蔵）

天竺の龍樹と天親は、勢至菩薩の左右の斜め下に、あたかも勢至菩薩の脇侍であるかのように位置している。天親は向かって右、龍樹は左に描かれる。脇侍としての位置づけであるとすれば、勢至菩薩の左（向かって右）にいるもののほうが上位であるはずで、これでは天親が龍樹より上位ということになる。妙源寺本光明本尊では下讃が天親の『浄土論』であり、天親を重んじているようにも思えるが、年代的に先行する龍樹が下位にされているのは不審であるとの思いも、なお存する。しかし、両者の位置はこれが定型だったようである。それは、『存覚袖日記』に載せる「近江本尊　三朝血脈祖師真影」(8)や通規の一幅本光明本尊の上讃の配列が、右から『浄土論』、『首楞厳経』（勢至菩薩に関する文）、そして龍樹の「易行品」の順になっており、向かって右に天親、中央に勢至、左に龍樹、という図様に対応するように配置されていることからも窺えよう(9)。

震旦部は、京都・二尊院に蔵される浄土五祖像との関係が言われている(10)。その二尊院の浄土五祖像は、愛知県江南市の曼荼羅寺蔵になる五幅の浄土五祖像の記載から、中央最上部が曇鸞、その下の向かって右に懐感、左に少康、最下段は向かって右に道綽、左に善導という配置になっているとされる。では、連坐像はどうか。下段から言うと、向かって右に曇鸞、左に慈愍、その上の段は、右に善導、左に道綽、さらにその上は、右が少康、左は懐感、そして最上部中央に法照という構成である。時間軸が上から下へ流れるか、その逆かの違いはあるが、道綽と善導、懐感と少康とが横並びになっている部分に注目すると、浄土五祖像と天竺震旦連坐像では位置関係が逆になっていることがわかる。天竺震旦連坐像の各像の容貌は浄土五祖像のそれをよく踏襲しており(11)、人物名だけを逆にしたのではなく、像そのものの配置を逆転させているのである。それぞれの生存年代で序列をつけるならば、道綽は善導の師匠であり、懐感は少康より前の人物である。画面の中で向かって右が上位であるとすれば、二尊院の浄土五祖像はそうなっているが、連坐像はわざわざ反対の図様にしたことになる。

つまり、天竺震旦の高僧連坐像の中の諸尊の配置は、天竺部でも震旦部でも通例とは反対であって、向かって左側が上位になっている、ということである。これはどうしたことであろうか。

ここで目を、妙源寺本光明本尊で天竺震旦連坐像と対をなす和朝太子連坐像に向けてみよう。源空の眷属のごとく横並びになっている聖覚と信空。両者はどちらが上位なのだろうか。札銘を見ると「法印聖覚」と「信空法師」となっている。「法印」と称するほうが上位なのだろう。聖覚は向かって右である。つまり、和朝太子連坐像では、画面の向かって右が上位となっていることになる。[12]

天竺震旦高僧連坐像でその上下関係が左右逆転しているのは、和朝太子連坐像の対となる形で構想されているからではないか。すなわち、天竺震旦の連坐像は、単独で成立していたものを後で和朝太子連坐像と対にしたのではなく、最初の構想段階から和朝太子連坐像と一対にすることを前提として(中尊を挟むことが初めから念頭にあったのかどうかは、これだけでは論じられないが)、上下関係が左右対称になるように発想されたものである、と言うことができるだろう。[13]そしてその当初の構図は、単独で流布するようになっても変わらなかったのである。

二　勢至菩薩と天竺の二菩薩

1　合掌する勢至菩薩

では、具体的に「天竺震旦(インド・中国)高僧連坐像」のそれぞれの像様を見てみよう。

まず勢至菩薩は、蓮台に坐し、合掌する姿で描かれている。合掌する勢至菩薩というのは、通例、来迎像に見られる形であるが、真宗系の勢至菩薩にも合掌する古像がある。茨城県・円福寺の阿弥陀三尊の中のものがそれである。円福寺の三尊像の観音菩薩は蓮華を持つが、通常の来迎像では観音は蓮台をささげる形で表されるため、そうした来迎思想を避けるために改変が行われた、と津田徹英氏は考察される。そして、光明本尊の勢至菩薩も、それと同じ文脈に連なるものであって、来迎思想を避ける思いが根底にあるのだろうとしておられる(14)。

しかし、合掌する姿は同じであるものの、円福寺のものが立像であるのに対して、光明本尊は坐像であるところが異なっている。もし円福寺像のようなものを参照したとすれば、対幅になっている和朝太子連坐像の聖徳太子が立像で表されることを思えば、勢至菩薩も立像で描かれても不思議ではない。そうはなっていないということは、両者の接点はなかったと考えられるのではないだろうか。

図2　十一仏画（善峯寺蔵）

坐像として表現される勢至菩薩といえば、胎蔵界曼荼羅の中に描かれるものがすぐに想起される。これに注目されるのが早島有毅氏で、「おそらく、天台密教の曼荼羅の菩薩像をもとにして、描写された」として、合掌の坐像に描かれるのは『尊号真像銘文』の中の「大勢至菩薩御銘文」（『首楞厳経』勢至念仏円通章）を前提としている、と考察しておられる[15]。しかし、曼荼羅中の勢至菩薩は通常、蓮華を持つ形に描かれているし、「大勢至菩薩御銘文」から合掌する根拠は読み取れないように思われる。

坐像であって、なおかつ合掌する勢至菩薩の例を探してみると、「十三仏図」の中に見出すことができる。一般に十三仏図といっても多様なものがあるようであるが[16]、ここで考えてみたいのは、来迎仏のイメージを有する乗雲形式のものではなく、坐像を曼荼羅のように配置するタイプのものである。室町時代の成立とされる奈良・十輪院蔵のものが代表作であるが[17]、この形式の図様は、「十一尊曼荼羅図」（十一仏図）と呼ばれるものに源流することが指摘されており、その成立は鎌倉時代、十三世紀であろうとされる[18]（**図2**）。

そして、さらに注目されるのは、それに先行すると思しき「遣迎二尊十王十仏図」というものが岡山県・木山寺に所蔵され、下部に十王とその本地仏、そして上部には釈迦・弥陀の二尊が描かれていることである[19]。周知の通り、通規の一幅本光明本尊には、釈迦・弥陀の二尊が描きこまれている。宝冠を被り、合掌する勢至菩薩の像様も酷似する。両者の間には何らかの影響関係があるのではないだろうか。光明本尊や連坐像の勢至菩薩の像様は、こうした所に由来するのではないか、と考えたい[20]。

2　如意を持つ龍樹菩薩と蓮を持つ天親菩薩

勢至菩薩の下には、龍樹・天親の二菩薩が、脇侍のごとくに描かれる。左右の関係は前述の通りであり、向かって左に如意を持つ龍樹菩薩、右には蓮を持つ天親菩薩が位置する。菩薩形としては蓮を持つ姿はよく見られるものだが、如意というのは異例である。

津田徹英氏は、菩薩が如意と蓮を持つ組み合わせとして、文殊・普賢の二菩薩にそうした持ち物が見られる例を紹介され、そこからの借用であろうとしておられる。[21] しかし、これはかなり珍しい例に属する。文殊菩薩は、右手に剣、左手に経巻を持つタイプがほとんどであるし、[22] 普賢菩薩も合掌するのが通例である。津田氏は、文殊と普賢が関係する法照の逸話からの影響を示唆されるが、それなら何も特殊な像様を選ばずとも、通規の文殊・普賢の持ち物を採用すればよいように思われる。

龍樹の肖像画は、『阿娑縛抄』第百十一や『図像』巻第六、『別尊雑記』巻第三十一などにも見られるが、それらは合掌する姿になっている。[23]『高僧像』甲巻のように経巻を手にするものもある。[24] 津田徹英氏は、如意を持つ龍樹の例として兵庫県・一乗寺蔵の龍樹像を挙げておられて[25] 注目されるが、先の文殊菩薩と同様、これもやや特殊な像様と言えるのかもしれない。

このように、龍樹が如意を持つというのは、菩薩形としても高僧像としても、特異な部類に属すると言えるが、では、なぜそうした像様を採用したのかということを考える必要がある。

如意を持つ人物として描かれるのは、他に行基菩薩像や天台大師の説法像などが留意される。これに龍樹を加えた顔ぶれを考えてみた時、そこにはある特徴的な共通項があるように思われないだろうか。それは、いずれも傑出した評価を与えられている僧侶だという点である。もちろん、ほかにも非常に優れた高僧は多い。しかし、天台大師は、天台宗の文字通りの祖師として別格の存在感があり、行基は、今の問題関心から言えば「菩薩」と称される高僧であることが注意を引く。

では、龍樹はどうか。真宗では天親とともに「菩薩」と讃えられ、同格のように思われないでもないが、一般的には龍樹のほうが「八宗の祖」という、より高い評価を得ていることは、今さら言うまでもないだろう。龍樹にあえて如意という特殊な持ち物を持たせたのは、龍樹に対するこうした通仏教的な高い評価を反映させたためではないか。しかも、それによって、菩薩形として通規の蓮を持った右側の天親とは異なる存在であることを意識させ、左側が上位であることを際立たせようとしているのではないだろうか(26)。

三　震旦の高僧たちの人選

1　慈愍か菩提流支か

次に、中国の高僧について考えてみよう。

妙源寺本光明本尊の左幅では、中国の高僧として、慈愍・曇鸞・道綽・善導・懐感・少康・法照の七名が描かれている。『真宗重宝聚英』第八巻に載せられている天竺・震旦の連坐像では、福島県・善性寺(№45)や愛知県・西方寺(№50)のものではそうなっているが、新潟県・無為信寺(№47)では慈愍に換えて菩提流支とする(札銘が読み取れないものが多い)。

今、改めてこれらの中国の高僧たちの生存年代を提示してみると、曇鸞が五四二年没、道綽が六四五年没、善導は六八一年没、懐感が七世紀頃、少康が八〇五年没、法照は八世紀頃の人物であり、彼らは年代順に次第している。菩提流支は五二七年没だから曇鸞の前に位置してもおかしくはないが、慈愍は七四八年没なので位置的には不自然なところに配置されている。『選択集』では慈愍流があるとしているものの、これに対しては不審の念を持つ学者があるようである。[27]

七名の高僧の中に菩提流支を入れるのは一幅本の光明本尊では通規に見られる現象で、慈愍を入れるもののほうが古態を留めており、菩提流支は後になってそのように改められるようになったのではないか、とされる。[28]しかし最近、そうではなく、原初の形は菩提流支だったのではないかという見解が、藤谷信道氏から出されている。『真宗故実伝来鈔』に記載される富田無量寿寺本光明本尊（現存せず）は、親鸞の札銘が「愚禿親鸞」であり、聖徳太子の侍臣が四名であることなどから、最古形の光明本尊と目されるが、菩提流支・曇鸞・道綽・善導・法照・少康と次第しているので、もと菩提流支だったものが慈愍に変わり、また菩提流支になったのではないか、と言われるのである。[29]興味深い指摘だが、現存する親鸞の肖像画で札銘を「愚禿親鸞」とするものはなく、太子の侍臣四名も特異なメンバーであって、近世の文献に記載されるだけで現物が残っていない現状では問題が多過ぎ、これを直ちに最古形であると断定するのはためらわれる。妙源寺本以降のバリエーションの一つとして考えることも可能であろう。

2　高僧の選択と七高僧

慈愍にしても菩提流支にしても、まず言えることは、当然のことながら、これは七高僧の路線から選択されたものではない、ということである。

菩提流支は、周知のように『高僧和讃』に「本師曇鸞和尚は　菩提流支のおしへにて　仙経ながくやきすて丶浄土にふかく帰せしめき」（『真宗聖教全書』二、五〇三頁）と記されるものの、親鸞の著作中に言及されるのは、ほかに「正信偈」と「念仏正信偈」のみであって、七高僧のほかにことさら取り上げる必然性はないように思われる。

一方、慈愍は、親鸞著作での引用回数では菩提流支をしのいでいるが、七高僧との関連性は薄い。このほかの、懐感や少康・法照にしても、なぜここに加える必要があったのかという答えは、七高僧との関連からは導き出せない。妙源寺本光明本尊の讃銘の筆者とされる真仏は、七高僧への尊崇を主張する『教行信証』や『高僧和讃』を、いずれも書写している。[30]これらの書写は、妙源寺本光明本尊における高僧の選択に影響を与えなかったのかということが疑問として残るが、この問題については、後に考えることにしよう。

なお、顕智の『見聞』や『聞書』には、「御入滅日記事」として、インドから中国、日本の高僧の命日が列挙されている。小山正文氏は、こうしたものを視覚的にとらえようとして描かれたのが光明本尊だったという意見を述べておられる。[31]しかし、「御入滅日記事」で中国の高僧として列挙されているのは、菩提流支・曇鸞・羅什・道綽・善導・懐感・少康であって、現存する連坐像や光明本尊とは人選が異なっている。顕智は、言うまでもなく真仏の直系を相続しているが、尊重すべき高僧の選択では違う流れを汲んでいるようである。また、ここでも七高僧とは別の思想が影響していることがわかる。七高僧のみを尊重する現代的な考え方では、当時の高僧先徳に対する感覚を推し量ることはできないのだろう。

3　曇鸞・道綽・善導・懐感・少康と「浄土五祖像」

では、連坐像に登場する七名の中国の高僧の人選には、どんな背景が存するのだろうか。まず、二尊院の浄土五祖像に見られる、曇鸞・道綽・善導・懐感・少康の五名から考察を始めてみよう。

このうち懐感と少康について、親鸞の著作での扱いを見てみれば、懐感は、『高僧和讃』に「本師源信和尚は懐感禅師の釈により『処胎経』をひらきてぞ　懈慢界をばあらはせる」(『真宗聖教全書』二、五一二頁)と述べられることからもわかるように、源信は懐感の『群疑論』をかなり重視しているが、親鸞自身は『教行信証』で懐感に言及するのは二箇所にすぎない。また、少康も『高僧和讃』で「世世に善導いでたまひ　法照・少康としめしつゝ　功徳蔵をひらきてぞ　諸仏の本意とげたまふ」（同前、五〇八頁）と讃じられるものの、親鸞の著作では、ほかにはまったく言及されていない。

ということは、懐感と少康の二名は、親鸞思想から導き出されたものではない、ということになる。親鸞が尊重した曇鸞・道綽・善導という中国三師を補足する形で、親鸞の著作から懐感と少康の二師を選び出して付け加えたものではないのである。

それでは、懐感と少康を選択したのは何に由来するのかといえば、単純な考えかもしれないが、それはやはり浄土五祖像なのではないか、と考えざるを得ない(32)。先述のように、描かれた像様もそのまま採用しているのが、その裏づけとなるのではないだろうか。先に十三仏図に関連して「遺迎二尊十王十仏図」に言及したが、浄土五祖像を所蔵する二尊院は、言うまでもなく釈迦・弥陀の遺迎二尊を本尊としている。こうしたことからも、浄土五祖像の影響を想定することは自然な流れかと思われる。

4　慈愍・法照と『唯信鈔文意』

次に、浄土五祖像に登場していない慈愍（菩提流支に関しては後述する）や法照はどうか。この両名も、親鸞の著作においてはさほど重きを置かれてはいないが、珍しく両名にスポットを当てたものがある。それは、『唯信鈔文意』である。この書は、前半で『五会法事讃』から二文を引用して註釈を加えているが、その『五会法事讃』の引文とは、法照と慈愍の偈なのである。

『唯信鈔文意』ではこの両名に関して、

この文は後善導法照禅師とまうす聖人の御釈なり。この和尚をば法道和尚と慈覚大師はのたまへり。また『伝』には廬山の弥陀和尚ともまうす、浄業和尚ともまうす。唐朝の光明寺の善導和尚の化身なり、このゆへに後善導とまうすなり。(『真宗聖教全書』二、六二五頁)

この文は慈愍三蔵とまうす天竺の聖人の御釈なり、震旦には慧日三蔵とまうすなり。(同前、六二九頁)

と述べられている。ここに見える法道和尚は、慈覚大師・円仁に五会念仏を伝えた人物との伝承があるが、あるいは法照の訛伝かと言われている。[33] 親鸞はそのことに気がついていたのだろうか。しかし、次の廬山の弥陀和尚というのは法照のことではなく、その師の承遠のことである。浄業も法照の別名ではなく、終南山悟真寺を開いた人物である。このように、この記述には誤りがあるが、ここで指摘したいのはそうしたことではない。

この書物を読んだ者は、「弥陀和尚」とか「天竺の聖人」という記述を見れば、慈愍や法照が重要人物だと考えるのではないだろうか、ということである。「文字のこゝろもしらず、あさましき愚痴きはまりなき」「ゐなかの人々」にとって、記述が正しいか誤りかという判断は望むべくもないが、親鸞が法照や慈愍を重視しているということは感じたはずである。

親鸞が『唯信鈔文意』を読むことを門弟たちに勧めているのは、周知のことであろう。真仏が写した『唯信鈔文意』は現存しないが、顕智が加筆した本は残っている。浄土五祖に慈愍と法照を加えた背景には、『唯信鈔文意』があったのではないだろうか。

『唯信鈔文意』の中で親鸞は、慈愍のことを「天竺の聖人」と記載している。もちろんこれは正しくないが、住田智見氏は、この記載と光明本尊中に慈愍が描かれることを、関係づけて述べておられる。[34] この指摘は、慈愍が生存年代を無視してどうしてこの位置に描かれることになったのかという問題についても、示唆を与えてくれるように思われる。光明本尊の制作者の念頭には、慈愍は中国の人物ではなく、「天竺の聖人」だとの認識があったのではないか。こう考えれば、慈愍が菩薩部の次に位置しているのもうなずけるところである。

ただ、問題となるのは、この「天竺の聖人」という文言が、『唯信鈔文意』の親鸞真蹟本には見られないことである。真蹟本では「聖人」となっている（『真宗聖教全書』二、六四七頁）。「天竺の聖人」という言葉は、流布本の系統となっていく正嘉元年本にのみ見られるもので、先に引用した『真宗聖教全書』は、その系統の『真宗法要』本を底本に使っている。正嘉元年本の最古の写本である顕智加筆本も同様である。(35)

このことに関して道端良秀氏は、続いて「震旦には慧日三蔵とまうすなり」と、わざわざ「震旦には」という表現をしていることから、親鸞は「天竺」という言葉がなくても慈愍のことを天竺の人だと考えていた、と考察しておられる。(36) 確かにそうかもしれない。

5　真仏の聖教書写と高僧の人選

以上のように、「天竺震旦（インド・中国）高僧連坐像」における中国の高僧の人選は、一に浄土五祖像に基づき、慈愍と法照の二人を『唯信鈔文意』によって追加したものと私考する。

先に少し触れたように、この人選は七高僧の路線とは立場を異にしている。真仏は『教行信証』や『三帖和讃』を書写しているにもかかわらず、その影響が見られないのはなぜだろうか。また『西方指南抄』には、『安楽集』による「六祖」の記述が見え、浄土五祖と併記されている（『真宗聖教全書』四、一〇五頁）。なぜこのうち浄土五祖が採用されたのだろうか。

ここで、真仏が関与した聖教類の書写年代を見てみよう。年代が明らかなものは、次の通りである。[37]

「法然上人御消息　上野大子女房御返事」　建長七年（一二五五）五月二十三日
『入出二門偈頌』　建長八年（一二五六）三月二十三日
「四十八誓願」　建長八年（一二五六）四月十三日
「如来二種廻向文」　正嘉元年（一二五七）三月二十一日
『三部経大意』　正嘉二年（一二五八）□月十八日

これによってわかるように、真仏の聖教書写は、建長七年（一二五五）から、亡くなる直前と見られる正嘉二年（一二五八）の間に限られている。このほかの書写を見てみると、『教行信証』の書写年は定かではないが、基にした専信本が成ったのが建長七年だから、それ以降であることは当然である。『西方指南抄』は康元元年（一二五六）成立だから、これもそれ以降であり、『正像末法和讃』も正嘉元年以降とされる。[38]問題は『浄土和讃』と『浄土高僧和讃』の書写年だが、宝治二年（一二四八）に初稿本が成立し、再稿本が建長七年に成っていることから、その間に真仏が書写したことが考えられる。他の聖教の書写年を勘案すれば、これらだけ突出して早期に書写が行われたと想定することは不自然であろう。とすれば、建長七年（一二五五）頃というところが妥当な線ではないだろうか。

言いたいのは、真仏が、七高僧なり『安楽集』の六祖という考えに接したのは、意外に遅いのではないか、ということである。もちろん、親鸞自身は七高僧についてはすでに関東時代から念頭にあったであろう。そうしたことは、真仏も耳では聞いていたかもしれない。しかし、それは真仏の印象にはあまり残らなかったのではないか。もしその時点で真仏や親鸞の門弟たちが七高僧ということに共鳴を覚えたとしたら、妙源寺の光明本尊を構想する段階で、違った構図が考えられたことだろう[39]。

これに対して、『唯信鈔文意』で最も古い奥書を有するのは、建長二年（一二五〇）のものである。真仏がいつ『唯信鈔文意』を読んだのかは定かではないが、七高僧という考えに『教行信証』や「和讃」といった文献で接するよりも早くに、慈愍や法照を重要人物だと認識した可能性は高いのではないだろうか。今日では七高僧がスタンダードになっているため、連坐像の高僧たちの選択はやや理解に苦しむという事態になっているが、妙源寺本光明本尊の讃銘を記した段階の真仏にとっては、自然なことだったに違いない[40]。

なお、妙源寺本光明本尊で「天親」と表記されていることも問題になってくるかもしれない。親鸞は、建長七年（一二五五）の『尊号真像銘文（略本）』で「世親」という言葉を出し（『真宗聖教全書』二、五六三頁）、『入出二門偈頌』では「旧訳天親此是訛、新訳世親是為正」としている（同前書四八〇頁）。前掲のように真仏は『入出二門偈頌』を書写しているから、「天親」とする妙源寺本光明本尊は、これより前の成立なのではないかとも考えられよう。しかし、顕智の『見聞』や『聞書』の「御入滅日記事」でも「天親」となっている。「天親」という名は、親鸞の指摘には関係なく門弟の間に定着していたと考えられ、これのみで成立を論じられるものでもないようである。

四　震旦の高僧たちの像様

1　麈尾を持つ慈愍三蔵（あるいは菩提流支）

さて、中国の高僧たちの人選についていささか長考を連ねてきたが、それぞれの像様についても考察しなければなるまい。先述のように、浄土五祖については、二尊院の浄土五祖像の像様をそのまま採用しているが、では慈愍や法照はどうであろうか。

まず慈愍は、麈尾を手に持っている。[41] 麈尾というのは、「麈」という長い尾の大型の鹿、もしくは鹿に類した獣の尾で作られた団扇状のもので、払子と同じような用いられ方をした僧具であるという。[42] 現存遺品はそれほど多くはなく、珍しいものと言えようが、聖徳太子の講讃図に描かれている[43]ことが注意を引く。

真宗系の垂髪太子の侍臣は講讃太子と密接な関係にあることが指摘されており、[44] 光明本尊の中にも、通常の柄香炉を持つ聖徳太子ではなく、太子講讃図を描くものもある。すなわち、妙源寺本に次いで古いとされる福島県・光照寺本（№2）と岩手県・西教寺本（№5）である。聖徳太子と麈尾[45]というのは、真宗においては容易に連想される組み合わせであったのだろう。聖徳太子が手にする麈尾と慈愍が持つ麈尾とは若干形が異なるようだが、ともあれ同じ麈尾という持ち物を持たせたことによって、慈愍を、聖徳太子にも匹敵するような存在として認識させることになったのではないか、と思われる。「天竺の聖人」であり、三菩薩の次に配置される慈愍は、持ち物も「和国の教主」と同じ特殊なものを持っていたのである。

慈愍の持ち物に麈尾を採用したことの効果に関して付言すれば、如意という菩薩形としては特殊な持ち物を持った龍樹の上に、これまた特異な持ち物と言える麈尾を持つ慈愍が描かれることによって、第一節で述べたような、向かって左側が上位ということをさらに鮮明にする効果もあったことだろう。

ここで、菩提流支について述べておこう。存覚は『弁術名体鈔』の中で、次のように記している。

菩提流支は天竺の高僧、翻経の三蔵なり。ことに浄土をねがひてもはら『観无量寿経』をたもちたまへり。

（『真宗聖教全書』五、二四三頁）

慈愍が「天竺の聖人」とされるのに対して、菩提流支は「天竺の高僧」と位置づけられる。両者は容易に代替可能であろう。先に、原初は菩提流支だったのではないか、との説を紹介したが、やはり出発点は慈愍であったと考えたい。その像様が確定した後、「天竺の高僧」という考えから、菩提流支が取って代わるバージョンが成立したのではないだろうか。

2　拱手する法照

天竺・震旦の連坐像では、最上部中央に法照が描かれる。その法照は、袖中で拱手する像様に描かれている。道綽や懐感と同じ姿勢を取っているわけだが、「後善導」と称されるからには、善導と同種の像様であるほうが自然な気がする。なぜ法照は拱手する姿に描かれているのだろうか。

「後善導」と称された人物にはもう一人、少康がいる。が、その像様は善導と同じではなく、禅定印を結ぶように描かれている。これは浄土五祖像がそうなっているためであるが、これを先例とすれば、法照も善導像と同じである必然性はない。

他の震旦の高僧たちは、道綽と懐感が拱手、曇鸞と善導が払子を持つ姿である。慈愍は先述のように麈尾を持ち、少康は禅定印で、この二名を除けば、向かって左側には拱手する高僧たちが、右には払子を持つ高僧たちが並んでいる。法照は、順番で言えば向かって左に位置すべき存在である。たまたま横に位置する高僧がいなかったために中央に配置されているが、本来的には左の拱手する側に属するものであるとの意識から、拱手する姿に描かれたのではないだろうか。

なお、この拱手するか払子を持つかといったことは、思想的に高僧たちがそのように分類できるといった性格のものではない。あくまでも単に視覚的に配列される図様として、左の列は拱手、右の列は払子という意識に絵師がなってしまって、その流れで、法照を左の列の人物としてそうした姿に描いたのではないか、という推定をしてみたまでである。(46)

おわりに――本願寺系「七高僧図」への展開

上来、「天竺震旦(インド・中国)高僧連坐像」に関して、高僧の選択や配置、像様などについて考察を重ねてきた。「はじめに」でも述べたように、天竺・震旦の連坐像は現存数が少なく、史料も限られているため、必ずしも十分な考察ができなかったかもしれない。推測に頼った部分も多く、補正すべき点も多々あろう。それらは今後の諸賢のご鞭撻を仰ぐとして、最後に、本願寺系から発生してスタンダードになった「七高僧図」(47)について、若干の言及をしておくことにしよう。

七高僧図では、「天竺震旦(インド・中国)高僧連坐像」と違って、時間軸が上から下へ流れているのは今さら言うまでもない。前稿で取り上げた和朝の連坐像でもそうだったが、本願寺系の伝統なのであろう。通例、最上段には向かって右に龍樹、左に天親、次段中央に曇鸞、次の向かって右は善導、左に道綽、最下段向かって右に源空、左に源信が配置される。

天親は如意を持ち、龍樹は蓮を持つ。本稿で考察した天竺・震旦の連坐像とは逆である。如意は向かって左、蓮は右なので、天竺・震旦の連坐像の像様の配置はそのままで、人物名が逆転していることになる。これは、向かって右が上位であるとの認識から右に龍樹を持ってきたのだろうが、持ち物を移動させなかったということは、その意義がわからなくなってしまっていたためであろう。七高僧図の成立時点では、菩薩形でありさえすれば、持ち物は何でもかまわなかったということである。

中国の高僧は、曇鸞が中央なのは理解できるとして、向かって右に善導、左に道綽では、天竺部における龍樹・天親の左右の軽重と反対のような気がする。最下段の源信と源空も同様である。『真宗故実伝来鈔』はこの疑問に答えて、

龍樹ハ最初ナレハ右座勿論也。次テ善導ハ宗家大師トアカメ奉ル、尊敬最アツシ、空師ノ御事ハ申ニ不及、別幅トモ崇奉ルヘキコトナリ、故ニ右ノ方ニ奉安（『真宗史料集成』第九巻六四九頁）

としているが、いささか牽強付会めいている。

図3　七高僧図（浄興寺蔵）

実はこの不審を解く鍵は、新潟県・浄興寺蔵の七高僧図（No.79）にあるように思われる（図3）。ここでは、曇鸞が中央に位置せずに道綽と並び、善導は源信と横並びになっている。横に並んだ各像はまったくの横一線ではなく、微妙に左側が下がった状態で描かれている。浄興寺本の裏書は文明十一年（一四七九）で、七高僧図としては最初期のものだが、成立当初の七高僧図は、この左右の段差がさらに著しかったのではないだろうか。つまり、和朝の連坐像のように、左右交互にジグザグに下に向かって各像が配置される、そうした図様であったのではないか。それが、定型化する段階で次第相承的な性格が忘れられ、今の図様になったものと考えれば、各像の配置に関する疑問も解消される。

妙源寺本光明本尊の左幅には、下に『浄土論』の文言が、上に曇鸞と善導の銘文が書かれてあったが、『真宗重宝聚英』第八巻に載せられている「天竺震旦（インド・中国）高僧連坐像」でこうした讃があるのは新潟県・無為信寺本のみ（上部に善導の讃）で、七高僧図にはもちろん讃は付されていない。かつて宮崎圓遵氏は、「銘文というものに対する関心が時代とともに薄弱となっている」と述べられた[48]。掛け軸から各高僧の思想的意義を詮索する意識が、希薄になっていったということである。

しかし一方で、七高僧に言及する「正信偈」が唱和されるようになり、「和讃」の流布も見ることとなる。そうした七高僧に対する讃歎と七高僧図の奉懸は、はたして密接に結びついていたものかどうか。それぞれの像様の特殊性も忘れられ、聖徳太子像とのセットと化してしまった七高僧図の流布は、それらが本堂の一荘厳にすぎないものとなっていったことを示唆しているように思われる。七高僧図を「正信偈・和讃」によって絵解きするということはなかったのだろう。

註

（1）平松令三「光明本尊の研究」（『真宗史論攷』、同朋舎出版、一九八八年）。

（2）真仏は親鸞に先立って、正嘉二年（一二五八）三月八日に亡くなったと伝えられる。

（3）拙稿「中世の真宗における和朝の連坐像」（『同朋大学佛教文化研究所紀要』二四、二〇〇五年）。

（4）『真宗重宝聚英』第八巻「高僧連坐像」（同朋舎出版、一九八八年）では、和朝太子先徳連坐像が三十六点載せられているのに対して、天竺震旦高僧連坐像の掲載数はわずか七例にとどまっている。

（5）初期真宗のいわゆる「真向き垂髪太子」が採用されなくなったのは、蓮如や実如の時代に「孝養太子」が採用され、それが一般化したためである（宮崎圓遵「初期真宗の聖徳太子像について」、著作集第四巻『真宗史の研究（上）』、思文閣出版、一九八七年）。

（6）先行研究として、日下無倫「光明本尊について」（『真宗史の研究』、臨川書店再刊、一九七五年）、宮崎圓遵「光明本尊の構成」（註(5)前掲著作集第四巻『真宗史の研究（上）』）、平松註(1)前掲「光明本尊の研究」などが代表的なものであるが、いずれも「光明本尊」という枠内での研究である。近年は、津田徹英氏が精力的に研究され、「光明本尊考」（『美術研究』三七八、二〇〇三年）、「中世真宗の本尊」（『親鸞と青砥藤綱――東京下町の歴史伝説を探る――』、葛飾区郷土と天文の博物館、二〇〇五年）、『中世真宗の美術』（『日本の美術』四八八、至文堂、二〇〇七年）を公にしておられる。また、早島有毅「九字名号を中尊とした三幅一舗の本尊の成立意義――岡崎市妙源寺蔵本を中心素材にして――」（『藤女子大学紀要』四四、二〇〇七年）も参照。

（7）検討には前稿と同じく、註(4)前掲『真宗重宝聚英』第八巻を用い、その図版No.を付す。光明本尊は、『真宗重宝聚英』第二巻「光明本尊」（同朋舎出版、一九八七年）を参照し、同書の図版No.を付した。

（8）『存覚上人一期記　存覚上人袖日記』（龍谷大学善本叢書3、龍谷大学、一九八二年）三〇六頁。

（9）妙源寺本光明本尊の讃の配置について、津田徹英氏は、中央名号部の下の『正信偈』から上部へ、左幅下部から上部へ、右幅下部から上部へ、そこから名号部下部の『正信偈』に戻ってくるという「円環構造」になっているとしておられる（津田註(6)前掲「光明本尊考」）。これに関して前稿では、ただ単に像の描かれる位置に対応したものであって、「円環構造」という読み解きはできないのではないか、ということを述べた。『尊号真像銘文』中の順番とは関連づけたつもりはないのだが、前稿の記述が至らなかったせいか、津田氏はそのように読解されたようである（津田註(6)前掲「中世真宗の本尊」、『中世真宗の美術』）。筆者の見解としては、通規の光明本尊と同じく、妙源寺本も、図様に対応する形で上下の讃が配置されていると考える。

(10) 平松註(1)前掲「光明本尊の研究」。

(11) 各像の容貌の比較は、津田徹英氏の註(6)論考が詳細な考察を行っている。

(12) 妙源寺本光明本尊では源空の弟子は親鸞のみだが、他の多数の高僧を描く連坐像を見てみると、例えば前稿でAに分類した、源空の周りに四名ほどの先徳を描くものでは、源空の向かって右下の親鸞から始まって左下の人物、次いで右上の人物、左上の人物というように、次第相承がなされる図様となっている。やはり、向かって右側が上位である。

(13) かつて宮崎圓遵氏は、天竺震旦の連坐像は和朝太子連坐像に対応して後に成立したものであるということを述べられた（宮崎註(6)前掲「光明本尊の構成」）。その根拠は、和朝太子連坐像が聖徳太子略絵伝から発展したものであるため、天竺震旦の連坐像より先行する、というものであったが、前稿で指摘したように、太子略絵伝の古い作例が現存しないため、その論理は肯首されない。

(14) 津田註(6)前掲「中世真宗の本尊」、『中世真宗の美術』。

(15) 早島註(6)前掲「九字名号を中尊とした三幅一舗の本尊の成立意義」。

(16) 田村隆照「十三仏表現と地蔵主尊の十三仏図」（山崎泰廣教授古稀記念論文集『密教と諸文化の交流』、永田文昌堂、一九九八年）。

(17) 真鍋俊照「十三仏画像と儀軌」（『密教図像と儀軌の研究』下巻、法藏館、二〇〇一年）。

(18) 武田和昭「十三仏図の成立について――十一尊曼荼羅図からの展開――」（『密教文化』一六九、一九八九年）。武田氏は「十一尊曼荼羅図」という用語を用いておられるが、十三仏図に先行するものという観点でいえば、「十一仏図」と称したほうがよいかもしれない。図2を収載する『文殊堂・善峯の寺宝』（西山善峯寺、二〇〇〇年）では「十一仏画」となっている。

(19) 武田和昭「十三仏図の成立再考――岡山・木山寺蔵十王十本地仏図を中心として――」（『密教文化』一八八、一九九四年）。武田氏は「十王十本地仏図」としておられるが、岡山県の報告書では「遣迎二尊十王十仏図」としている由で、こちらのほうがその性格を正しく表現していると考えるので、その名称を採った。図版は、住友財団のホームページ http://www.sumitomo.or.jp/jp 0208.htm でも見ることができる。

（20）　最近、長野県・東野阿弥陀堂に所蔵される阿弥陀如来絵像と和朝の連坐像が紹介された。古くは「十三仏」を加えて三幅構成であったといい、神村透氏や祢津宗伸氏は、この「十三仏」は天竺震旦高僧連坐像であったのではないか、と述べておられる（『上松町誌』、二〇〇六年、一六六頁、神村透執筆。祢津宗伸「木曾谷東野阿弥陀堂初期真宗本尊に関する考察——如信・覚如の描かれた和朝先徳連坐影像と常陸国真壁郡との関係——」、『同朋大学佛教文化研究所紀要』二五、二〇〇六年）。しかし、大正十五年の「由来書」には明確に「金剛界之仏画」と書かれている（前掲『上松町誌』、一六二頁）。後に神村氏は説を修正され、他寺から借りた十三仏がまぎれこんだ可能性に言及しておられる（「県宝『聖徳太子和朝先徳影像』の謎——木曽・上松町東野阿弥陀堂本尊の一幅——」、『信濃』五九—八、二〇〇七年）。本文で推定したことを考えると、興味深い事例である。

なお、東野阿弥陀堂の和朝連坐像は、如信や覚如といった本願寺歴代を描く太子連坐像という点でも、きわめて貴重なものである。本願寺系の連坐像は源空が礼盤に座すように描かれることを前稿で指摘したが、この場合もそうなっている。前稿ではこれを「正座」としたが、祢津氏から、「そうは見えない、「胡坐」ではないか」との私信をいただいた。一般に、僧侶が仏前で礼拝するときは「正座」とされることから（山折哲雄『「坐」の文化論——日本人はなぜ坐りつづけてきたのか——』、講談社学術文庫、一九八四年）、そのように表記したのだが、確かに正座にしては不自然な描きようである。ここで、目を彫刻に転じてみると、合掌して結跏趺坐していると思しき僧侶像（山折前掲書一一八頁では胡坐する聖徳太子像が紹介されているが、僧形で胡坐するのはやはり不自然のように思われるので、結跏趺坐と考えた）が、真宗でも多く制作されていることが注意される。「礼拝対象」として僧侶の木像が造られるときは、仏像と同じような座り方をさせたのだろうか。連坐像の座法にも同様な思想的背景があったとすれば、それは「結跏趺坐」ということになるだろう。

（21）　津田註（6）前掲の論考。

（22）　下松徹「文殊菩薩——そのかたちと信仰——」（高野山大学『密教文化研究所紀要』八、一九九四年）。

(23)『大正新脩大蔵経』図像第九巻、九四五頁。同第三巻、二七・三三〇頁。

(24)『大正新脩大蔵経』図像第十一巻、三〇頁。

(25) 註(21)に同じ。

(26) 龍樹と天親の持ち物は、現在流布している「七高僧図」では反対になっている。これについては、「おわりに」で言及したい。

(27) 小野玄妙『仏教の美術と歴史(下)』(仏教芸術著作集第十巻、開明書院、一九七七年)一〇三五頁以下。

(28) 平松註(1)前掲「光明本尊の研究」。

(29) 藤谷信道「光明本と『尊号真像銘文』の関係について」(『真宗研究』四八、二〇〇四年)、「光明本尊について――『尊号真像銘文』との関係を中心として――」(仏光寺派『宗学院紀要』九、二〇〇七年)。『真宗故実伝来鈔』の記載は次の通り(文中の左右は向かってのもの)。

常州富田無量寿寺ニ光明本アリ。中ハ南無不可思議光仏八字名号有リ、泥筆也。左ニ六字、右ニ十字アリイツレモ泥筆也中ノ名号ノ下釈迦・弥陀二尊ノ像アリ。(中略)聖徳太子慈恵日羅川勝イモコ勢至・龍樹・天親・菩提流支・曇鸞・道綽・善導・法照・少康・源信・源空・聖覚・信空・親鸞也。(中略)無量寿寺ノ光明本ニハ愚禿親鸞トアリ

(『真宗史料集成』第九巻、六四一頁)

藤谷氏は、無量寿寺本の図様は、中央の八字名号の下に釈迦弥陀の二尊が位置する構図の山形県・浄福寺本光明本尊(No.7)の形式だったのであろうとされる。

(30) 平松令三「高田専修寺本『教行証』の特色とその背景」「国宝本三帖和讃の成立に関する諸問題」(『親鸞真蹟の研究』、法藏館、一九八八年)。

(31) 小山正文「初期真宗史料としての『御入滅日記事』」(同朋大学大学院『閲蔵』二、二〇〇七年)。『影印 高田古典』第三巻、二二五頁以下・三六七頁以下。

(32) 真仏も書写している『西方指南抄』上末には「今また五祖といふは、曇鸞法師・道綽禅師・善導禅師・懐感禅師・少康法師等なり」と記され、以下に略伝が載せられている(『真宗聖教全書』四、一〇五頁)。津田徹英氏は、その影響関係を指摘される(註(6)前掲「光明本尊考」)が、この「五祖」直前には『安楽集』によって菩提流支

(33) などが名を連ねる「六祖」の記載がある。真仏はそのことをどう思っていたのか、先述の七高僧の問題とも相まって、疑問が残る点である。これについても後に考えてみたい。
(34) 望月信亨『中国浄土教理史』(法藏館、一九七八年第四刷)二七八頁。
(35) 住田智見『真宗教学の研究』(臨川書店再刊、一九七四年)二三二頁。
(36) 『影印　高田古典』第四巻、四七四頁。
(37) 道端良秀「真宗より見たる慈愍三蔵(下)」(『宗学研究』一一、一九三五年)。
(38) 『影印　高田古典』第一巻「真仏上人集」参照。
(39) 平松令三「眼を凝らして見る国宝三帖和讃」(『親鸞の生涯と思想』、吉川弘文館、二〇〇五年)。
(40) 平松氏は前註の論文で、光明本尊と『高僧和讃』との関連を示唆しておられるが、検討を要するように思われる。『三河念仏相承日記』によれば、建長八年(実は改元して康元元年、一二五六)十月十三日に真仏らは矢作の薬師寺で念仏を勧進し、翌正嘉二年(一二五七)に至って庄司太郎が顕智を迎えて平田道場を建てている。妙源寺はこの平田道場が発展した寺である。真仏やその周辺の関係者は、いつごろから三幅の光明本尊を構想し始めたのだろう。真仏たちが七高僧の教えに接した時点との前後関係はどうなのか、という点でやや微妙なところはあるが、この三河での活動あたりに、光明本尊成立の鍵が潜んでいるのではないだろうか。あるいは、薬師寺での念仏勧進の際の本尊だった可能性もあるように思われる。なお、『三河念仏相承日記』に関しては、近年、その成立を大幅に遅らせる説が発表された(脊古真哉「『三河念仏相承日記』の史料論的検討」、『同朋大学佛教文化研究所紀要』二五、二〇〇六年)が、その後、南北朝期と思しき古写本が発見された(平松令三「新発見の古写本『三河念仏相承日記』」、真宗高田派『教学院紀要』一五、二〇〇七年)。
(41) 津田註(6)前掲「光明本尊考」。
(42) 福井文雅「麈尾新考――儀礼的象徴の一考察――」(『大正大学研究紀要』五六、一九七一年)。
(43) 石田茂作監修『新版　仏教考古学講座』第五巻「仏具」(雄山閣出版、一九八四年)一五七頁。
(44) 宮崎註(5)前掲「初期真宗の聖徳太子像について」。
(45) 同じく麈尾を持つ像として表現されるのが維摩像であり、講讃太子とイメージ上で重なっているとの指摘がなされている（星山晋也「聖徳太子勝鬘経講讃図の麈尾と麈尾を執らない講讃像」、町田甲一先生古稀記念会編『論叢仏教美術史』、吉川弘文館、一九八六年）。

(46) 津田徹英氏は、法照が最上段中央に配置されることに関して思想的な意義があることを述べておられる（註(6)前掲「光明本尊考」）が、いかがであろうか。

(47) 日下無倫「真宗に於ける太子及び七高僧図像の研究」（註(6)前掲『真宗史の研究』）参照。

(48) 宮崎圓遵「初期真宗の連坐像について――滝上寺蔵『八高僧像』を縁として――」（註(5)前掲著作集第四巻『真宗史の研究（上）』）。

付記 図1と図3は『真宗重宝聚英』第二巻と第八巻（同朋舎出版、註(7)・註(4)前掲）から、図2は『桂昌院ゆかりの品々　文殊堂・善峯の寺宝』（西山善峯寺、註(18)前掲）から、それぞれデジタル撮影したものである。転載をご許可くださった関係各位に厚く御礼申し上げる。

専海系三河門流の北陸地方への展開
――高僧連坐影像二点の紹介によせて――

脊古真哉

はじめに

北陸地方には浄土真宗が、量的にも、密度の上でも大きな拡がりを示している。北陸地方は、戦国期の本願寺教団系寺院・門徒集団による一向一揆の活動や、現在でも、なお見られる独自の宗教風土などから、ときに「真宗王国」と称されることもある。北陸地方の真宗の歴史的展開については、戦国期の教団形成以前の初期真宗門流の段階で、親鸞門弟真仏の門下である遠江国鶴見の専海（専信）を祖とする専海系三河門流が三河国から進出・展開していたとされ、現存する寺院は専海系三河門流の流れを汲むものが多くを占めると理解されている(1)。専海系三河門流は単一の集団として北陸地方へと展開したわけではなく、複数の系統に分かれて浸透していった。これらは大別して、専海―円善―如道という法系を重視する集団と、この法系以外の集団に分類できる。もっとも戦国期の教団形成以降の事情で、さまざまな寺歴の改変・再構成がなされており、個々の寺院のかつて属した系統を単純には判別することはできない。

本稿では、あまり学界に知られていない二点の専海系三河門流の法系を描く高僧連坐影像の紹介によせて、初期真宗絵画史料に着目して、専海系三河門流の東海地方から北陸地方への展開を考察するための初歩的な作業を実施したい。各種の掛幅絵伝のように、三河国の専海・円善の流れを汲むとされる寺院と、北陸地方の専海系三河門流の流れを汲む寺院とが、必ずしも所蔵する絵画史料の特色の一致しないことを指摘する。また、北陸地方に多く見られる専海・円善の法系を描く高僧連坐影像が、実は三河の寺院にはあまり見られないことにも注目したい。さらに、東海地方から北陸地方への展開の経路であった美濃国郡上郡と越前国大野郡の中世後期から戦国期の宗教状況、真宗の状況についても論じ、北陸地方へと進出していった専海・円善の法系の、その後の北陸地方での分流・分派および地域教団の形成にも言及する。

一　専海・円善の門流と初期真宗絵画史料

専海・円善の流れを汲む代表的な寺院としては、専海の子孫の寺である〓越願照寺（岡崎市・大谷派）をはじめ、針崎勝鬘寺（岡崎市・大谷派）、野寺本證寺（安城市・大谷派）、佐々木上宮寺（岡崎市・大谷派）の三河三箇寺や、桑子妙源寺（岡崎市・高田派）が知られている。これらの寺院は三河国に止まらず、東海地方各地に分流や門末を展開し、さらに北陸地方にもその影響が及んでいるものもあった。これらの寺院に所蔵されている絵画史料の特色としては、豊富な各種の掛幅絵伝の存在が指摘されている。初期真宗門流で依用された絵伝としては、善光寺如来絵伝、聖徳太子絵伝、法然絵伝、親鸞絵伝の四種が存在した。

表1は、三河国および隣接する尾張国の真宗寺院に所蔵されている（かつて所蔵されていた）、戦国期の教団下付物を除く、中世の四種の掛幅絵伝を一覧表としたものである。[2] 妙源寺旧蔵、菅生満性寺（岡崎市・高田派）旧蔵の聖徳太子絵伝は寺外に流出し、それぞれ奈良国立博物館、静嘉堂文庫に現蔵されている。また、保母勝鬘皇寺（岡

表1　三河および周辺地域真宗寺院の各種掛幅絵伝

	寺　院	善光寺	太　子	法　然	親　鸞	備　　考
1	舳越願照寺				○	
2	保母勝鬘皇寺		○			
3	野寺本證寺	○	○	○		
4	佐々木上宮寺		○	○		
5	桑子妙源寺	○	△	○	○	太子：奈良国立博物館現蔵
6	菅生満性寺	○	△	○		太子：静嘉堂文庫現蔵
7	力石如意寺				○	
8	赤津万徳寺		○		○	
9	小林光明寺			○		

崎市・大谷派）の聖徳太子絵伝は、一時期、満性寺に所蔵されていたこともあった。(3)このほか、知多郡東浦町の乾坤院（曹洞宗）には聖徳太子絵伝、(4)岡崎市の浄珠院（浄土宗西山深草派）には法然絵伝が現蔵されており、(5)ともに三河の真宗寺院から流出したものである可能性が指摘されている。なお、近世の勝鬘寺末寺の法物を書き上げた『末寺触下絵讃之控』の力石如意寺（豊田市・大谷派）の項には、如意寺には、かつて現存の親鸞絵伝だけでなく、善光寺如来絵伝・聖徳太子絵伝・法然絵伝も所蔵されていたとの記述がある。(6)三河三箇寺の一つである勝鬘寺には、中世の遺品である絵伝は所蔵されていないが、聖徳太子絵伝を所蔵する勝鬘皇寺は、元来、勝鬘寺と同一の寺基から分立したものと推定できる。(7)さらに、飯田市美術博物館に現蔵されている聖徳太子絵伝も、これら三河やその周辺地域の掛幅絵伝の例と捉えるのが適切なものであろう。(8)思いのほか、教団下付物以外の親鸞絵伝の事例は少ないが、かつて所蔵されていた親鸞絵伝が教団下付物によって更新されている可能性もあるのではなかろうか。

これら三河とその周辺の掛幅絵伝は、専海系三河門流の流れを汲む寺院にかぎらず、満性寺、如意寺、赤津万徳寺（瀬戸市・高田派）の源海系荒木門流に属した寺院にも所蔵されている。実は、三河やその周辺は、全国的に見ても、他に類例を見ないほど、中世の真宗系掛幅絵伝がきわめて稠密に伝存する地域なのである。北陸地方にも掛幅絵伝は伝存するが、専海系三河門流の流れを汲む寺院に掛幅絵伝の事例が集中するわけではなく、とくに越前三門徒諸派（誠照寺派・山元派・三門徒派・出雲路派）の寺院には、まったく所蔵されていない。三河の状況は、門流の問題ではなく、地域的特色と捉えるべきものなのである。荒木門流の寺院では等々力万福寺（山梨県甲州市・本願寺派）、山南光照寺（広島県福山市・本願寺派）のように、三河以外の地域の寺院にも複数の掛幅絵伝が伝蔵されてきた例が見られる。(9) 三河では、専海系三河門流と源海系荒木門流との間に、『親鸞聖人門侶交名牒』の記載内容、錯綜する寺伝の作成、共通する名字「安藤」姓など、二つの門流の地縁的な結合が進展していたことを窺わせる状況が見られる。(10) 三河三箇寺や妙源寺などの専海系三河門流の寺院に所蔵されてきた掛幅絵伝は、元来、掛幅絵伝を好む源海系荒木門流との接触によって、制作・伝持されることとなったと判断することができよう。

専海系三河門流についての『交名牒』の記載には、各本によって多くの齟齬が見られる。とくに、専海・円善の門流に位置づけられている信寂・寂静父子を代表者とする「和田門徒」は、各本によって、その記される位置が異なるが、実際には「和田門徒」は飯田の寂円の集団などとともに、源海系荒木門流の中でも荒木満福寺本体ときわめて近い関係にある集団であった。(11)『交名牒』の記載で「和田門徒」が専海・円善の門流に位置づけられていることも、二つの門流の地縁的な結合の結果なのであろう。

専海系三河門流の法系を描く高僧連坐影像は、はやく藤島達朗氏によって五例が指摘され、(12) 小山正文氏は藤島氏が指摘した四例を含めて、専海・円善の法系を描く八例を指摘した。(13) いま管見に触れた専海系三河門流の法系を描く高僧連坐影像を**表2**にまとめておく。11と12の二点は今回紹介するものである。なお、これらの高僧連坐影像の

表2　専海系三河門流の法系を描く高僧連坐影像

	所蔵者	所在地	親鸞以降の人物	備　考
1	願照寺(本)	愛知県岡崎市	親鸞－真仏－専海－円善－如道	
2	西照寺(大)	愛知県岡崎市	親鸞－真仏－専海－円善－如道－道性	焼失
3	勝蓮寺(大)	愛知県岡崎市	親鸞－真仏－専海－了善－仏性	
4	正覚寺(大)	愛知県吉良町	親鸞－真仏－専海－円善－如道－道性	
5	浄誓寺(大)	愛知県犬山市	親鸞－□－□海－□－□	
6	善敬寺(大)	滋賀県彦根市	親鸞－真□－専海－□善－□□－□性－如覚	移入品か
7	専照寺(三)	福井県福井市	親鸞－真仏－専海－円善－如道－道性	
8	専照寺(三)	福井県福井市	親鸞－真仏－専海－円善－如導－導性－如覚	
9	月輪寺(本)	福井県福井市	親鸞－真仏－専海－円善－如道－道性	
10	光照寺(仏)	福井県越前市	親鸞－真仏－専海－円善－如道－道性－如覚－正通	
11	願生寺(誠)	福井県鯖江市	親鸞－真仏－専海－円善－如導－導性	
12	願養寺(誠)	岐阜県岐阜市	親鸞－真仏－専海－円善－如道－道性－如覚	旧本巣郡根尾村より移転

※寺院名に付された(本)(大)(三)(仏)(誠)は、それぞれ浄土真宗本願寺派、真宗大谷派、真宗三門徒派、真宗仏光寺派、真宗誠照寺派を示す。

形態・様式や他の絵画史料との関連・比較などの図像論的な検討は他日を期したい。

　こうして見ると、存外、三河国内の事例が少ないことに気づく。このほかの三河国内の高僧連坐影像の事例としては、妙源寺[14]、勝鬘皇寺[15]、皆福寺（豊田市・大谷派[16]）に所蔵されているものが知られているが、これらは親鸞以降の人物が描かれていないなどの事情で、門流の特定が不可能な事例である。また、岐阜県大垣市の浄源寺（大谷派）に所蔵される聖徳太子中国日本高僧連坐影像について、『真宗重宝聚英』第八巻二〇頁の解説では、親鸞に続く人物の札銘が「真□上人」「専□□」「円□□□」と読み取れるとし、専海系三河門流で伝持されたものとしているが、筆者が実見調査した際には、札銘はまったく判読できなかった。[17] 同じく、同書一一七頁の解説では、東端西蓮寺（安城市・高田派）に所蔵される中国日本高僧連坐影像を専海系三河門流で伝持されたものと推定しているが、真仏に続く人物の札銘はまったく判読できないようである。[18]

1の願照寺は、前述のように専海の子孫の寺であり、専海の法系を描く高僧連坐影像が所蔵されていて当然のこととも思われるが、この事例は、専海に続いて、願照寺の歴代ではなく、円善・如道が描かれており、[19] 北陸地方へと展開していった集団によって制作・伝持された可能性が高いと判断できるものである。何らかの事情で、元来の伝持者から本寺であった願照寺へ収められた事例と見るべきものであろうか。他のものも、札銘が充分に判読できない5の浄誓寺（犬山市・大谷派）の例を除いて、[20] 3の矢作勝蓮寺（岡崎市・大谷派）の例以外は、[21] 円善に続いて如道（如導）・道性（導性）・如覚の法系が描かれており、北陸地方へと展開していった集団に関わるものと判断できる。如道は大町如道として知られ、現福井市大町のあたりを拠点としたと考えられ、大町専修寺（廃絶）や三門徒諸派の祖となる人物である。道性は、如道の子または門弟とされ、横越証誠寺（鯖江市・山元派本山）の祖とされる人物である。しかし、三河国内にも、2西照寺、4正覚寺の二点の道性までを描く事例があり、また、道性の遺跡と称する寺院も存在する。[22] さらに、『存覚袖日記』の延文六年（一三六一）の「武佐道佛本尊銘文」には、源空―親鸞―真仏―専海―円善―如道―道性の法系が記されている。[23] これはここで取り上げている高僧連坐影像と同様のものであったのであろう。武佐広済寺（近江八幡市・本願寺派）が道性の門弟であった「武佐道佛」の遺跡と考えられる。このように、道性は北陸地方にかぎらず、三河国や近江国にもその足跡が伝えられている。如覚は道性の子とも門弟とも伝えられ、鯖屋誠照寺（鯖江市・誠照寺派本山）の祖とされる人物である。なお、武佐からさほど遠くない6の八坂善敬寺（彦根市・大谷派）にも、如覚までを描く高僧連坐影像が所蔵されているが[24]、善敬寺は源海系荒木門流の明光・円鸞の流れを汲む寺院と判断でき[25]、この高僧連坐影像は移入品と見たほうがよいものであろう。

7・8の二点は中野専照寺（福井市・三門徒派本山）に所蔵されている例であるが、やはり、如道・道性、8には如覚までが描かれている[26]。専照寺は、如道の子である帆山誓願寺（鯖江市・三門徒派）祖の道願の子とも門弟ともいう浄一を開基とするとされるので、道性・如覚の直系の寺院ではないと考えられるが、道性・如覚が描かれる高僧連坐影像を伝持してきている。10の片屋光照寺（越前市・仏光寺派）は、寺伝などから、元来は誠照寺系の寺院であったようである[27]。このように、三河門流の専海・円善と、三門徒諸派の祖師とされた如道・道性・如覚とは、高僧連坐影像により密接に結び付いている。三門徒諸派は後世には、誠照寺では道性を親鸞の子息としたり、証誠寺では親鸞の子息の善鸞を歴代に加えたり、清水頭毫摂寺（武生市・出雲路派本山）では出雲路毫摂寺（のち小浜毫摂寺・宝塚市・本願寺派）の関係者を招いて、出雲路乗専の裔と称するなど、さまざまな寺歴の改変が見られた。しかしながら、専海・円善から始まる高僧連坐影像が多く制作され、なお、多く現存しているように、三門徒諸派では、かなり後の時期まで、専海・円善から連なる三河門流の法系を重視していた。

これに対して、三河三箇寺や妙源寺などの三河国内の有力寺院には、願照寺の例を除いて、専海・円善を描く高僧連坐影像は所蔵されていない。『交名牒』の記載などと異なり、三河三箇寺・妙源寺と専海・円善との結び付きは、現存の高僧連坐影像からは確認できない。このことをどのように考えればよいだろうか。三門徒諸派を形成することとなった越前国の寺院と異なり、三河国では、専海・円善から連なる法系は、さほど重視されなかったということになる。三河三箇寺や妙源寺をはじめとする三河の寺院が本願寺教団・高田教団に編成されたため、『三河念仏相承日記』の作成や、「柳堂伝承」の流布など、専海から始まる三河門流の法系よりも、親鸞や顕智との関係が強調されることとなったことが一つの理由であろう。また、近世には、専海の子孫の寺である願照寺が西本願寺に属したのに対して、三河三箇寺が東本願寺に属したことも影響を与えていよう(28)。

さらに、信寂・寂静父子を代表とする「和田門徒」がそうであったように、『交名牒』で専海・円善の門流に位置づけられている者には、ほかにも、実際には専海系三河門流に流れを汲む存在ではない者も含まれている可能性があるのではないか。慎重に検討すべき課題である。高僧連坐影像では、専海・円善と結び付く如道・道性・如覚は、『交名牒』各本に、まったくその名が見えない(29)。3の勝蓮寺蔵の高僧連坐影像で、専海に続く了善が、光明寺本・妙源寺本『交名牒』に専海の門弟として記されていることとは異なる。現存の系譜化された『交名牒』の成立には、専海・円善から如道・道性・如覚へと続く集団の主張は取り入れられていないということである。初期真宗門流の研究に際して、『交名牒』と絵画史料との史料としての性質のちがいに留意する必要がある。

二　美濃国郡上郡と越前国大野郡の状況

東海地方から北陸地方への真宗の伝播の道筋となった地域は、古来、霊山として名高い白山をめぐる地域であった。標高二七〇二メートル（御前峰）の白山は、美濃、飛騨、越前、加賀、越中にまたがる両白山地の主峰で、日本アルプスの山々などと比べると、とりわけ標高が高いわけではないが、豪雪地帯に位置するため冠雪期間が長く、白く輝く印象的な姿を、太平洋側からも日本海側からも望むことができる。このような山容が白山そのものを信仰の対象とする山岳信仰を生み出した。また、白山（両白山地）から流れ出る河川としては、長良川、九頭龍川、手取川、庄川、揖斐川があり、それぞれの流域をうるおし、水の神としての白山信仰をもたらした。各河川の河谷は古くから東海地方と北陸地方とを結ぶ交通路として利用された。

白山信仰は、白山そのものを信仰の対象とするものであったが、白山にはいくつかのピークがあり、それぞれに本地仏が設定された。御前峰―十一面観音―イザナギ（イザナミ）、大汝峰―阿弥陀如来―オオナムチ、別山―聖観音―アメノオシホミミなどである。また、白山は本来火山であったので、火山特有の景観から、山中他界としての信仰も見られるようになった。泰澄が開いたとされる美濃・越前・加賀の三方向からの白山登拝口である白山三馬場として、美濃馬場（長滝寺）、越前馬場（平泉寺）、加賀馬場（白山寺）が成立していった。長滝寺は治安元年（一〇二一）、平泉寺は久安三年（一一四七）、白山寺は安元元年（一一七五）に、それぞれ天台別院となり、比叡山の傘下となったという。三馬場全体を統括する組織はなく、三馬場はそれぞれ独自に成立し、発展していった。三馬場は地方顕密寺院として栄え、中央の権門貴族の加持祈禱をこととし、多くの寺領、荘園を有していた。また、長滝寺以外の平泉寺・白山寺の両者は多数の僧兵を抱えていた。

このような中世の顕密寺院に一般的に見られた状況だけでなく、中世後期には、ひろく白山参詣者（道者）の増加が見られ、参詣者の誘致・引率・宿泊・配札などをこととする者が多く見られるようになった。美濃馬場長滝寺からの参詣路にあたる石徹白（石堂代。中世には越前国小山庄。近世には越前国大野郡で、美濃郡上藩預かり。近代は福井県大野郡、昭和の大合併により大部分は岐阜県郡上郡白鳥町へ、現郡上市。一部は福井県大野郡和泉村へ、現大野市）には、白山中居神社を中心として、直接、長滝寺には属さない宗教集落が形成され、独自に参詣者の誘致・引率・宿泊・配札などを行った。古くは、白山別山山頂の堂宇は長滝寺が建立し、長滝寺が支配していたが、永正四年（一五〇七）に、別山は長滝寺から石徹白に譲られた。別山の支配権は、天文三年（一五三四）には、石徹白から長滝寺に売り渡されたが、永禄年間（一五五八〜七〇年）には、石徹白の社家が別山の堂宇を建立している。金森長近配下の武将として活動した石徹白長澄の時代の天正年間（一五七三〜九二年）には、越前国大野郡上打波村（現大野市）、加賀牛首村（現石川県白山市）との間で、白山参詣路の関などをめぐっての紛争があった。[30] 美濃馬場における石徹白のように、中世後期以降、長滝寺・平泉寺・白山寺に代わって、これらの寺院よりもより白山に近い集落が、山頂堂宇の管理・札配などで、しだいに主導権をもつようになってゆく。また、遠隔地での白山の配札に関しては、桜井寺（岡崎市・真言宗）、財賀寺（豊川市・真言宗）、浜松の二諦坊（当山派修験・廃絶）などが、今川氏、徳川氏の勢力を背景に、東海地方各地での先達職・配札権を掌握していった。[31] このように戦国期の美濃馬場長滝寺は寺領の喪失だけでなく、従前の白山に関する権益をも失うことが多く、その勢力はしだいに衰退していった。そして、石徹白も含めて奥美濃地域、飛驒国は一面の真宗地域ともなっていった。越前馬場では、牛首村・風嵐村（元来は越前馬場に属す。近世には越前藩領から幕府領。現白山市）・尾添村（元来は加賀馬場に属す。加賀藩領から幕府領。現白山市）などの「白山麓十八か村」、上打波村などが主導権をもつようになる。[32] そして、これらの集落の住民の大部分は、戦国期には真宗門徒となっていた。

戦国期の加賀国、越前国では、一向一揆が成立し、世俗の権力、高田教団に属した真宗勢力、白山加賀馬場・越前馬場を含む旧仏教（顕密仏教）勢力などと激しく対立した。加賀国の「山内衆」のように、白山麓地域の住民も一向一揆とは無関係ではなかった。越前馬場平泉寺は、天正二年（一五七四）に一向一揆勢の焼き討ちにより灰燼に帰し、三千六百坊ともいわれた一山は壊滅した。[33] これに対して、飛驒国、奥美濃地域では、一向一揆の活動は見られず、真宗と旧仏教との連続性が窺え、ある意味、本願寺教団傘下の真宗と白山信仰との融和的な関係が見られた。これは奥美濃地域や飛騨国で大きな勢力を築いた集団である白川善俊（照蓮寺）門徒が本来的にもっていた性格と大いに関係のあることと判断している。

北陸地方への真宗伝播の道筋であった美濃国郡上郡と越前国大野郡に展開した真宗寺院・道場の本末関係などの状況を見てみよう。この地域は古くから東海地方と北陸地方とを結ぶ交通の要衝であったので、各地を移動・遍歴することの多かった初期真宗門流に属する者たちが多く展開した地域でもあった。この地域に伝存している初期真宗段階の絵画史料としては、郡上市白鳥町前谷の個人蔵阿弥陀如来絵像[34]、大野市（旧和泉村）上大納大原道場（浄楽寺・高田派）蔵の光明本尊[35]、（旧和泉村）中伊勢道場（廃絶）旧蔵の光明十字名号[36]、大野市友江専光寺（三門徒派）蔵の阿弥陀如来絵像[37]、大野市上野上野道場蔵の光明十字名号[38]などが知られている。大原道場の光明本尊は南北朝期に遡るかとも思われるものであるが、全体的に剝落が進み、現状では日本高僧部の札銘は、まったく判読できない。光明本尊は源海系荒木門流や、そこから出た集団で依用されることが多く、荒木門流以外の門流では、あまり例が見られないが、札銘がまったく判読できないので、この光明本尊がどのような門流で制作・伝持されたのかは不明とせざるをえない。また、他の阿弥陀如来絵像や籠文字光明十字名号などからは、門流を特定することはできない。

戦国期の本願寺教団の下付物の裏書などから、この地域に門末を展開した集団としては、①白川善俊（照蓮寺）門徒、②大榑安養寺門徒、③野津俣長勝寺門徒、④田野最勝寺門徒、⑤大町専修寺門徒が確認できる。これらは戦国期以降に本願寺教団傘下に組織された者たちであって、このほかにも、高田教団に組織されたものも存在し、少数ながら、本願寺教団・高田教団に組織されなかったものが形成した後の越前三門徒諸派に合流したものも見られる。また、江戸時代に、高田教団などから仏光寺教団へと転じた寺院も見られる。

①白川善俊（照蓮寺）門徒は、飛騨国白川郷（現岐阜県高山市荘川町・岐阜県大野郡白川村）を発祥の地とする白川

善俊の道場が戦国期に寺号を得て、近世に高山城下町へと移転した照蓮寺（現大谷派高山別院照蓮寺）を本寺とした集団である。[39]戦国期以来、飛騨国内だけではなく、美濃国郡上郡にも多くの門末が確認でき、近世初頭には、郡上八幡に掛所長敬寺（郡上市・大谷派）を設立した。白川善俊門徒が戦国期に展開したのは、白山信仰と関係の深い地が多く、前述の石徹白にも、十五世紀末・十六世紀初頭の段階で計四点の方便法身尊像が下付されている。[40]また、穴馬（旧大野郡和泉村）の米俵、伊月の道場は、近代には、郡上長敬寺が手次であった。[41]

②大榑安養寺門徒は、郡上安養寺（郡上市・大谷派）を本寺とした集団で、安養寺は美濃国大榑庄（岐阜県安八郡輪之内町付近）から、天文七年（一五三八）に奥美濃郡上郡の旧白鳥町大島に移転したが、十五世紀末から郡上郡各地に末道場を展開していた。近世初頭に八幡城下郊外の中坪村に移転し、江戸時代には東本願寺に所属した。元来、源海系荒木門流に属し、近江国をルーツの地と称する。[42]石徹白の西在所道場は安養寺の末道場で、所蔵する方便法身尊像の裏書は、現状では、実如裏書であることは見てとれるものの、下付年月日等はまったく判読できない。記録では、永正十一年（一五一四）のもので「大榑安養寺門徒」との記載があったという。[43]穴馬の上半原の道場（廃絶）は安養寺末道場で、伝来の方便法身尊像（安養寺へ移管）は裏書を失っているが、記録では長享三年（一四八九）のもので「大榑安養寺」との裏書があったという。[44]

③野津俣長勝寺門徒は、現勝山市北郊の野津俣から近世初頭に大野城下へ移転した長勝寺（本願寺派）を本寺とした。長勝寺は、近世の由緒書では越中井波瑞泉寺（南砺市・大谷派井波別院）の分流と称するが、[45]戦国期には藤島超勝寺（福井市、東西二寺に分寺）の配下として同一歩調をとることが多く、おそらく専海系三河門流に属したものと考えられる。穴馬の東市布の道場（廃絶）は、近世・近代には大谷派最勝寺が手次であったが、伝来の方便法身尊像（郡上市養林寺へ移管）の裏書は、明応七年（一四九八）のもので「野津俣長勝寺門徒」の記載がある。[46]また、

大野市六呂師の雲乗寺（単立）蔵の方便法身尊像の裏書は、文亀二年（一五〇二）のもので「野津俣門徒」との記載があるという。[47]天正十二年（一五八四）の長勝寺に対する帰参の誓約状には、穴馬の長野・川合・貝皿・朝日・板倉・角野・角野前坂・朝日前坂の住民が連署しており、文禄五年（一五九六）の同様の誓約状には、市布・野尻・長野・川合・伊月・朝日・角野・後野の住民が連署している。[48]これらの集落には、近世・近代には、後述する最勝寺など、東本願寺末寺が手次となる道場が所在する例が多く、この帰参問題には、顕如方――西本願寺に所属した長勝寺と東本願寺（教如方）を志向した門徒集団との軋轢が背景にあったのであろう。なお、長勝寺には、近世の美濃国郡上郡に六箇寺の末寺が存在した。

④田野最勝寺門徒は、専海系三河門流に属した田野最勝寺を本寺とした。最勝寺は東西分派期に、大野市明倫町最勝寺（大谷派）、大野市上据最勝寺（本願寺派）、郡上八幡最勝寺（本願寺派）の三寺に分寺した。近世・近代の穴馬に手次をもつのは大谷派最勝寺である。近世の美濃国郡上郡には、郡上八幡最勝寺が六箇寺の末寺と一末道場をもっていた。

⑤大町専修寺門徒は、専海系三河門流の如道を祖とする大町専修寺（廃絶）を本寺とし、東海地方から北陸地方へと展開した専海・円善系の集団のもっとも中心となる存在であった。大野市中丁の真乗寺（単立）蔵の方便法身尊号の裏書は、永正二年（一五〇五）のもので「大町専修寺門徒」との記載があるという。[49]大町専修寺は、永正期に一度退転し、一向一揆崩壊により廃絶するが、近世には、諸江坊勝授寺（福井県三国町・本願寺派）が大町専修寺の名跡を継いだ。大町専修寺滅亡後、旧専修寺門徒は、西本願寺によって京都興正寺末とされた。近世・近代の穴馬の大谷には、興正寺末道場が存在し、穴馬の荷暮の西道場の手次であった誓念寺（大野市・本願寺派）はもとは興正寺末寺であった。[50]また、美濃国郡上郡大間見村（現郡上市大和町）の円光寺（本願寺派）は、近世には興正寺末

であったが、これらは元来は大町専修寺門徒であったものであろう。

これら美濃国郡上郡と越前国大野郡とに門末を展開していた集団のうち、③野津俣長勝寺門徒、④田野最勝寺門徒、⑤大町専修寺門徒の三つの集団は、三河国にルーツをもつ専海系三河門流に属する者たちであった。これらの油坂峠を挾んでの美濃国郡上郡と越前国大野郡にまたがる末寺・末道場の分布は、南北朝期からの東海地方から北陸地方への真宗の伝播の軌跡を現在に伝えるものと判断できる。また、穴馬の上大納大原道場、上大納高田派道場（一九五五年頃に上大納東道場へ統合）の手次である友兼専福寺（大野市・高田派）も、後述するように専海系三河門流に属するものであったと考えられる。

この地域に展開した専海系三河門流の集団の中で、⑤大町専修寺門徒は大町如道を祖とし、専海・円善の法系に連なるものであった。④田野最勝寺門徒は、史料上で明確に専海・円善の法系に連なるとは確認できないが、寺伝では、最勝寺の開基を遠江国鶴見城主であった「専修」とする。[51] これは遠江国鶴見の専海（専信）の訛伝または改変の可能性が強い。また、「専修」の名は大町専修寺の寺号とも何らかの関係があるのかもしれない。やはり、田野最勝寺も、専海・円善・如道の法系に連なるものと見て大過あるまい。また、現在の大野市内にも、三門徒諸派に属する寺院が点在する。これらも専海・円善・如道の法系に連なるものと判断できよう。

③野津俣長勝寺門徒は、前述のように、井波瑞泉寺の分流と称するが、この寺伝はやや唐突な感が否めない。慶安二年（一六四九）に、井波瑞泉寺が西本願寺から東本願寺に転派したことにより、西派の北陸地方の寺院には、新潟県上越市瑞泉寺（前身は磯部勝願寺）、石川県金沢市瑞泉寺（上宮寺）など、瑞泉寺を名乗り、名跡を継いだ寺院が見られる。この長勝寺の寺伝の成立も、これらの一連の動きと関連があるのではなかろうか。一向一揆活動期に藤島超勝寺と行動を共にし、長勝寺の退転中には、超勝寺が長勝寺門徒の手次を行っていたことがあるように、[52]

超勝寺系の寺院であった可能性が高いと判断できる。超勝寺は、本願寺綽如の子鸞芸が入寺したことにより本願寺一門の寺院として発展したが、元来は和田本覚寺（福井県永平寺町・本願寺派）から分立した寺院とされている。本覚寺開基の信性は、『反古裏書』では「野寺本證寺ノ末学」とされており[53]、また近年では、解体修理の結果から、本證寺蔵の聖徳太子木像と本覚寺蔵の聖徳太子木像とが同一工房の制作ではないかと指摘されている[54]。このように、本覚寺は三河三箇寺の本證寺との関係が濃厚で、長勝寺の出自は同じ専海系三河門流に属するものでも、専海・円善・如道の法系に連なる大町専修寺や三門徒諸派などとは別の集団に由来するものと見るのが適切であろう[55]。

石川県加賀市の本善寺（旧称勝鬘寺・大谷派）に所蔵されている方便法身尊像の実如裏書には「勝偈寺門徒」と記されているように[56]、北陸地方の寺院には本願寺教団参入後も三河三箇寺との本末関係を維持していたものもあった。本善寺の例の勝鬘寺系や、本覚寺の本證寺系のように、専海系三河門流には、専海・円善・如道の系統以外にも、三河国から北陸地方へと進出した集団が存在した。

この地域の高田教団に組織された寺院では、友兼専福寺や中挟専西寺（後に今井西応寺、大野市・仏光寺派）のように、『三河念仏相承日記』の「三河ヨリ高田ヘマイルヒト〳〵ノ事」の部分に記された「佐塚ノ専性」を開基とする寺伝をもつ寺院が見られる[57]。「佐塚」を遠江国狭束郷（佐束郷、現静岡県掛川市）とする指摘もあるが、「専性」については、存否も含めてまったくの不明である。しかし、三河の高田教団に属した寺院で作成された『三河念仏相承日記』に登場すること、また、遠江の専海（専信）や前述の最勝寺の寺伝の遠江の専修と通字の名をもつことは興味深い。どの系統に属したかは判断できないが、やはり「専性」も専海系三河門流の流れを汲む人物であったと見ることは可能であろう。

三　大町専修寺と三門徒諸派

専海系三河門流の祖である専海は、各種の史料で遠江国の人とされており、三河国に滞在・在住したことがあったか否かは不明である。専海の子孫の寺である願照寺は岡崎市舳越町に所在するが、何度かの移転を経てきており、専海の当時から三河国に存在したわけではない。『存覚袖日記』や『交名牒』によると、願照寺の歴代は、専海―性信―唯覚―照空と次第した[58]。この照空が、文和三年（一三五四）に存覚に「安城御影」の話をし、翌文和四年に「安城御影」を持参上洛し、見せた人物で「三河國安城照空房」と記されているので[59]、十四世紀中葉の段階では、願照寺（もしくは前身道場）は碧海郡安城に所在した。「安城御影」が本願寺へ上納された代わりに願照寺に下付されたという永正十五年（一五一八）の親鸞影像の実如裏書には「長瀬願照寺」とあるので[60]、照空の時期以降、十六世紀初頭までの間に、安城から現在地へ移転したのであろう。

三河三箇寺や妙源寺は、『交名牒』や寺伝などでは、円善の門弟や、その系統から出た者を開基としている。三河国の専海系三河門流の集団の多くは、専海や前述の願照寺の歴代から出たものではなく、円善を嚆矢とするものであったと判断できる。専海と円善との接触が遠江でのことなのか、三河でのことなのかは判然としないが、多くの寺伝で、円善は「安城城主」あるいは「権守」などとされているように、西三河の矢作川流域を拠点とする在地有力者であったのであろう。光明寺本・妙源寺本『交名牒』では、円善を専海の門弟とはせず、親鸞面受の弟子としている。これは自らを、できるだけ親鸞に近い存在としようとする作為からであろう。さらに近世の寺伝では、各寺院の開基を親鸞直弟とするものが見られるようになる。

円善の門弟如道は、『存覚一期記』に見える応長元年（一三一一）の覚如からの『教行信証』の伝授、[61]『愚闇記返礼』の著述など、越前での活動は史料的に明確であり、また、観応二年（一三五一）には京都での覚如の葬儀にも出席したことが知られるが、[62]三河での事跡は伝わらない。しかし、高僧連坐影像で、如道に続いて描かれる道性は、前述のように三河にも足跡を残しているので、如道を越前在地の人とするよりも、三河から越前へと移住した人物と見るのが適切であろう。『中野物語』では、如道の出自を「橋守ノ子」ともし、如道没後に、大町専修寺と守護朝倉氏との間に「川狩」をめぐっての紛争があったとする。[63]如道とその集団には「川の民」の色彩が濃い。初期真宗門流に多く見られた、土地に基盤をもたない、各地を移動・遍歴する性格をもつ集団であったのであろう。河谷に沿った道を通じて、東海地方から北陸地方へと進出した集団であったと推定できる。

道性は、『存覚一期記』に拠ると、貞和二年（一三四六）には京都に滞在していたことが知られ、[64]前述のように三河にも遺跡と称する寺院が所在し、近江国武佐には、道性の門弟道仏がいた。広く各地を遍歴した人物であったのであろう。また、武佐には同時期に「道願」という人物がいたことが知られるが、[65]この「道願」は、道性と同門の如道門弟の道願と同一人物である可能性もあろう。『中野物語』などでは、敦賀西福寺（浄土宗）、武生正覚寺（浄土宗）などの開基良如を如道の長男とする。[66]西福寺系の浄土宗寺院は滋賀県湖北地域にも点在している。これら良如系の浄土宗寺院の分布と道性の活動とを合わせ考えると、専海・円善の系統の初期真宗は、美濃国郡上郡から越前国大野郡へというルート（長良川・九頭龍川ルート）だけでなく、関ヶ原経由の近江国を媒介としたルートでも、東海地方から北陸地方へと展開した可能性もあろうか。

大町如道には、前述の良如をはじめ、如浄・道性・道願の四人の子ないし門弟がいたとされる。いま、三河三箇寺や妙源寺などの部分は省略して、専海・円善・如道の法系を図示しておく。この図は、高僧連坐影像や寺伝などをもとに作成したものであるが、一部に不確実な部分も含まれている。越前で展開した法系では、浄土宗へ転宗したとされる良如はともかくとして、大町専修寺を相続した如浄、道性から横越証誠寺を相続した某、後の清水頭毫摂寺の開基とされた善喜、中野専照寺の開基浄一、如道の門弟で浄一の師とされる道願などを描く高僧連坐影像が知られていないことは注目される。この系統の高僧連坐影像は**表2**に示したように、如道までを描くもの一例、道性までを描くもの五例、如覚までを描くもの三例、正通までを描くもの一例となっている。最終的に如覚・正通へと連なる者が描かれているわけであるが、それぞれ最後に描かれる人物は、いずれも分立した寺院の初代とされる者である。なお円善・如道も同じ立場にある者であった。また、前述の武佐道仏が道性までを描く高僧連坐影像を制作したのも同様の意味をもつことであった。分立した立場の者たちにとってこそ、自己の正統性を示すために、自身の師（寺院の開基）までを描いた高僧連坐影像を制作・伝持する必要があったということなのであろう。

上述のことは、初期真宗諸門流で多くの高僧連坐影像と高僧連坐影像を内蔵した光明本尊とが制作・伝持されてきた理由の一端であろう。門流と本願寺教団などの教団との大きな差異としては、門流は、つねに分流・拡散し続けるのが常態であったのに対して、教団は、本願寺教団に例をとれば、教団の首長たる本願寺住持にすべての権能が一元化され、この集権化された権能は代々の本願寺住持に継承されてゆくものであった。いつの時点でも門末は当代の本山住持との関係によって位置づけられていた。蓮如期の本願寺教団で、親鸞と蓮如のみが描かれる親鸞蓮如連坐影像が制作・下付されたことは、この間の事情を物語っていよう。

前述のように、大町如道は覚如から『教行信証』を伝授されたことが知られるが、このことから、如道は、いったんは正統の立場にあったが、後に「秘事法門」の異端の徒となったとされ、「異安心」の基とされることがある。三門徒諸派の本願寺教団との関係をめぐる帰趨についても、異端と正統の視点から論じられることが少なくない。

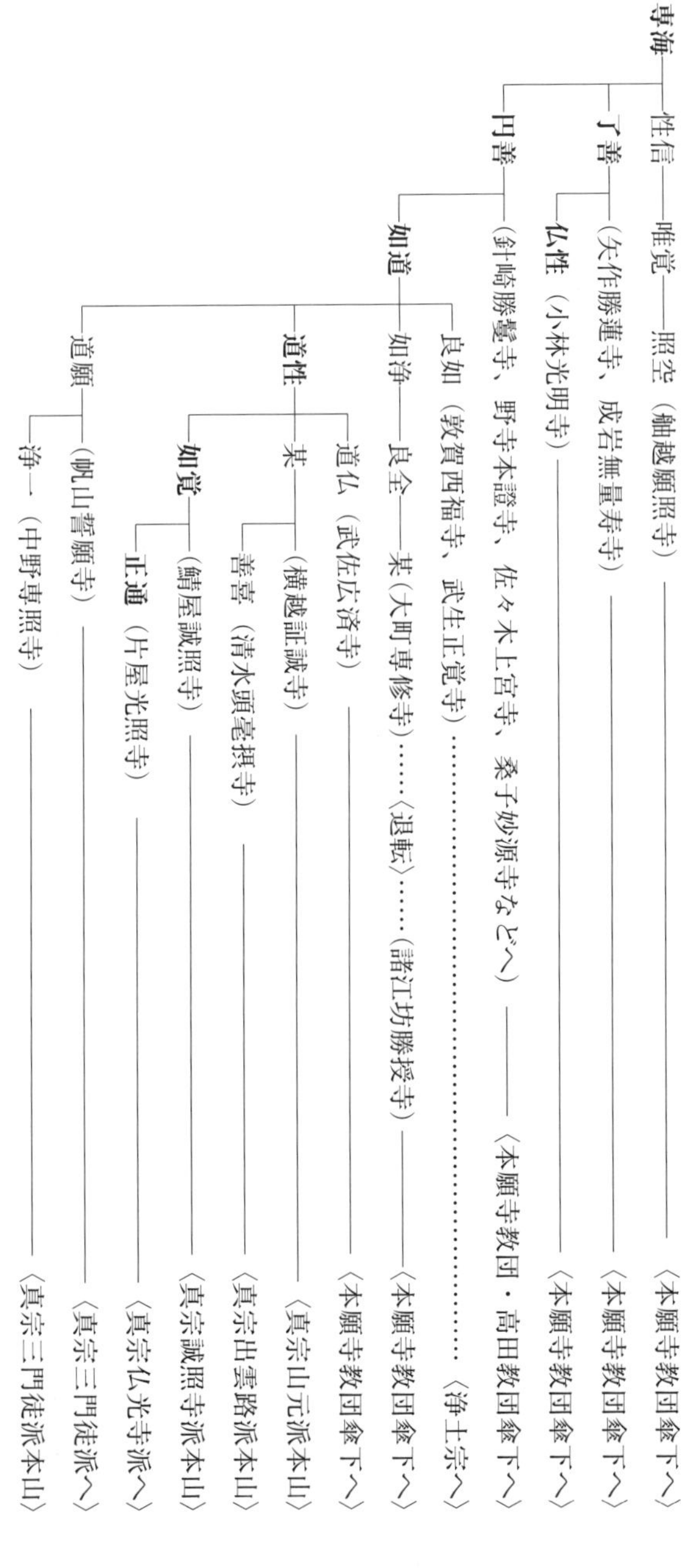

図1　専海・円善・如道の法系（※太字は高僧連坐影像に描かれる人物）

この場合、何をもって正統とし、異端とするかは、戦国期以降の本願寺教団との関係によって判別されているのであって、歴史的な事実とは無関係な問題である。[67] また、覚如や存覚は、各地の初期真宗諸門流の有力者をスポンサーとして活動していたのであって、彼らの活動を蓮如以降の本願寺住持の活動と同一視してはならない。

大町如道の門流は、ひろく浄土教の範疇で分流していった。如道その人や、道性のように本願寺の覚如や存覚と交渉をもつこともあった。大町専修寺は、如道―如浄―良全（了泉）と継承されたが、『反古裏書』に拠ると、良全の次代の住持が還俗し、無住となったため、蓮如と三河の勝鬘寺住持高珍（了通）とが協議し、本願寺の血縁者であり、高珍の娘婿にあたる石田西光寺（鯖江市・本願寺派）永存の三男蓮慶を専修寺住持としたという。[68] この話をすべて事実とすることはできないが、蓮慶の入寺によって、専修寺が本願寺教団傘下の寺院となったということは事実であろう。ここに専海・円善・如道の門流の中心寺院であった大町専修寺は、本願寺教団に組み込まれることとなった。

これ以前に大町専修寺の門流からは、後の三門徒各派の本山となる横越証誠寺・鯖屋誠照寺・中野専照寺などが分立していた。清水頭毫摂寺については、不明の点が多いが、証誠寺の道性の後継者たちが出雲路毫摂寺の関係者を招いて本所としたのがはじまりのようである。これら後の三門徒各派の本山は、成立期にはもちろんのこと、戦国期に至っても、本願寺教団や高田教団のような固定した本末関係をもつ教団を形成していたわけではなく、流動的な門流の状態が継続していた。戦国期には、それぞれの門末から本願寺教団に組み込まれるものも見られたし、毫摂寺のように本願寺教団に参入した勢力が分立し、府中陽願寺（武生市・本願寺派）を設立した例もある。

宝永三年（一七〇六）の成立と見られる『越前三門徒法脈』では、冒頭に、善導・源空・親鸞・真仏・専海・円善・如道・道性・如覚が描かれる、この門流の高僧連坐影像を文字化したものを掲げ、専称寺では「如道迄ヲ用テ如道ヲ家ノ祖トシ」、証誠寺では「道性迄ヲ用テ道性ヲ家ノ祖トシ」、誠照寺では「如覚迄ヲ用テ如覚ヲ家ノ祖トシ」とある。専称寺ではこの古伝を伝えているが、証誠寺・誠照寺では新たな家伝を創作したという。また、毫摂寺は「毫摂寺モ証誠寺一室ニテ同格ノ寺」であったが、これも近年あたらしい家伝を作成したという(69)。専称寺・証誠寺（毫摂寺）・誠照寺では、近世に至っても、専海系三河門流の源空―親鸞―真仏―専海―円善―如道という法系を用いていたということである。いまだ初期真宗以来の門流の意識が継続していたと見ることができる。実際に、次節で紹介する願養寺（岐阜県旧本巣郡根尾村から岐阜市へ移転・誠照寺派）蔵の如覚までを描く高僧連坐影像には、寛永十七年（一六四〇）の誠照寺秀山の裏書があるように(70)、誠照寺では江戸時代前期にも、三河以来の法系を描いた高僧連坐影像が制作されていた。三門徒諸派が教団を形成するのは江戸時代に入ってからのことと見ることができよう。

誠照寺は、現在の越前三門徒諸派（越前四箇本山）の中では、もっとも多くの門末を抱える存在で、北海道の末寺を除いて、福井県に三十六、岐阜県に四、新潟県・富山県・愛知県に各一の計四十三の末寺があり、東京都に誠照寺別院本誓寺が所在する。末寺の分布は福井県平野部を中心とするが、福井・岐阜県境の山間部にも末寺・末道場が所在する。これら山間部の門末は、戦後のダム建設や過疎化で、岐阜県平野部や愛知県に移転したものも見られる。誠照寺派は、三門徒諸派の中で唯一岐阜県側に門末が展開しており、その所在は、大野市から温見峠を越えた岐阜県旧本巣郡根尾村（現本巣市根尾）と、今立郡池田町から冠山峠を越えた、近年の徳山ダム建設で水没・廃村となった旧揖斐郡徳山村（現揖斐郡揖斐川町）とである。旧根尾村には、同所の専念寺、前述の願養寺、鯖江市の西福寺を手次とする門徒があり、旧徳山村には専念寺と西福寺を手次とする門徒がいた(71)。

これらの岐阜県側の誠照寺門末の存在は、どの時期まで遡ると見ることができようか。前節で見た、同じく濃越国境の美濃国郡上郡と越前国大野郡の場合と同様に、南北朝期の初期真宗門流段階の東海地方から北陸地方への展開の経路と捉えることが可能なものであろうか。旧徳山村門入道場（廃絶）旧蔵の籠文字光明十字名号は初期真宗絵画史料とも見られるものであるが、門入道場の手次であった西福寺からもたらされたものとの伝承もある。(72)旧根尾村・徳山村には、誠照寺門末だけでなく、根尾村水鳥には本願寺派の西光寺が所在し、徳山村には西光寺を手次とする道場も見られた。また、根尾村には、西光寺門徒だけでなく、永寿寺（大垣市・大谷派）、円勝寺（本巣市・本願寺派）、西円寺（大垣市・大谷派）、正尊寺（本巣市・本願寺派）、祐国寺（本巣市・本願寺派）、光沢寺（揖斐郡大野町・本願寺派）などを手次とする門徒も存在する。(73)これら根尾・徳山に門徒をもつ真宗寺院のうち、根尾村に所在する専念寺と西光寺は、ともに越前国から美濃国へと移転したとの寺伝をもつ。専念寺は、天正十一年（一五八三）の柴田勝家敗亡後、越前国大野郡の山中を転々とし、温見（現大野市）に落ち着いたが、延宝七年（一六七九）の洪水で大破し、貞享三年（一六八六）に現在地の旧根尾村東板屋に移転したという。(74)西光寺は、石田西光寺の分流の栃川西光寺が、織田信長勢の進攻による天正三年の越前一向一揆崩壊に際して美濃国徳山村に潜伏し、慶長五年（一六〇〇）頃に、現在地の旧根尾村水鳥の空堂に移ったという。(75)西光寺には、蓮如筆と見てよい絹本墨書草書体六字名号一幅、紙本墨書草書体六字名号二幅、実如筆と見てよい紙本墨書真書体十字名号一幅が所蔵されており、(76)これらの名号から、越前在住時代に本願寺教団傘下となったことが窺える。願養寺については次節で述べる。根尾に手次の門徒をもつ前述の外部の本願寺教団系の寺院は、根尾谷の入り口に所在する円勝寺を除いて、いずれも美濃平野部に位置する寺院である。これらの寺院の根尾の末道場・門徒は、初期真宗段階以来の歴史をもつものではなく、戦国期から江戸時代初期に進出・展開したものと見られる。さほど真宗勢力が展開していなかった地へと進出していったものであろう。

誠照寺門末の場合も、現在も続く春秋二季の「美濃廻国」の創始者で、誠照寺の「中興上人」とされる秀誠（一六九一年没）の時代に根尾・徳山の門徒の把握が確立するのであろう。根尾・徳山の誠照寺門末も、東海地方から北陸地方への初期真宗門流の展開以来の歴史をもつものではなく、戦国期以降、江戸時代前期にかけて、越前から浸透したものと判断できる。根尾・徳山の道場や門徒の内仏には、秀誠裏書の方便法身尊像、秀誠筆の名号が多く伝えられている。この秀誠の時代に、本願寺教団を範とする本山下付物の制度が整い、誠照寺とその門末は教団としての体制を確立したと見ることができる。この誠照寺における門流から教団への変遷は、高僧連坐影像の時代から定型的な本山下付物の時代へと、依用される絵画の変遷でもあった。

四　高僧連坐影像二点

この節では、専海・円善・如道の法系を描く二点の高僧連坐影像を紹介する。ともに真宗誠照寺派に属する鯖江市願生寺と岐阜市願養寺に所蔵されるものである。願生寺蔵のものは善導と源空から道性までの八人を描き、願養寺蔵のものは善導と源空から如覚までの九人を描く。願生寺蔵のものは一九九九年の鯖江ｃｃｉ美術館における「真宗誠照寺派の寺宝展」に出陳され、同展の図録に写真が掲載された(77)。願養寺蔵のものは願養寺の元来の所在地である岐阜県旧本巣郡根尾村の『根尾村史』の願養寺の項に「九高僧相承連座御影」として記載されているが(78)、写真は掲載されておらず、詳細は紹介されていない。

1　願生寺（誠照寺派）蔵　福井県鯖江市本町　二〇〇七年八月一日調査

紙本著色で、料紙は一〇二・八×三五・二センチメートルとなっている。画面の地を群青色とし、画面上部から下部へ、善導・源空・親鸞・真仏・専海・円善・如導・導性を描き、善導は中央最上部に、源空から導性までは、画面向かって左から右へと千鳥式に配置されている。讃銘などは見られない。善導・源空・親鸞・専海の面部には白色の補彩が見られるが、ほかには後補の部分はなく、制作当初の姿をよく伝えている。札銘の部分は群青色を塗らず、紙の地色に朱界線を施し、像主名を墨書する。札銘の部分にも、面部と同様の白色の補彩が見られる。各像主の札銘は「□和尚」「源空上人」「親鸞上人」「真佛法師」「専海法師」「圓善法師」「如導聖人」「導性聖人」となっている。善導の札銘は意図的に抹消されたようにも見え、失われた部分は三文字分程度なので、この札銘は善導和尚ではなく、他に例はないが、あるいは光明寺和尚と記されていた可能性もあろうか。

善導は色衣を着し、法被をかけた曲彔風の椅子に座し合掌する。口から湧出する三体の化仏が向かって右に描かれるが、善導の口と化仏を結ぶ線は判然とはしない。源空は鈍色の衣を着し、黒色の袈裟を掛け、高麗縁の上畳を載せる三狭間と見られる礼盤に座し、両手で念珠をさぐる。親鸞も鈍色の衣を着し、黒色の袈裟を掛け、高麗縁の上畳を載せる三狭間と見られる礼盤に座し、両手で念珠をさぐる。通規の親鸞影像に見られるように首に帽子を捲く。真仏は鈍色の衣を着し、黒色の袈裟を掛け、高麗縁の上畳に座し、両手で念珠をさぐる。専海も鈍色の衣を着し、黒色の袈裟を掛け、高麗縁の上畳に座し、両手で念珠をさぐるが、他の像主と異なり、襟元が赤く着色されている。円善・如導・導性は鈍色の衣を着し、黒色の袈裟を掛け、高麗縁の上畳に座し、両手で念珠をさぐる。全体に人物像や座具が生硬ではあるが、崩れた感じや、土俗的な印象を与えるものではなく、専門絵師の作になる整った高僧連坐影像とすることができよう。

各札銘の尊称が、善導は「和尚」、源空と親鸞は「上人」、真仏・専海・円善は「法師」、如導と導性は「聖人」となっている。この系統の高僧連坐影像では、善導は「禅師」とされる場合もあるが、多くは本例と同じく「和尚」となっている。日本の高僧の源空と親鸞は「上人」ないし「聖人」とされ、真仏・専海・円善の三名は「法師」、如道以降の人物は「上人」「聖人」とされている。この願生寺所蔵のものも同様の尊称を付しており、初期真宗門流で祖師とされた源空・親鸞と、越前三門徒諸派の祖師たちとされた如道・道性とが同じく「上人」「聖人」とされているということなのであろうか。また、如導・導性の札銘が「如導」「導徃」となっているが、**表2**の8の中野専称寺蔵のものも同一の表記となっている。また、「導徃」の「徃」は往ではなく性の異体字と見るべきも

図2　願生寺蔵高僧連坐影像

のであろう。

　裏書や軸裏の銘など、この高僧連坐影像の制作時期を窺わせる文字史料は見られない。本例は十四世紀の人物である道性までを描くものであるが、像様や描法などから見て、道性に近い時期まで遡るものではない。しかし、札銘などに共通性の見られる**表2**の7・8の専称寺蔵のものと比較すると、整った像様などから、かなり人物像などが崩れた絵相となっている7・8には先行する時期のものとすることができる。紙本の事例であり、絹本の事例が多くを占める高僧連坐影像の編年の中に位置づけるのは難しいが、次に紹介する願養寺蔵のものとも比較すると、やや願養寺蔵のものに遅れる近世前期のものと見ることができようか。近世に至っても、このような日本の高僧としては鎌倉期・南北朝期の人物のみが描かれた高僧連坐影像が、なお制作されていたことは注目すべき点である。前節で述べた三門徒諸派における門流から教団への変遷の時期を考察する材料となるものである。

　この高僧連坐影像を所蔵する願生寺は、誠照寺の境内に所在し、法林寺・真覚寺・本正寺・霊泉寺とともに寺内五箇寺とされ、誠照寺の連枝格の寺院であった隣接する西福寺・南光寺を含めて山内七箇寺とされる誠照寺教団の中核に位置してきた寺院である。寺伝によれば、開基源栄は美濃の人で、如覚の門弟となり、誠照寺の前身とされる「車の道場」の堂守となったが、江戸時代初期に、道場を誠照寺門前へ移し、寛文五年（一六六五）に弘願寺との寺号を得て、現在地に寺基を構えたという。[79]その後、天和三年（一六八三）に願生寺と改号した。元禄十年（一六九七）の「当本山古地図」では現在地に願生寺が描かれている。

　なお、願生寺には、この高僧連坐影像以外に、近世初期の誠照寺下付方便法身尊像かと思われる絹本著色阿弥陀如来絵像一点、初期真宗絵画史料と判断できる絹本著色阿弥陀如来絵像一点、現在、願生寺の内仏として安置されている、やはり初期真宗絵画史料と判断できる絹本著色阿弥陀如来絵像一点の、計三点の阿弥陀如来絵像などが所

蔵されている。(80)

2　願養寺（誠照寺派）蔵　岐阜県岐阜市長森本町　二〇〇七年八月二十一日調査

絹本著色で、料絹は九八・五×三八・四センチメートルとなっている。画面の地を茶色とし、画面上部から下部へ、善導・源空・親鸞・真仏・専海・円善・如導・導性・如覚を描き、善導は中央最上部に、源空から如覚までは、画面向かって左から右へと千鳥式に配置されているが、左右の人物はほとんど段差がなく、同じ高さに描かれている。讃銘などは見られない。後補の部分はなく、制作当初の姿をよく伝えている。札銘の部分は白色とし、朱界線

図3　願養寺蔵高僧連坐影像

を施し、像主名を墨書する。各像主の札銘は「善導和尚」「源空上人」「親鸞上人」「真佛法師」「専海法師」「圓善法師」「如導聖人」「導性上人」「如覚上人」となっている。如導のみが「聖人」とされているのは珍しい。

善導は色衣を着し、法被をかけた曲彔風の椅子に座し合掌する。口から湧出する三体の化仏が向かって右に描かれる。源空は鈍色の衣を着し、同色の袈裟を掛け、三狭間と見られる礼盤に座し、両手で念珠をさぐる。親鸞も鈍色の衣を着し、同色の袈裟を掛け、三狭間と見られる礼盤に座し、両手で念珠をさぐる。通規の親鸞影像に見られるように首に帽子を捲く。真仏は鈍色の衣を着し、同色の袈裟を掛け、高麗縁の上畳に座し、両手で念珠をさぐる。専海も鈍色の衣を着し、同色の袈裟を掛け、高麗縁の上畳に座し、両手で念珠をさぐるが、他の像主と異なり、襟元が赤く着色されている。円善・如導は鈍色の衣を着し、同色の袈裟を掛け、高麗縁の上畳に座し、両手で念珠をさぐる。導性と如覚は鈍色の衣を着し、同色の袈裟を掛け、三狭間の礼盤に座し、両手で念珠をさぐる。どの像主の持つ念珠も左右半分ずつが白黒となっているのは珍しい。礼盤の表現などが生硬ではあるが、全体に整った専門絵師の作になる高僧連坐影像とすることができよう。

この高僧連坐影像には「越前國今南西之郡／鯖江庄上野山誠照寺／門下／濃州越浪村願養寺内／案置／寛永十七□庚辰秀山上人(花押)」と、寛永十七年（一六四〇）の誠照寺秀山（一六六三年没）の裏書が貼付されている。[81] この裏書の年紀を制作年代と見て問題なかろう。願養寺には、この高僧連坐影像と一対となるインド中国高僧連坐影像が所蔵されている。これは下部に、蓮台に結跏趺坐する勢至・龍樹・天親のインドの三菩薩、その上部に上から、椅子に座す法照・小康・懐感・善導・導綽・曇鸞・慈愍の中国の七人の高僧を、それぞれ正面向きに描くもので[82]、初期真宗門流で依用され、光明本尊の向かって左の部分にも描かれるものである。[83] 現在、このインド中国高僧連坐影像には「越前國今南西郡鯖江庄／上野山誠照寺門下濃州越波村／空源内案置／□形／明暦二年丙申六月十八日秀山上人（花押）」という、同じく秀山の明暦二年（一六五六）の裏書が貼付されているが、[84] 裏書にわずかに「□形」の文言が見え、これは本来、方便法身尊像の裏書であり、この高僧連坐影像のものではない。これとは別に「越前□國今南西□／鯖江庄上野山誠照□／門下濃州越浪村願養□／空善内安置／寛永十七年庚辰秀山上人（花押）」との裏書が単独で伝えられており、[85] こちらの裏書が本来はインド中国高僧連坐影像に付随するものと判断できる。また、二点の高僧連坐影像の札銘は同じ筆跡となっている。

この二点の寛永十七年の裏書をもつ高僧連坐影像は、きわめて興味深い問題を提示している。本願寺教団では、初期真宗門流で制作・伝持された様々な形式の高僧連坐影像は採用されず、実如期に現行の聖徳太子影像と三国七高僧連坐影像（龍樹・天親・善導・導綽・曇鸞・源信・源空を描く）との二幅が教団下付物として制定される。[86] やがて本願寺教団だけでなく、真宗の他の教団、他派でも本願寺教団が制定した聖徳太子影像と三国七高僧連坐影像と同内容の絵画が教団下付物として採用されるようになり、これは誠照寺派でも同様である。しかし、この願養寺蔵の二点のように、江戸時代初期の時点で、独自のスタイルの本山下付物が制作・下付されていることは注目すべき点である。現在のところ、他に確実な例が知られていないので、この二幅のセットは試験的なものとも判断できよう。セットとして見た場合には、両幅に善導が重複して描かれるという問題もあるが、[87] 三河から越前へと展開していった集団が重視してきた専海・円善の法系を継承し、そしてその法系を描く伝統的な高僧連坐影像を本山下付物に採用することに大きな意義を感じていたのであろう。この二点の高僧連坐影像は、誠照寺における門流から教団への模索を示す絵画史料とすることができる。

願養寺は寺伝では、根尾越波（浪）の地での古代以来の由緒を伝えるが、真宗寺院としての成立は、平泉寺玄成院の僧了善が入寺した後、誠照寺の如覚に帰依したことに始まるという。[88] 根尾谷の他の真宗寺院である専念寺、西光寺がいずれも越前国からの移転の寺伝をもつのに対して、当初から根尾にあり続けたという。しかし、平泉寺や誠照寺の如覚との関係をいうように、東海地方から北陸地方への真宗の展開の中での成立ではなく、越前からの浸透により成立した真宗寺院と判断することができる。なお、願養寺は戦後の過疎化で門徒の転出が相次ぎ、一九五九年の伊勢湾台風や、豪雪などの被害を受け、一九六九年に岐阜市に別院を建立し、一九七七年には現在地に清徳会館を建立した。宗教法人としての所在地は従前通り本巣市根尾越波であるが、宗教活動は岐阜市の清徳会館を拠点として実施されており、伝来の法物も清徳会館に保管されている。

おわりに

専海・円善の法系を描く高僧連坐影像二点の紹介によせて、三河から北陸地方へと展開していった専海系三河門流について、東海地方と北陸地方との経路である美濃国郡上郡と越前国大野郡の状況を確認し、三河門流のうちでも大町如道の流れを汲む集団の分流、教団形成について言及した。

本願寺教団や高田教団に組み込まれることなく独自の教団を形成した越前三門徒諸派は、専海・円善から連なる法系を重視し、江戸時代前期に至るまで、この法系を描く高僧連坐影像を制作し続けていた。これは三河三箇寺や妙源寺などの三河の専海・円善の流れを汲む寺院とは異なるあり方であった。中世の掛幅絵伝の有無も含めて、同じく専海系三河門流の流れを汲む集団でも、三河の寺院と越前三門徒諸派では、歴史の中で大きな差異が生じたということになる。この差異は、三河の寺院が三河での源海系荒木門流との接触、本願寺教団や高田教団の傘下となったこと、本願寺の東西分派などの影響によって、その時々に変貌していっただけでなく、三門徒諸派の越前での特化という面もあろう。願養寺蔵の二幅の高僧連坐影像に聖徳太子の影像が含まれていないことが象徴的であるが、三河門流も含めて初期真宗一般で広く信仰された聖徳太子に関わる遺品がきわめて少ないのが三門徒諸派の特色のように思われる。このことは三門徒諸派の特化の一例となる。

本稿では、北陸地方における三門徒諸派以外の専海系三河門流の流れを汲む集団については、あまり触れることができなかった。また、三門徒諸派の中でも誠照寺派以外のものについては言及していない。これらの点や、今回取り上げた専海・円善の法系を描く高僧連坐影像全体の図像論的な考察は他日を期したい。

註

（1）本稿では、専海（専信）を祖とし、三河国をはじめ東海地方から北陸地方へと展開していった初期真宗門流を専海系三河門流と表現する。他の門流も同様に、源海系荒木門流のように、その門流の祖の名を冠した○○系□□門流と表現する。脊古真哉「荒木満福寺考——満福寺歴代の復元と源海系荒木門流の拡散——」（『寺院史研究』一一、二〇〇七年）参照。

（2）信仰の造形的表現研究委員会編『真宗重宝聚英』第三巻・第四巻・第六巻・第七巻（同朋舎出版、一九八八年）。

（3）小山正文「真宗絵伝の一遺例——満性寺蔵聖徳太子絵伝と本宗寺蔵親鸞絵伝——」（小山氏『親鸞と真宗絵伝』法藏館、二〇〇〇年）。

（4）東京都美術館・大阪市立美術館・名古屋市博物館・NHK・NHKプロモーション編『聖徳太子展』（NHK・NHKプロモーション、二〇〇一年）一九八頁に写真が掲載されている。

（5）註（2）前掲、『真宗重宝聚英』第六巻一一三〜一一九頁に写真が掲載されている。

（6）勝鬘寺蔵。織田顕信・小島惠昭・青木馨・田代俊孝「資料篇」（「共同研究——三河勝鬘寺資料の研究——」、『同朋学園佛教文化研究所紀要』四、一九八二年）。

（7）脊古真哉「『三河念仏相承日記』の史料論的検討」（『同朋大学佛教文化研究所紀要』二五、二〇〇六年）。
（8）飯田市宮ノ上太子堂旧蔵。二〇〇一年二月二十七日調査。織田顕行「宮ノ上太子堂旧蔵の聖徳太子絵伝について――復原的考察を交えて――」（『飯田市美術博物館研究紀要』一二、二〇〇二年）、脊古真哉「飯田の寂円と和田の信寂――三河と南信濃に展開した源海系荒木門流――」（『同朋佛教』四二、二〇〇六年）参照。
（9）註（2）前掲、『真宗重宝聚英』第三巻・第四巻・第六巻・第七巻。
（10）註（7）前掲、脊古「『三河念仏相承日記』の史料論的検討」、註（8）前掲、脊古「飯田の寂円と和田の信寂」。
（11）註（8）前掲、脊古「飯田の寂円と和田の信寂」。
（12）藤島達朗「専信坊専海について」（『大谷学報』四一―四、一九六二年）。
（13）小山正文「三河念仏相承日記の一考察」（『日本歴史』三九一、一九八〇年）。なお、藤島氏・小山氏の論考では、武生市誠福寺の事例が挙げられているが、現在、旧武生市（越前市）に「誠福寺」なる寺院は見当らない。
（14）信仰の造形的表現研究委員会編『真宗重宝聚英』第二巻（同朋舎出版、一九八七年）五頁などに写真が掲載されている。なお、この高僧連坐影像は三幅に分かれた光明本尊として扱われることが多いが、高僧連坐影像として取り扱うのが適切であろう。早島有毅「九字名号を中尊とした三幅一舗の本尊の成立意義――岡崎市妙源寺蔵本を中心素材として――」（『藤女子大学紀要』四一第Ⅰ部、二〇〇七年）参照。
（15）信仰の造形的表現研究委員会編『真宗重宝聚英』第八巻（同朋舎出版、一九八八年）五七頁に写真が掲載されている。
（16）豊田市郷土資料館編『新・豊田の文化財展』（豊田市教育委員会、二〇〇六年）一一頁などに写真が掲載されている。
（17）一九九七年二月十八日調査。註（15）前掲、『真宗重宝聚英』第八巻二〇頁。
（18）註（15）前掲、『真宗重宝聚英』第八巻一一七頁。
（19）註（15）前掲、『真宗重宝聚英』第八巻一一六頁に写真が掲載されている。
（20）註（15）前掲、『真宗重宝聚英』第八巻一七頁に写真が掲載されている。
（21）一九九六年十月二日調査。註（15）前掲、『真宗重宝聚英』第八巻一五頁に写真が掲載されている。

(22)愛知県知立市の称念寺（大谷派）の寺伝では道性を開基とするという。また、近世には道性の木像を安置していたという（『大谷本願寺通記』『大谷遺跡録』）。新行紀一「顕密仏教と真宗のおこり」（新編岡崎市史編集委員会編『新編岡崎市史』2中世、新編岡崎市史編さん委員会、一九八九年）。

(23)龍谷大学仏教文化研究所編『存覺上人一期記　存覺上人袖日記』龍谷大学善本叢書3（同朋舎出版、一九八二年）。

(24)二〇〇三年三月四日調査。八坂善敬寺史調査研究会編『史料に見る近江八坂善敬寺』（善敬寺、二〇〇三年）一三頁などに写真が掲載されている。また、同書所収の山田雅教氏執筆の解説参照。

(25)脊古真哉「戦国期の八坂善敬寺――近江国における源海系荒木門流の展開の一例――」（脊古『本願寺教団の展開と絵画史料』法藏館、予定）。

(26)註(15)前掲、『真宗重宝聚英』第八巻一一八頁、福井市立郷土博物館編『極楽――北陸の浄土教美術――』（福井市立郷土博物館、二〇〇五年）九〇・九一頁などに写真が掲載されている。

(27)『福井県の地名』日本歴史地名大系第一八巻（平凡社、一九八一年）四六七頁など。

(28)註(22)前掲、新行氏「顕密仏教と真宗のおこり」参照。

(29)仏光寺教団系の光薗院本・光照寺本・明照寺本『交名牒』では、顕智の門弟に「如道」の名が記されているが、この「如道」は大町如道とは別人としておく。

(30)白鳥町教育委員会編『白鳥町史』通史編（白鳥町、一九七六年）。

(31)桜井寺、財賀寺については、岡崎市美術博物館編『額田――その歴史と文化――』（岡崎市美術博物館、二〇〇六年）一一頁に関係史料の写真が掲載されている。二諦坊については、高橋教雄『美濃馬場における白山信仰』（八幡町教育委員会、二〇〇〇年）参照。

(32)下出積與『白山の歴史』（北國新聞社、一九九九年）など。

(33)白山神社史編纂委員会編『白山神社史』（白山神社、一九九二年）など。

(34)二〇〇一年十一月十七日調査。脊古真哉「郡上安養寺の成立と展開――初期真宗門流から本願寺教団への一例――」（水野柳太郎編『日本古代の史料と制度』岩田書院、二〇〇四年）参照。

(35) 二〇〇六年十一月二十五日調査。大野・勝山地区広域行政事務組合編『図録・奥越の文化財』（自刊、一九八四年）三頁に写真が掲載されている。

(36) 野村栄一「真宗関係の仏画について」（福井県教育委員会編『穴馬の民俗』福井県教育委員会、一九六六年）に写真が掲載されている。

(37) 大野市史編さん委員会編『大野市史』図録文化財編（大野市役所、一九八七年）七頁に写真が掲載されている。

(38) 註(37)前掲、『大野市史』図録文化財編一四六頁に写真が掲載されている。

(39) 白川善俊門徒・照蓮寺門徒の展開については、三本昌之「戦国期飛騨真宗の動向――照蓮寺再興と親鸞影像の移徒の意味について――」（浄土真宗教学研究所・本願寺史料研究所編『講座蓮如』第六巻、平凡社、一九九八年）参照。

(40) 岐阜県高山市玄興寺現蔵の明応三年（一四九四）の例、裏書文言は「方便法身尊形／大谷本願寺釋実如(花押)／明應三年甲寅六月十四日／飛驒國白川善俊門徒／越前國大野郡石堂代／願主釋道従」となっている。二〇〇〇年五月十日調査。郡上市石徹白威徳寺蔵の明応五年・永正十五年の例、裏書文言は、それぞれ「方便法身尊像／大谷本願寺釋実如(花押)／明應五年丙辰七月十八日／飛州白川照蓮寺門徒／越前國大野郡石堂代／願主釋道幸」「方便法身尊像／大谷本願寺釋実如(花押)／永正十五年戊寅二月九日／照蓮寺門徒越前國／大野郡小山庄石徹白／願主釋□祐」となっている。二〇〇六年九月二十一日調査。石徹白円周寺蔵の明応五年七月十八日の例。三本昌之氏調査資料。

(41) 小葉田淳監修『和泉村史』（和泉村、一九七七年）。

(42) 註(34)前掲、脊古「郡上安養寺の成立と展開」。

(43) 二〇〇六年九月二十一日調査。千葉乗隆「白山麓石徹白の宗教」（千葉氏『中部山村社会の真宗』吉川弘文館、一九七一年）、石徹白忠『石徹白の歴史と民俗』（自刊、一九九九年）参照。

(44) 二〇〇三年五月三十一日調査。註(34)前掲、脊古「郡上安養寺の成立と展開」参照。

(45) 重松明久「真宗習俗と真宗史」（註(36)前掲、『穴馬の民俗』）。

(46) 二〇〇六年十一月二十四日調査。裏書文言は「方便法身尊像／大谷本願寺釋実如(花押)／明應七年戊午後十月十八□／野津俣長勝寺門徒／越前國大野郡穴馬一野／願主釋法善」となっている。

（47）註（37）前掲、『大野市史』図録文化財編の一二頁におもての絵像の写真、三六頁に裏書釈文が掲載されているが、あまり正確な釈文とは見受けられず、他日の実見調査を期したい。

（48）勝山市法勝寺蔵。千葉乗隆「越前の穴馬同行」（註（43）前掲、『中部山村社会の真宗』）、註（41）前掲、『和泉村史』など。

（49）註（37）前掲、『大野市史』図録文化財編の一四七頁におもての方便法身尊号の写真、一五九頁に裏書釈文が掲載されているが、あまり正確な釈文とは見受けられず、他日の実見調査を期したい。

（50）註（48）前掲、千葉氏「越前の穴馬同行」。

（51）小泉義博「田野最勝寺の成立と発展」（小泉氏『越前一向衆の研究』法藏館、一九九九年）。

（52）小泉義博「穴馬八ヶ衆と野津俣長勝寺」（註（51）前掲、小泉氏『越前一向衆の研究』）なお、註（37）前掲の雲乗寺蔵の文亀二年の方便法身尊像裏書には「野津俣門徒」とあるというが、この釈文が正確なものならば、このような寺号の記載されない裏書は、退転中など、何らかの故障のある際に見られるものである。脊古真哉「蓮如・順如期の方便法身尊像裏書」（同朋大学仏教文化研究所編『蓮如方便法身尊像の研究』、法藏館、二〇〇三年）参照。また、旧和泉村川合道場に所蔵されている永正十五年の方便法身尊像裏書は「□便法身尊像／釈実如（花押）／永正十五年戊寅八月／廿九日書之／願主□」となっている。当時のものとしては、きわめて異例の裏書であるが、手次が記載されていないのは、長勝寺の退転と関係があるのであろう。二〇〇六年九月二十二日調査。

（53）堅田修編『真宗史料集成』第二巻（同朋舎、一九七七年）。

（54）安城市歴史博物館編『聖徳太子の造形——真宗の聖徳太子像——』（安城市歴史博物館、一九九三年）。

（55）しかし、和田本覚寺には、円善を開基とする由緒書も存在する。註（22）前掲、新行氏「顕密仏教と真宗のおこり」。

（56）二〇〇〇年九月二日調査。裏書は第一行目の署判、二行目の下付年月日の部分の料紙を失っているが、裏書文言は実如裏書の筆跡で「□便法身尊像／□勝侶寺門徒／加州江沼郡菅□郷大畠／願主釋善□」となっている。

（57）小泉義博「越前における真宗の発展」（註（51）前掲、『越前一向衆の研究』）、金龍静・松原信之「念仏系諸派の活動」（『福井県史』通史編2中世、一九九四年）。なお、従来から知られていた『三河念仏相承日記』の上宮寺本では「佐塚ノ専性」に割り書きで「越前オホノ専光寺」と注記されているが、近年確認された菅生東泉寺（岡崎市・高田派）所蔵本では、この注記が「イマエチセンオホノ、センソ也」となっている。平松令三「新発見の古写本『三河念仏相承日記』」（『教學院紀要』一五、二〇〇七年）、同朋大学仏教文化研究所編『仏教文化研究の軌跡』（同朋大学仏教文化研究所、二〇〇七年）一七・一八頁に東泉寺本の写真が掲載されている。

(58) 註(23)前掲、龍谷大学仏教文化研究所編『存覚上人一期記　存覚上人袖日記』。

(59) 註(23)前掲、龍谷大学仏教文化研究所編『存覚上人一期記　存覚上人袖日記』。

(60) 岡崎市美術博物館編『蓮如・ルター・民衆』（岡崎市美術博物館、一九九八年）三八頁に、おもての影像と裏書の写真が掲載されている。裏書文言は「大谷本願寺親鸞聖人御影／釋実如（花押）／永正十五年戊寅五月廿八日書之／三川國碧海郡碧海庄／長瀬願照寺常住物也／願主釋正了」となっている。舳越町を含む近辺はかつて「長瀬七ヶ村」と呼ばれていた。

(61) 註(23)前掲、龍谷大学仏教文化研究所編『存覚上人一期記　存覚上人袖日記』。

(62) 註(23)前掲、龍谷大学仏教文化研究所編『存覚上人一期記　存覚上人袖日記』。

(63) 平松令三編『真宗史料集成』第四巻（同朋舎、一九八二年）。

(64) 註(23)前掲、龍谷大学仏教文化研究所編『存覚上人一期記　存覚上人袖日記』。

(65) 註(23)前掲、龍谷大学仏教文化研究所編『存覚上人一期記　存覚上人袖日記』。

(66) 註(63)前掲、『真宗史料集成』第四巻。

(67) 井上鋭夫『一向一揆の研究』（吉川弘文館、一九六八年）。

(68) 註(53)前掲、『真宗史料集成』第二巻。

(69) 註(63)前掲、『真宗史料集成』第四巻。

(70) 根尾村編『根尾村史』（根尾村、一九八〇年）五七三〜五七五頁。

(71) 千葉乗隆「奥美濃徳山の真宗と社会」（註(43)前掲、『中部山村社会の真宗』）、註(70)前掲、『根尾村史』、徳山村史編集委員会編『徳山村史』（徳山村役場、一九七三年）。なお、旧根尾村・徳山村の真宗寺院・道場・門徒などの状況については、本巣市根尾東板屋専念寺住職北野龍雄氏に多くご教示いただいた。

(72)註(71)前掲、千葉氏「奥美濃徳山の真宗と社会」。
(73)註(70)前掲、『根尾村史』。
(74)註(70)前掲、『根尾村史』。
(75)註(70)前掲、『根尾村史』。
(76)二〇〇七年三月九日調査。
(77)香曽我部秀幸編『真宗誠照寺派の寺宝展図録』(鯖江ｃｃｉ美術館、一九九九年)二六頁。
(78)註(70)前掲、『根尾村史』五七三～五七五頁。
(79)願生寺蔵「車道場系図」。長田智拙「願生寺の由緒について」(註(77)前掲、『真宗誠照寺派の寺宝展図録』)。
(80)本文に記した順に法量を示しておくと、七一・一×三一・五センチメートル(註(77)前掲、『真宗誠照寺派の寺宝展図録』一八頁に写真が掲載されている)、八三・五×三三・六センチメートル(註(77)前掲、『真宗誠照寺派の寺宝展図録』一九頁に写真が掲載されている)、八〇・五×三六・二センチメートルとなっている。
(81)料紙は二七・〇×三一・一センチメートルとなっている。本願寺下付物の蓮如以降の定型的な裏書とは書式が異なるので、右から左に記載された通りに示した。次の二点の裏書も同様である。
(82)絹本著色で、料絹は九八・八×三八・三センチメートルで、札銘は上部から「法照禅師」「懐感禅師」「小康法師」「導綽禅師」「善導禅師」「慈愍三蔵」「曇鸞和尚」「大勢至菩薩」「龍樹菩薩」「天親菩薩」となっている。註(70)前掲、『根尾村史』口絵に写真が掲載されている。また、福井県坂井郡三国町の宝幢寺(高田派)にも同様のインド中国高僧連坐影像が所蔵されている。元来は福井市大森町の善福寺(誠照寺派)からの移入品という。三国町文化財保護委員会編『三国町の宗教美術』(三国町教育委員会、一九九〇年)一四二～一四五頁に写真が掲載されている。
(83)註(15)前掲、『真宗重宝聚英』第八巻、註(14)前掲『真宗重宝聚英』第二巻。
(84)料紙は三八・四×二一・三センチメートルとなっている。なお「空源」は明暦二年当時の願養寺の住持である。
(85)料紙は三七・〇×二四・〇センチメートルとなっている。なお「空善」は寛永十七年当時の願養寺の住持である。
(86)脊古真哉「浄土真宗における聖徳太子信仰の展開」(大山誠一編『聖徳太子の真実』平凡社、二〇〇三年)。

（87）　ほかに、この形式の高僧連坐影像が他の絵画と一対となる事例としては、表2の6の善敬寺の例がある。善敬寺蔵のものは、侍臣六人を伴う聖徳太子影像と一対となっている。この場合には、二幅セットでの矛盾は起こらない。

（88）　註（70）前掲、『根尾村史』。

付記　願生寺住職長田智真氏、願養寺住職清徳来照氏には史料調査に際してお世話になり、写真掲載についてご高配を賜った。あつくお礼申し上げます。

蓮如墨書名号の意義

青木　馨

はじめに

蓮如から授けられた墨書名号は、どのような場所に安置され、どのようにして用いられたのかという素朴な疑問が本稿の問題点の中心である。ただ、筆者も共同研究の一員として参画した『蓮如名号の研究』[1]において、蒲池勢至氏がこの問題にある程度答えている。蓮如の言行録などから、その様相はほぼ推定されるのであるが、現存する蓮如下付の金泥光明十字名号や方便法身尊像（以後「絵像本尊」とする）に並行して、蓮如は多種多様の墨書名号を大量に授与している。[2]それらが単に道場や在家に安置され礼拝されたという視点を超えて、本稿では、多様性の中に、今一度幅広い門徒の受容の様相と、教義的背景をも検討してゆきたい。

蓮如名号については、その筆法や筆癖から蓮如筆・実如筆などの客観的特徴を見出し、ほぼ分類できるようになり、不完全ながら一定の見通しがつけられたように思われる。ただ、蓮如筆名号と見られるものにさらに細かく注視する時、多様な筆法だけでなく、讃銘の有無や、六字名号のように文字遣いの相違など、様々の形態が見られるが、これらの差異や多様性はまた、門徒教化においていかなる意義を有するのであろうか。

また授与される側にとって、墨書名号は、従来言われるような絵像本尊化する前段階の道場本尊として機能したたのであろうか。それとともに、「本尊」の意義についても考え直す必要があろう。とりわけ六字名号の形態は多様であり、教義的側面にも照らしつつ、六字名号を中心とする蓮如墨書名号の意義について考察を進めることにしたい。

一　蓮如名号の種々相

蓮如の墨書名号が、いつ頃から門末に授与されるようになったかは明瞭ではないが、昭和六十二年に焼失した岡崎市上宮寺旧蔵の墨書十字名号（上下讃銘あり・蓮台なし）には、寛正二年（一四六一）九月二日の裏書が付されており、これが初見のものとされる。ただこれは表裏別装であったため、蓮如門弟の重鎮である三河佐々木上宮寺如光に下付されたことについては、金泥光明十字名号でない簡易な墨書名号では不釣合であるとの見方が従来支配的で、疑問視される向きもあった。その裏書は次のようである。

　　　　　大谷本願寺釈蓮如（花押）
　　　寛正二歳辛□九月二日
方便法身尊号　参河国志貴庄佐々木
　　　　上宮寺安置本尊也
　　　　　　　願主釈如光

この時期の他の名号本尊裏書にも「本尊也」を明記するものがあり、[3]これは「安置本尊也」とやや丁寧ではあるが通例の範囲と考えられる。ただ裏書の法量を計測した記録が見出せず遺憾であるが、写真を見ても縦が他のもの

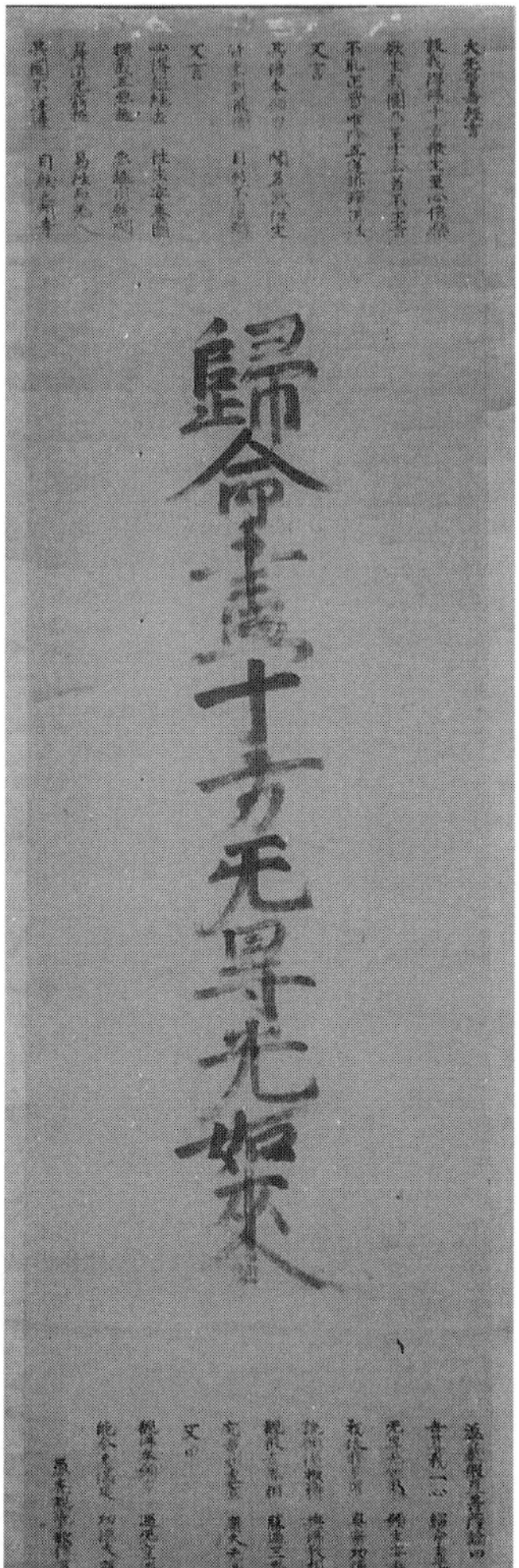
図1−1　楷書十字名号
（岡崎市上宮寺旧蔵）

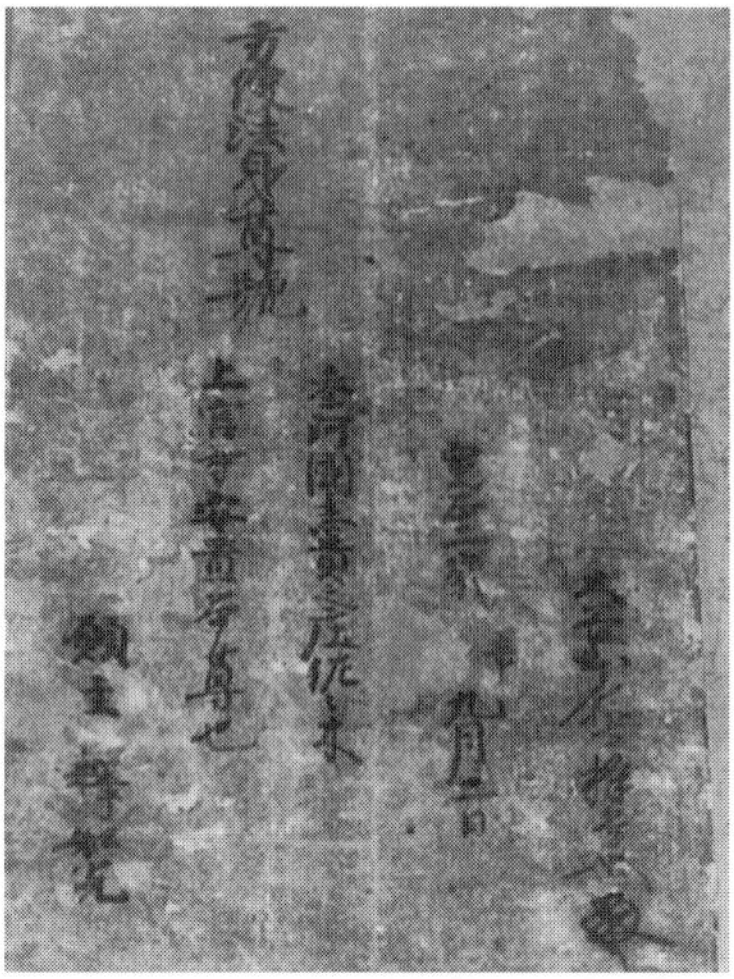
図1−2　同裏書

よりかなり短く、字配りもつまっている。これは表の軸幅に対応するものと考えられ、寺伝のように紙本墨書十字名号の裏書として矛盾しない。したがって本尊として機能したことになる。

さらにこれと同一のものが福井県本覚寺にも伝わるが、これは裏書は付さないが蓮台を描く。裏書のある上宮寺本には余白のみで蓮台がなく、名号を受けた側が描き加えたようで、蓮如期の墨書名号の蓮台の有無はあまり意識されていなかったとも考えられる。またこの二点は、蓮如前半期の金泥光明十字名号本尊と上下讃銘まで同一であり、さらにこれは親鸞が高田門徒に授与した黄地・紺地両十字名号ともほぼ同一で、これらが踏襲されたものである。

これ以外の墨書十字名号で讃銘が記された墨書名号としては、今のところ他に知られていないようである。したがって上宮寺蔵十字名号は、裏書を付し讃銘を加えた、たいへん丁寧に作られたものということになる。このように十字名号については、基本的には楷書で、くずし字のものは見られない。

また墨書九字名号についても、管見では楷書以外のくずし字のものを知らない。讃銘についても記されたものは存しないようであり、この点、特徴的である。そして、これにも裏書を付したものが一点知られる。蓮如八男蓮芸十四歳の時に下付されたもののようであり、裏書には「八十三歳（花押）明応六年蕤賓下旬　願主釈蓮芸」とある。(4)通例の裏書とは異なり、親族のために認められたことが窺われるものである。

金泥光明九字名号もただ一点、裏書を付すものが奈良県下市町願行寺に伝わる。裏書には「不可思議光　満□□□　明応三年甲寅十一月八日書之　摂州住吉郡堺北庄山口信證院為常住物」とある。(5)充所が示すように、もともと自己の隠居所として設立された場所に下付されたもので、蓮芸に下された墨書名号とともに、やはり特異なものといえる。蓮如下付の金泥光明九字名号自体も他に例がなく特殊なものである。

次に墨書六字名号については、楷書体とくずし字（以下草書体とする）の二態のものが多数伝来する。それぞれに書体の相違も見られ、それについては後に詳述するが、楷書のものには讃銘のあるものとないものが存する。讃銘のあるものの大半は上讃のみで、多くは善導の『観経玄義分』の、いわゆる六字釈の「言南無者　即是帰命　亦是発願回向之義　言阿弥陀仏者　即是其行　以斯義故　必得往生」の一文である。

ところで岡崎市慈光寺蔵の楷書六字名号は、上下に讃銘を記すたいへん丁寧なもので、他例を知らない。ただ蓮台もなく裏書も付されていない。(6)

上讃は、「唐朝光明寺善導和尚言　言摂生増上縁者如无量寿経　四十八願中説仏言若我成仏　十方衆生願生我国称我名号　下至十声乗我願力若不生者　不取正覚此即是願往生行人　命欲終時願力摂得往生故名　摂生増上縁」の『観念法門』の一文に加え、六字釈の一文が続く。

下讃は、「言護念増上縁者乃至但有　専念阿弥陀仏衆生彼仏　心光常照是人摂護不捨　揔不論照摂余雑業行者　此亦是現生護念増上縁」「首楞厳院源信和尚言　我亦在彼摂取之中煩悩　鄣眼雖不能見大悲无倦　常照我身」の『観念法門』の一文と『往生要集』の一文に続いて、「宝幢院黒谷源空聖人言　当知生死之家以疑為所　止涅槃之城以信為能入」の『選択本願念仏集』の一文を記す。

これらはすでに『蓮如名号の研究』において松平龍哉氏が考察されており、参照されたいが、[7] 現存の上下讃付の墨書名号三点のうちの二本が、奇しくも三河国に伝来しており、如光所縁の十字名号との関連もあるいは想定しうるであろう。

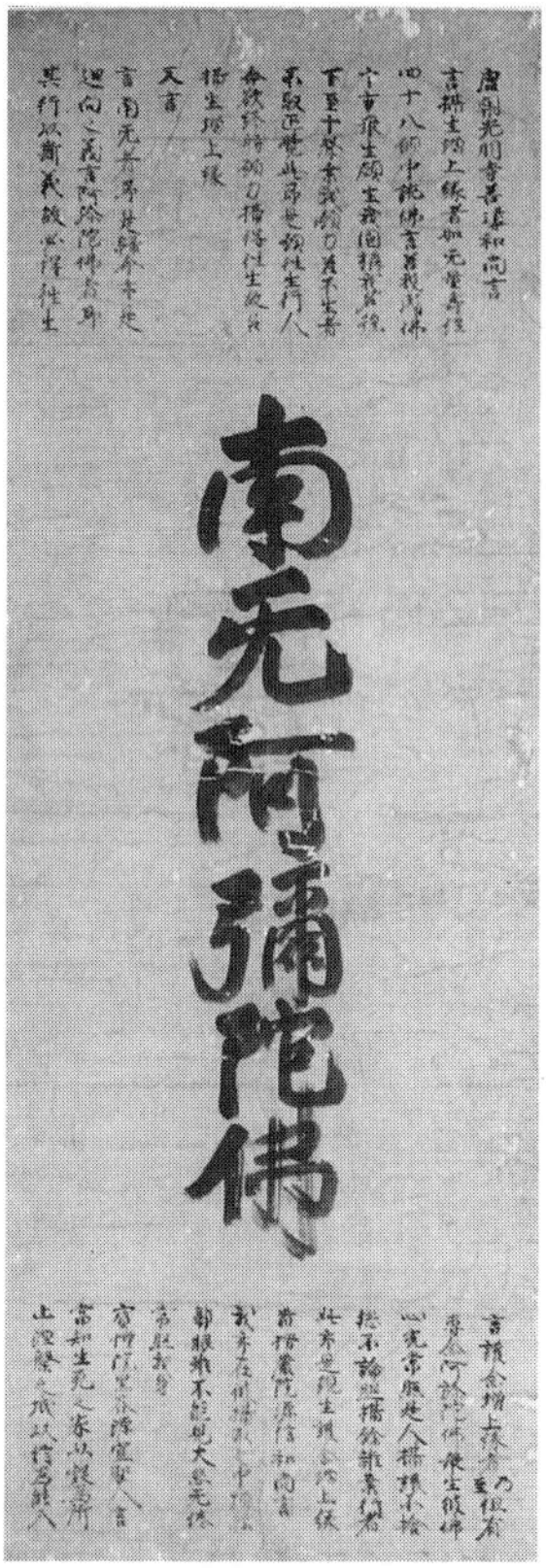

図2　楷書六字名号
（岡崎市慈光寺蔵）

また、裏書を付す墨書六字名号も二点知られており、いずれも三河国に伝来する。一つは安城市本證寺蔵の小型楷書のもので、表右下に「釈蓮如（花押）　五十四歳」と記され、裏は「釈蓮如　応仁二年戊子五月廿日　願主釈光存」と判読できる。[8] 裏書だけでなく、表にも署名・花押を認めるという、他に例を見ない形態のものである。一般にこうし

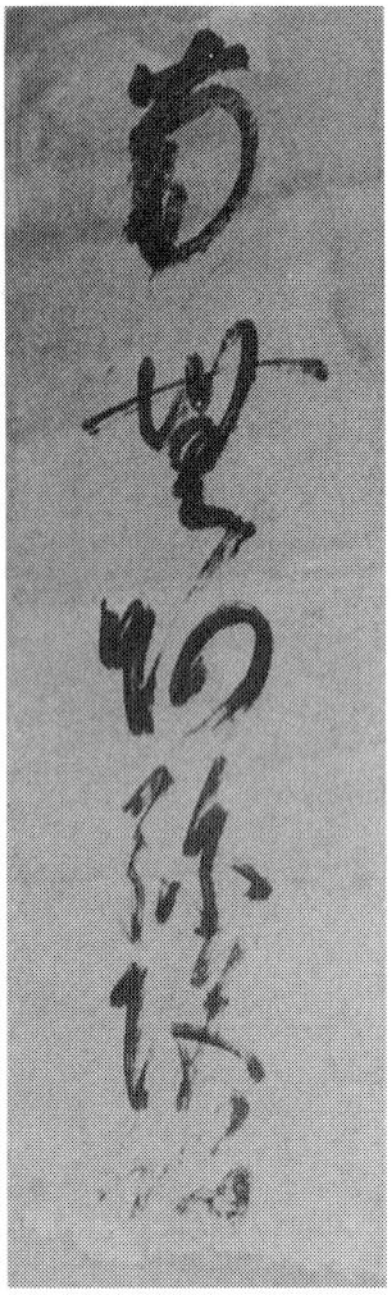

図3－1　草書六字名号
（碧南市応仁寺旧蔵）

図3－2　同裏書

た小型の特異なものは、近世に寺伝作成のために偽作される場合が一般的だが、本品は表の署名花押に加えて、やや不鮮明な裏書にもこの時期の蓮如の筆法の特徴が見られ、現在では真筆と判断されている。

今一点も本證寺に程近い碧南市応仁寺旧蔵の大型の草書体のものである。この裏書は「釈蓮如（花押）応仁二年戊子五月廿日　願主釈恵□（薫）」とあり、(9)首題等もなく、本證寺本と体裁が同じであるとともに日付も同日であり、裏書の筆蹟も応仁寺本は明らかに蓮如の筆であり、この点からも本證寺本の裏書を裏付けることができる。ただ表の名号部分の筆致は多数存在するAタイプのものに比べ稚拙である。したがってこのタイプのものをC-3タイプとした。

他方、金泥光明六字名号については、明確に裏書の付されたものは今のところ管見に入っていない。ただ『第八祖御物語空善聞書』に次の一文が見られる。「十九日　野村殿ノ御目ニ入申候トコロニ、野村殿ノ仰ニ、ヲレニノソム所ノ泥仏（筆）ノ六字ノ名号御ウラカキメサレクタシタマハリ、頂戴申テ候キ」とあり、明応六年（一四九七）十月

表1　蓮如名号の種類

金泥　十字	上讃・下讃・蓮台	絹本	裏書「方便方身尊号」	
△金泥　九字	上讃・下讃・蓮台	絹本	裏書「不可思議光」	（願行寺蔵１点）
△金泥　六字	上讃・下讃・蓮台	絹本	（空善聞書）	（伝来なし）
△墨書　楷十字	上讃・下讃　―	紙本	裏書「方便法身尊号」	（上宮寺旧蔵１点）
△墨書　楷十字	上讃・下讃・蓮台	紙本	―	（本覚寺蔵１点）
墨書　楷十字	―　―　―	紙本	―	
△墨書　楷九字	―　―　―	紙本	裏書	（盛泉寺旧蔵１点）
墨書　楷九字	―　―　―	紙本	―	
△墨書　楷六字	―　―　―	紙本	裏書・小型・表に署名	（本證寺蔵１点）
△墨書　楷六字	上讃・下讃　―	紙本	―	（慈光寺蔵１点）
墨書　楷六字	上讃　―　―	紙本	―	
墨書　楷六字	―　―　―	紙本	―	
△墨書　草六字	―　―　―	紙本	裏書	（応仁寺旧蔵１点）
墨書　草六字	―　―　―	紙本	―	詠歌添１点例外

※墨書の中に一部例外的に絹本あり。

十四日御寿像御免になり、十八日に富田殿にて大上様《（蓮如）》が裏書をされたことに続く文で、野村殿＝実如も自分が望む「泥仏《（筆）》ノ六字」、すなわち金泥六字名号に裏書をしていただいた、ということである。少なくとも私的には、蓮如は晩年に金泥光明六字名号に裏書をして下付したようである。

しかしながら、蓮如の手によって門徒に下された名号は、寛正六年（一四六五）の大谷破却までは金泥光明十字名号に裏書が認められ、絹本で技術者により制作されたものである。大谷破却以後は、ほぼ全面的に裏書を記さない紙本の墨書名号に切り替えられるが、とくに草書六字名号がその大半を占めると見られる[10]。その意味では、墨書名号の本格的授与以前の上宮寺如光充十字や、上宮寺門徒恵薫充の草書六字・本證寺光存充小型楷書六字などの様式は後に全く見られず、いわば試作的名号と位置付けることもできよう。それらを三河の門末に下した背景は不明ながら、注目されるべきであろう。

こうした様々の蓮如名号を一覧したものが**表1**である。特殊な事例のものも表に加えたため、より多様性を帯びるように見えるが、数の上では△印以外のものが大多数であることは上来述べた通りである。そのうちでも圧倒的多数が紙本墨書六字名号であり、増加する門徒に便速に応需したことは容易に想像できるが、あらためて蓮如の六字名号の依用について、蓮如の名号観全般に注目しつつ、次にまず楷書六字名号を検討してみたい。

二　楷書六字名号

楷書六字名号については、善導の六字釈（言南無者　即是帰命　亦是廻向之義　言阿弥陀仏者　即是其行　以斯義故必得往生）を四行程度にして上讃として記したものと、記してないものが存する。また、ごく一部例外的に別の讃銘を記すものも見られる。

そして、十字や九字と同様に「无」が用いられており、次節に見る草書六字に用いられる「無」と使い分けられていることが知られる。

筆法を見ると、南や彌などに相違が見られる。すなわち南の中を「午」と書くもの（これをⒶとする）と、「𢆉」と書くもの（これをⒷとする）。さらに彌については、旁の爾のタテ棒がⒶのものは通っており、Ⓑのものは通らず分離していることが共通している。この共通性はさらに陀と佛についても見られる。すなわち、佛の旁の弗の右棒が陀の旁の它の下部に交わるか接するものが、Ⓐの大半に見られる。他方、弗の右棒が它に接していないものがⒷの大半である（図4）。

讃銘の有無にかかわらず、こうした差異の共通性が楷書六字名号にはほぼ例外なく見られる。この点については『蓮如名号の研究』にはふれることができなかったので、ここであらためて増補しておきたい。すなわち、〝タイプあ(A)〃が南を「南」と書くもの、〃タイプあ(B)〃が南を「南」と書くものとしておきたい。

こうした視点より、あらためて『蓮如名号の研究』に収載される楷書六字名号〃タイプあ〃に注目してみると、(A)に属するものは、

和歌山県**大光寺**蔵（571）・福井県**本伝寺**蔵（147）・西本願寺蔵（505・506）・金沢市**瑞泉寺**蔵（92）・愛知県本證寺蔵（247）・大分県**明蓮寺**蔵（604）・金沢市**本泉寺**蔵（104）・石川県光徳寺蔵（133）・愛知県了泉寺蔵（264）・石川県長圓寺蔵（121）

(B)八尾市慈願寺蔵　(A)金沢市本泉寺蔵

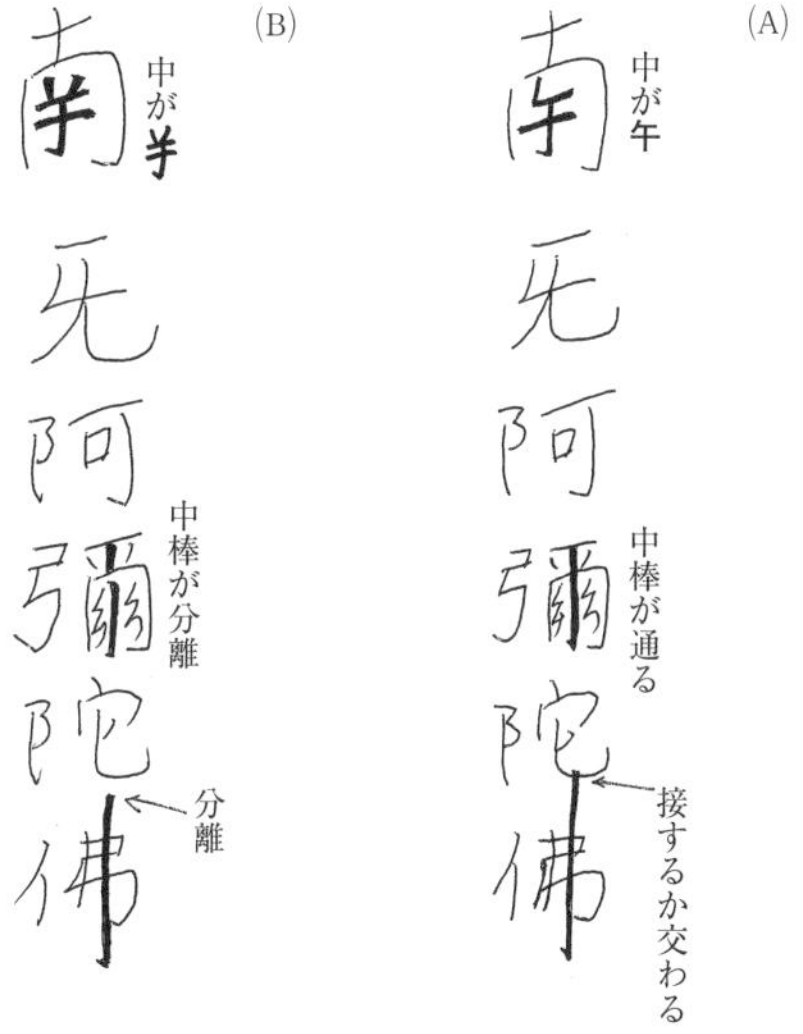

図４　楷書六字名号

(B)に属するものは、

愛知県**安福寺蔵**（328）・滋賀県法蔵寺蔵（477）・福井市興宗寺蔵（158）・大阪府慈願寺蔵（531）である。これらのうち太字のものは讃銘付のものである。実如筆〝タイプい〟（実如筆楷書十字名号）以下のものではこうした相違は見られず、讃銘付のものも今のところ知られていない。

いずれにしても、楷書六字名号において蓮如は明らかに筆法を変化させており、これは運筆筆勢上の差異ではなく意識的に変化させたものと見られる。それは三カ所の部分的相違に規則性が認められることによるが、これがどういう意図によるものであるかは、今のところ明瞭にし得ない。

一般的にこうしたことは時間的差異とする場合が多いが、先の本證寺蔵小型裏書名号は(A)の形態であり、蓮如没直後の明応八年（一四九九）四月二十八日、実如が「蓮如上人御筆」として釈智専に裏書したもの（彦根市法蔵寺蔵）は(B)の形態である。[11]したがってこの二点のみの事例では、たしかに(A)が初期で(B)が後期ということになるが、運筆上からだけでは速断できず、この点についてはさらなる検討を要するであろう。ちなみに、九字名号については管見の範囲では、「南」がわずかに一点金沢市本泉寺蔵[12]のものに見られるのみで、他に目立った相違点は見出せない。

三　草書六字名号

蓮如の草書六字名号の代表は、先にも例示した応仁寺旧蔵の応仁二年の裏書を認めたものである。楷書でもなく讃もないくずし字名号に裏書を記すという、以後にも見られない試作的な名号を、上宮寺如光直属道場に下したことになる。これは、如光自身へも、前後に例を見ない墨書讃銘付の裏書を認めた十字名号を本尊として下付されていることとも、明らかに呼応すると考えられる。

応仁寺（西畠道場）の場合、長享三年（一四八九）四月七日に方便法身尊形が蓮如により下付されていることから、この墨書六字名号が二十年程度の間は本尊であった可能性が高い。ただ以後の大量の草書六字名号には裏書を付すことなく、草書体という極めて簡略化された形において、はたして、これらも絵像本尊以前の本尊として機能したと単純に見てよいのだろうか。

若干の試作的名号を例外とする墨書名号の大半は、大谷破却とその後の流浪期を経た在吉崎期に本格的に授与されだしたと考えられるが、ここにおいて名号の有する本尊的性格は微妙に変様したと予測しておきたい。

まず裏書が略されたことは、それが「常住」ではないことを示しており、特定の場に安置されることなく、移動する可能性も含まれていたとも見られる。そして、草書六字名号には八つ切程度の小型のものも少なからず存在するが、これは、ほとんど小型のものが見られない楷書名号とは対照的である。それは、明らかに道場的な寄合施設でない、より個人的な居宅空間安置の要望に応需したものと考えられる。

ところでこれらの名号が、個人的な住居空間においてどのような形で安置（奉懸）されたのであろうか。いまだ仏壇的なものを想定するにはあまりにも時代が早いが、十八世紀後半に使用された三河国加茂郡塩沢村の妙好人七三郎所持の仏壇が現存する。[13] 小型の極めて粗末な箱状のもので、仏壇未成熟段階の名号や絵像本尊安置を考える場合、仮にこうした形態のものが十五世紀まで遡ると見ても、それほど不自然ではないと思われる。しかし、蓮如の段階で個人（在家）のレベルで集団共有の道場本尊の縮小を考えるのは無理があろう。

また草書六字名号の最も大きな特徴は「無」を用いることである。くずしは「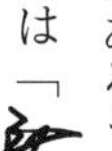」と「」の二態あり、

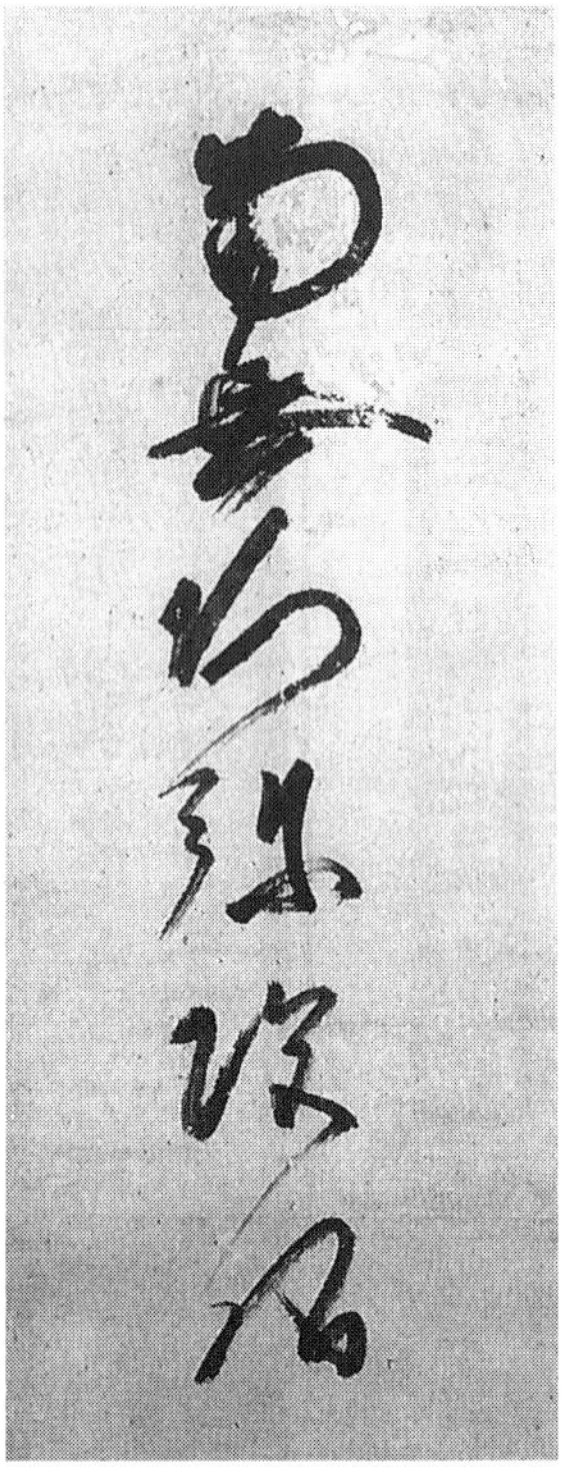

図5　草書六字名号
（碧南市蓮成寺蔵）

『蓮如名号の研究』では前者をA、後者をC–2・3を中心とするタイプにまとめている。そして楷書に用いる「无」のくずしは、いっさい用いられていない。『第八祖御物語空善聞書』には「一、言ク、南無ノ無《无》ノ字ハ聖人ノ御流ノ儀ニカキリテアソハシケリ」(14)とある。転写により无が無になってしまっているが、明らかに親鸞流は「无」を用いるとされる。蓮如は楷書名号ではそれを忠実に実践しているが、草書において無を用いることは、これが形態的に略式であるという意味を超えて他流（宗）との区別が不分明になり、信仰的混乱の危惧も想定され、大きな問題と見るべきであろう。

もともと草書六字名号には多様の筆法があり、「無」に加えて「陀」も「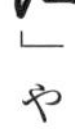」や「」など、このほかの微妙な差異も含めてそこには規則性はなく、楷書六字の差異とは明らかに異なる。それらは概して運筆上の変化と考えられる。

そして今一つの特徴は、草書六字には讃銘を付すものは管見では一点も見出せないことである。ただ一点のみではあるが、大阪市願泉寺には「弘誓強縁多生難値　真実浄信憶劫叵獲　遇獲信心遠慶宿縁」の『教行信証』の総序の一節と、「七十地に年《カ》はひとつもあまれとも　いつをかきりの世にハすまゝし（花押）」の詠歌を添えるものが存する(15)。草書六字名号の基準作としてよく知られたものであるが、極めて親密な相手に下された、例外的な特殊な名号と考えられる。

すなわち草書六字名号は、裏書はもちろんのこと讃銘も略され、草書体であるだけに運筆も速く、楷書十字上下讃付名号以下、同上讃付六字名号や同無讃名号に比べ、さらに簡略化が進んだ名号であると見てよい。かつ最も多数存在しており、大きさも大小様々でもある。

元来、真宗においては六字名号を用いることは稀で、初期真宗においても、光明本尊は八字または九字が中心名号であるものが大半で、六字は十字とともに脇名号である。そしてこの場合も、楷書であるが「無」が用いられている。光明本尊の多くは中心の九字・八字名号が「无」でありながら、六字名号が「無」であることは注目すべきである。おそらく時宗の影響を少なからず受けたものであろう。

また蓮如に先立つ時宗の一遍・呑海の名号や南北朝期の浄土宗鎮西派の聖冏や聖聰、あるいは蓮如と同時期の天台真盛宗真盛や高田派真慧の墨書六字名号について、宮崎圓遵博士や小島惠昭氏も注目・紹介される(16)。こうしたものと比較する時、これらの大半に署名があるのに対し、蓮如の場合はもちろんそうしたものはない。ただ「無」字を用いることは共通しており、この点、むしろ他宗のものと共通しつつ、「本願寺」「蓮如」の名号であることは表徴されていないと見ることもできる。これによって、「無碍光衆」の由来ともなった十字名号とは比較にならないほど社会的摩擦を回避し緩和するとともに、全国的に普及することが、より容易となったことは想定してよいであろう。

もともと御文の普及は、実如写本の流布により本格化したと考えざるを得ず、この点、応仁二年（一四六八）の裏書六字名号以後、おそらく在吉崎期の門徒集合の中から本格化したとすれば、この墨書六字名号こそ、門徒に対する蓮如の直接的教化手段として有効に機能したと考えられる。

蓮如が数多くの名号を書いたことは、蓮如の言行録にも散見され周知のことであるが、現実に数多く伝来することが何よりもそれを証明している。具体的な数字については、例えば『本福寺跡書』に「無碍光ノ御本尊、ウツホ字ハカリ本福寺門徒ニ、明応五年ノ日記二十九幅《クフク》オハシマス也、墨字ノ御真筆二百幅モコソハオハスラン[17]」とあるものが注目される。蓮如最晩年において、蓮如と最も密接な関係をもった堅田本福寺門徒の名号本尊・墨字名号の数字が示されており、興味深い。本福寺門徒に金泥光明名号本尊二十九幅、墨字名号二百幅という数字は、全国的にも最も密度の濃い存在数として参考にすべきであろうが、小幅の在家空間用のものが多く含まれた数字と考えられる。

　そして、「無」字に象徴される本願寺独自とはいえない草書六字名号の普及は、同時に浄土系他流の通俗的六字名号との混同を避けるため、これに呼応して御文に六字釈が説かれることになる。もともと御文は、蓮如が下した名号本尊の教学的裏付けを周知する役割を担ったようである。御文の初出といわれる寛正二年（一四六一）三月のいわゆる「筆始めの御文」は、「一心ニウタカヒナクタノムコ、ロノ一念ヲコルトキ、スミヤカニ弥陀如来光明ヲハナチテ、ソノヒトヲ摂取シタマフナリ[18]」の文に象徴されるように、初期御文は、この頃下付されていた金泥光明十字名号の功徳を説いた解説書的性格をもつもの、と指摘されている[19]。

　一方、文明五年（一四七三）十二月になると「六字釈」が御文の中に見られるようになる。同時に、他宗他門・諸神諸仏誹謗の制止を語る文脈の中に、「ミナコレ南无阿弥陀仏ノ六字ノウチニコモレルナリ」という類の文言も目立つようになる。このことは、蓮如が吉崎において本格的に六字名号を授与し、これをもとに教化を開始したことを示すと考えられるが、門徒の他流・諸神諸仏誹謗がその背景となっていたことは想像に難くない。

　ちなみに、この直前までは「宗名」「浄土真宗」にかかわる文言の多いことに気づく。一向宗と自他ともに認識されていたものを、あくまで親鸞の流儀は「浄土真宗」であるとする。ここにも、対社会的な空気を意識しつつ教化がなされたことが知られる。

いずれにしても従来の一向宗的六字名号認識に対して、「タ、声ニイタシテ南无阿弥陀仏トトナフルハカリニテハ、仏ニハナルヘカラス[20]」、「南阿弥陀仏トハカリトナフレハ、ミナタスカルヘキヤウニオモヘリ、ソレハオホキニオホツカナキコトナリ[21]」と、これまでに見ない言辞で非難する。口称のみにとどまらない信心の念仏において、救済の論拠を六字釈に求めつつ、御文に大きく反映させる。

例えば文明六年霜月二十五日御文では、

善導ノイハク、南无トイフハ、帰命マタコレ発願廻向ノ義ナリ。阿弥陀仏トイフハ、スナハチソノ行トイヘリ。南无トイフ二字ノコヽロハ、モロ〳〵ノ雑行ヲステヽ、ウタカヒナク一心一向ニ阿弥陀仏ヲタノミタテマツルコヽロナリ。サテ、阿弥陀仏トイフ四ノ字ノコヽロハ、一心ニ弥陀ヲ帰命スル衆生ヲ、ヤウモナクタスケタマヘルイハレカ、スナハチ阿弥陀仏ノ四ノ字ノコヽロナリ[22]。

と、六字釈を援用するものも散見されるようになる。

さらに信心の念仏という点については、例えば文明七年二月二十三日御文では、「南无阿弥陀仏ノ六字ノイハレヲヨクコヽロヱワケタルヲモテ信心決定ノ体トス[23]」と、六字の「イハレ」を心得ることが信心であるとする。そして、「南无ノ二字ハ衆生ノ阿弥陀仏ヲ信スル機」、「阿弥陀仏トイフ四字ノイハレハ弥陀如来ノ衆生ヲタスケタマヘル法」、このゆえに機法一体の南无阿弥陀仏とする。そして「コノウヘニハヒタスラ弥陀如来ノ御恩ノフカキコトヲノミオモヒタテマツリテ、ツネニ報謝ノ念仏ヲマウスヘキモノナリ」と、口称における念仏は報謝の念仏であるとする。

このように蓮如は、吉崎滞在期に、六字釈を中心に六字名号の功徳やその心得について、かなり木目細かく御文に表現するようになる。これらは十字名号の光明を核とする教説とは趣を異にしており、墨書六字名号授与に応じた教化の姿勢を看取することができる。

四　六字名号の教学的・思想的背景

さてそれでは、親鸞においては、いったい如何なる種類の名号を口称していたのであろうか。もともと真宗では、親鸞以来、諸門流において六字名号を単独に掛け依用した事例がきわめて少ないことは、先にもふれた通りである。親鸞自筆のものでは康元元年（一二五六）十月二十五日と二十八日に書かれた上下讃銘付紙本墨書名号四本のうち一本が六字名号であるが、これら自体がもともと特殊なものであったと考えられる。加えて絹本の名号も高田専修寺に現存する黄地十字、紺地十字名号の二本で、これもまた特殊といえよう。

こうして見ると、親鸞の場合、極めて大切に伝持されてきたはずであろうから、失われた数もそれほど多いとは考えられないことより、親鸞の手になる名号は、長い在世においても、門徒にほとんど授与されなかったと考えて大過ないであろう。

また阿弥陀如来絵像も、親鸞期にまで遡り得るものは現存していないと言ってよい[24]。この点に関して、阿弥陀絵像と御影がどのような形で礼拝の対象となっていたかを、近時、山田雅教氏が考察される[25]。

氏は、法然の『四十八巻伝』や『拾遺古徳伝』（覚如撰）、親鸞の『親鸞伝絵』（同）の場面を中心に考察され、主に臨終の場面や一般住居での念仏勤行の場面に阿弥陀如来絵像が掛けられており、説法の場面には掛けられていないことを指摘される。したがって、蓮如の下付した本尊（金泥名号・阿弥陀絵像）の裏書に、あえて「常住物也」

や「本尊也」と記す事例が見られるのも、これは常置を示すものとして理解すべきで、逆に阿弥陀絵像は、一般に念仏道場に常に掛けられていたものではなかったことを窺わせるものとする。

こうしたことを考慮するならば、親鸞やその周辺では名号を称えることと、そこに礼拝すべき絵像や名号が掲げられていることと、必ずしも一体・連動するものではないことが想定される。さらに言えば、眼前に掲げられる名号と口称する名号の種類とが一致することにもならない、と考えられる。すなわち、親鸞以降初期真宗においては、先にも指摘したように、八字ないし九字（南无不可思議光仏・南无不可思議光如来）、あるいは十字（帰命尽十方無碍光如来）の二通りの名号が名号本尊としての主流であり、六字（南无阿弥陀仏）は蓮如の墨書名号に至るまで、ほとんど傍流としてしか依用されなかった。しかしながら、親鸞やその周囲において、やはり口称の中心は六字名号であった、と考えるのが自然であろう。

親鸞は、消息等においても「念仏」とは言っても、それがどんな種類の念仏かはあまり明示していないが、『末灯鈔』に慶信との次のような問答が見られる。(26) 慶信は、「念仏申候人々の中に南无阿弥陀仏と、となへ候ひまには、无碍光如来と、なへまいらせ候人も候。これをき、てある人の申候なる、南无阿弥陀仏と、なへてのうへに、くゐみやう尽十方无碍光如来と、なへまいらせ候ことは、おそれある事にてこそあれ、いまめがわしくと申候なる」と六字名号の称名のあい間に十字名号を称えることを問う。これに対し、親鸞は、六字名号の上に十字名号を称えることが「「あしき事なり」と候なるこそ、きわまれる御ひがごとときこえ候へ」と否定している。これを見ても、門弟の口称は六字名号が中心であったことが窺えるであろう。

この点を親鸞の主著たる『教行信証』行巻に求めるならば、次の一文が注目されよう。

爾者名ヲ称スルニ、能ク衆生の一切ノ無明ヲ破シ、能ク衆生ノ一切ノ志願ヲ満テタテマフ。称名ハ則是最勝真妙ノ正業ナリ。正業則是念仏ナリ。念仏ハ則是南无阿弥陀仏ナリ。南无阿弥陀仏ハ即是正念ナリト、知可シト。[27]

そして、晩年に制作された和讃においても、例えば「現世利益和讃」は、繰り返し「南无阿弥陀仏をとなふれば」として讃ずるが、これも「行巻」に「又云、問日、阿弥陀仏ヲ称念シ礼観シテ、現世ニ何ナル功徳利益カ有ルヤ。答日、若シ阿弥陀仏ヲ称スルコト一声スルニ、即能ク八十憶劫ノ生死ノ重罪ヲ除滅ス。礼念已下モ亦是ノ如シ」[28]とあり、以下『観無量寿経』などを根拠として、南無阿弥陀仏の称名において、永劫の生死の重罪除滅や諸菩薩の護持などの現世の功徳を得るとする。

さらに『正像末和讃』においても「南无阿弥陀仏の廻向の　恩徳広大不思議にて　往相廻向の利益には　還相廻向に廻入せり」と六字名号それ自体に往還二廻向の大慈大悲を見ており、「弥陀大悲の誓願を　ふかく信ぜんひとはみな　ねてもさめてもへだてなく　南无阿弥陀仏をとなふべし」[29]と、六字名号の称名は弥陀の誓願に対する恩徳の報謝であるとし、いわゆる「恩徳讃」へと続く。

このように親鸞においても念仏の中心は六字名号であり、法然の『選択本願念仏集』の冒頭の「南無阿弥陀仏往生之業　念仏為本」の文に決定づけられ、貫かれていることを、あらためて確認しうるであろう。

したがって、親鸞や門弟たちは、念仏の「場」であっても、本尊は阿弥陀像ばかりでなく、聖徳太子像・善光寺如来像、名号なら十字や八字・九字名号の掲げられる場合も、六字名号を中心に口称したことになる。多くの場合、もともと六字名号が掲げられることはなく、場を限定することもなく「ねてもさめてもへだてなく」念仏申す日常性を考える時、弥陀の光明に摂取されるという不可視的な「教え」を根本的背景とする上において、礼拝対象もない生活空間での六字名号口称は、むしろ必然のあり方として理解すべきであろう。

五　結びにかえて

蓮如の墨書六字名号の採用と多様という点を視坐に、蓮如自身だけでなく親鸞にまで遡り、名号観とその実態について概観してみたが、あらためて蓮如の墨書六字名号の意義について考え、結びにかえたい。

まず蓮如は継職当初、金泥光明十字名号を本願寺流の道場「本尊」として自署・裏書して下付した。これは覚如以来の本願寺本尊たる十字名号の分与とも考えられる。ただ大谷破却によりこの絹本の美麗な名号の下付を中止する以前に、すでに全く同文の紙本墨書の十字名号も、本尊として一部に下付したことを確認した。

大谷破却の前後より、漸次、絵像本尊の下付は増加するものの(30)（順如下付の時期も含む）数量的にはわずかで、圧倒的多数の紙本墨書名号を授与することになる。裏書を付す一部の試作を経て、裏書を略した楷書十字・同九字・同六字と草書六字のうち、現存量からも六字名号が多数を占める。中でも草書の六字名号の量が圧倒的に多い。

六字名号は、初期真宗においては本尊としてほとんど用いられなかったことはすでに見たが、楷書六字の筆法の明確な変更に注目する時、絵像本尊における光明の変更(31)と相通ずる何らかの意義を見出すことができないであろうか。一見して蓮如本願寺流の独自の筆法を暗示するためであろうか、楷書六字にこうした点が考慮されているならば、それは、これが本尊としての蓮如の意志が反映されたものと考えられる。すなわち形状的にも、一部に善導の六字釈の一文を上讃としていることにもよるが、これも試作的な慈光寺蔵上下讃付楷書六字の簡略型と見ることができよう。

このように考える時、基本的に紙本墨書楷書名号も「本尊」としての位置付けが可能であるが、原則的に「常住」としての裏書がないことから、道場本尊というより移動可能な簡易本尊、あるいは道場未成熟段階の小集団の場合を想定しうるであろう。

そしてこの場合問題となるのは、楷書九字名号である。あくまで「本願寺流」を重視するならば、楷書であっても原則的には九字名号は本尊とはなりえず、やはり絵像や光明金泥名号本尊の脇掛と見るべきであろう。それは現存するものがおしなべて大型であり、讃銘の書かれたものが見られないことからも頷けよう。それはまた、やがて十字や楷書六字・草書六字も脇掛として用いられる場合が発生する可能性も含む。さらに実如や証如以降も大型楷書名号が多数伝来しており、こうした性格がさらに濃厚になっていったものと考えられる。

ではいったい、草書六字名号は如何なる性格のものなのであろうか。蓮如は兼縁に小名号を依頼されて、気軽に「信心ヲヤルソ〳〵」[32]と与えたとされるが、これがどこまで事実に沿ったものかは心許ないものの、場合によっては小集団よりさらに木目細かく、個人に対しても授与したものと考えられる。それは、礼拝的要素を含みつつも、いまだ祭祀としての在家本尊にまで昇華しておらず、個人的「信心」の醸成にこそ主眼がおかれたと考える方が事実に近いであろう。御文に繰り返し、南無阿弥陀仏の「いわれ」を知ることが信心であることを説くのも、こうした背景を想定すべきであろう。

拡大する門徒に対応することも含め、物理的事情もともない、くずし字の極めて簡略化された形態となり、いわば門徒のニーズに応じた大小のものが存在し、いわゆる「虎斑」と称する莫蓙目の見られるものも、草書六字名号にとくに目立ち、蓮如が気軽に応儒したとする伝承を裏付ける。

そして、御文に繰り返される「南无阿弥陀仏〳〵」の称名念仏の督励の文言と名号とが一体化し、ここに楷書六字も含め、表示（安置）と口称との一致が現実化したことになる。吉崎以降本格化する金色を中心とした絵像の本来的「本尊」は、視覚的に礼拝的要素の強いものであるが、簡略化された墨書草書六字名号は、それを補完するとともに、称名念仏と信心獲得の方便としての聖教的性格をも有したといえよう。

また蓮如は、名号だけでなく「御文」や「正信偈」文、「教行信証」等の聖教の要文なども軸仕立にして門徒に授与している。これらの位置付けも従来不明瞭であったが、草書六字名号の延長線上にこれらを見据えた時、本尊的色彩の軽薄化した草書六字名号と同置、あるいは冊子形態をとらない「聖教」の変形と見たならば、草書名号に準ずるものとして位置付けられる。これまた信心獲得の具として機能したと考えられる。そして、光明名号や絵像本尊に加えて、墨書名号も本尊である場合には、その脇掛ともなりえたことであろう。

以上、これらの点を集約してみると、次のようにまとめることができるであろう。

もともと蓮如において名号本尊は、絹本著色金泥光明十字名号（付裏書）であり、広範囲の門徒集団の中心道場の本尊であった。そしてその略式型が、全く同文の上下讃付の試作的色彩の強い紙本墨書楷書十字や、同上下讃付楷書六字名号である。さらに前者は讃銘が略され、後者は上讃（主に六字釈）のみを残す形が讃銘付の定型となり、上下とも略されたものとの二通りとなる。さらにこの楷書六字名号には二通りの筆法が存し、蓮如の意とする何らかの理由で変更されたことは事実であろうが、このことがこの名号の意義の深さを象徴すると見てよい。すなわち裏書を廃し、最も簡略化された形での本尊的意義を保持したと考えられる。

一方草書六字名号は、さらにこれを簡略化し草書体として裏書も讃銘もいっさい省略するが、これは楷書から草書へ、讃銘も略し、絹本から紙本へと、いわば名号簡略化の到達点ともいうべきものである。ただこれらは時間軸と連動したものではなく、楷書十字・同六字や草書六字は、それぞれ晩年まで並行して授与され続けたと考えられ、草書六字名号の、礼拝を中心とする本尊的機能から信心獲得の用としての質的転換を見るべきであろう。

本稿は、蓮如が門徒に大量に授与した墨書六字名号について、『蓮如名号の研究』ではふれることのできなかった、その意義と性格を中心に、概略的に考察した。名号それ自体の史料性は薄弱であるが、地域的な存在数の比較分析による蓮如・実如期の道場化の様相の検討に続き[33]、本稿では墨書名号自体の多様性を視点に、御文教化との連関などからも、その特徴に注目した。いまだ曖昧な点もあり多くの課題を残すが、大方のご教示を願うものである。

註

(1)『蓮如名号の研究』(同朋大学仏教文化研究所研究叢書I、法藏館、一九九八年)、蒲池勢至「名号の祭祀形態と機能――道場から寺院へ」(同書所収)。なお、本稿で用いている墨書名号のAタイプ、C-3タイプなどのタイプ分別は、『蓮如名号の研究』に依拠している。

(2) 本稿では、裏書が存する名号等の場合を「下付」、裏書の見られない名号等の場合を「授与」と用語の使い分けをしている。

(3) 蓮如が金泥光明十字名号を下付しはじめた当初、すなわち長禄二～四年(一四五八～六〇)の九点のうち七点に「本尊也」とあり、これ以後も数点見られる(註(1)前掲『蓮如名号の研究』八七頁～九六頁)。

(4) 註(1)前掲『蓮如名号の研究』一〇四頁、写真二四一、愛知県蟹江町盛泉寺旧蔵。

(5) 同前書、一〇〇頁、写真五五四。

(6) 同前書、口絵カラー図版、写真二六九。

(7) 松平龍哉「蓮如筆の名号と讃銘」(註(1)前掲『蓮如名号の研究』)。

(8) 註(1)前掲『蓮如名号の研究』一〇二頁、写真二四七。

(9) 同前書、一〇二頁、写真四二〇。

(10) 墨書名号にもごく一部には、絹本に書かれたものも見られる。

(11) 註(1)前掲『蓮如名号の研究』五二・一〇三頁、写真四七七。

(12) 同前書、五七頁、写真一〇八。
(13) 図録『真宗の道場から仏壇へ』(同朋大学仏教文化研究所、二〇〇六年)一九頁。
(14)『真宗史料集成』第二巻(同朋舎、一九七七年)四二九頁。
(15) 註(1)前掲『蓮如名号の研究』口絵カラー図版、写真五一四。
(16) 宮崎圓遵「真宗本尊論序説」(『真宗重宝聚英』第一巻「名号と本尊」、同朋舎出版、一九八八年)。小島惠昭「蓮如名号成立の歴史的背景」(註(1)前掲『蓮如名号の研究』)。
(17)『真宗史料集成』第二巻、六三四頁。
(18) 同前書、第二巻、一三八頁。
(19) 名畑崇「蓮如上人初期の教化」(講座『蓮如』第一巻、平凡社、一九九六年)。
(20) 文明六年二月十七日御文〈帖内二―六〉(『真宗史料集成』第二巻、一八八頁)。
(21) 文明六年八月十日御文(同前書、第二巻、二〇一頁。)
(22) 文明六年霜月二十五日御文〈帖内五―一一〉(同前書、第二巻、二〇六頁)。
(23) 文明七年二月二十三日御文〈帖内三―七〉(同前書、第二巻、二〇六頁)。
(24)『真宗重宝聚英』第三巻「阿弥陀仏絵像・阿弥陀仏木像・善光寺如来絵伝」(同朋舎出版、一九八八年)参照。
(25) 山田雅教「弥陀と御影――中世の専修念仏者の礼拝対象と祖師信仰――」(『高田学報』第九十五輯、二〇〇七年)。
(26)『真宗聖教全書』二、宗祖部、六七六頁。
(27) 同前書、八頁。この部分は適宜書き下しして表記した。
(28) 同前書、二〇頁。この部分は適宜書き下しして表記した。
(29) 同前書、五二二頁。この部分は振り仮名を略して表記した。
(30)『蓮如方便法身尊像の研究』(同朋大学仏教文化研究所研究叢書Ⅶ、法藏館、二〇〇三年)。
(31) 同前書、一七八頁。
(32)『蓮如上人一語記』(『真宗史料集成』第二巻、四四四頁)。

(33) 拙稿「蓮如・実如下付本尊・名号より見た三河教団の特質」(『実如判五帖御文の研究』研究篇下、同朋大学仏教文化研究所研究叢書Ⅳ、法藏館、二〇〇〇年)。

大谷本願寺第七世釋蓮如

吉田一彦

はじめに

蓮如（一四一五～九九）は、一般に本願寺の第八世（八代）だとされている。今、辞典類の蓮如の項目を見てみると、すべてが彼を本願寺の第八世だと説明している[1]し、蓮如に関する伝記や研究書を手にとっても、ほぼすべてが彼を本願寺の第八世だとしている[2]。近年の蓮如関連の展覧会の図録を見ても、彼を本願寺の第八世としている[3]。もとより浄土真宗の東西の本山も蓮如を本願寺の第八世だとしている[4]。

歴史教育はどうか。高等学校『日本史』教科書は、管見の限り、蓮如を本願寺の第何世かまで記すものはなかったが、代表的な副読本である『日本史B用語集』は「本願寺8世法主」と説明し、『詳説日本史史料集』も「本願寺第八世法主」と解説している[5]。蓮如を本願寺第八世とする見解は、今日、本山・宗門関係、歴史学・仏教学の研究書、一般書、歴史教育にわたってあまねく流通しており、通説となっている。

しかし、私見では、蓮如は本願寺の第七世とすべきである。蓮如の時代に下付された蓮如影像の裏書に大谷本願寺第七世、七代と記すものが各一点、銘に大谷本願寺第七世と記すものが一点、合計三点があるからである。蓮如は、彼の生きていた時代、自ら大谷本願寺第七世（七代）と称していた。その反対に蓮如を本願寺の第八世とする同時代史料はない。蓮如自身によるなら、彼は本願寺第七世であった。

裏書に大谷本願寺第七世（七代）と記された蓮如影像の存在は早くから知られており、すでに『真宗重宝聚英』におもての影像と裏書の釈文が掲げられ、早島有毅氏による解説で、裏書に七世と記されていることに注意が喚起されている。[6] また金龍静氏も、七世と記す史料が三点存在していることを指摘している。[7] さらに千葉乗隆氏は、近年の書物において旧説を訂正し、二点の裏書を重視して、蓮如は自らを第七代と思っていたと述べた。そして、「本願寺の第一代は覚如とし、第二代は従覚、以下は三代善如・四代綽如・五代巧如・六代存如を経て、第七代が蓮如」とするのが蓮如の認識であったと論じた。さらに現行の蓮如を第八代とする世代の数え方は、実如の晩年頃に定められたものと推定されるとした。[8] これは注目すべき見解である。また青木馨氏も、[9] 東本願寺旧蔵の伝綽如筆六字名号について論じ、その為書に「本願寺第三世住善如上人」と記されていることに注目した。そしてこれは「蓮如期以前の本願寺の世代の数え方と合致」するものだと論じている。[10]

私も、脊古真哉氏、小島惠昭氏と共同で行っていた調査の中で、蓮如を第七世（七代）とする史料に出会い、順如裏書の方便法身尊像について報告する論文において勝蓮寺蔵蓮如影像裏書の釈文を紹介して、この裏書を確実な史料と見てよいことを指摘した。[11] 次いで、蓮如裏書の方便法身尊像を紹介する論文において、蓮如は自らを本願寺第七世と認識しており、それは「覚如を初世とし、従覚、善如、綽如、巧如、存如、蓮如、と次第する数え方」であって、「蓮如が第七世、順如が第八世となる」ものだったと指摘した。そして、それを実如が変更し、従覚と順如を排除して、親鸞を初世、如信を第二世として加上し、蓮如を第八世、自身を第九世とする本願寺代々の考え方が成立したと論じた。[12] この問題については、その後、蓮如裏書・順如裏書の方便法身尊像を集成する著書でも触れたが、[13] いずれも簡単な論述にとどまり、いまだ全面的に論じるに至っていない。そこで、小論では、この問題を正面から論じることにしたい。

真宗史を考える上で絵画史料の研究は欠かせない。[14] 親鸞系諸門流は、要となる法物を掛軸にして各地の寺院・道場に安置した。それらは真宗史を考究する根本史料となるものであり、最重要の同時代史料と評価さるべきものである。それらには、また、裏書が記されることがあり、銘や讃が記されることもあった。それら絵画と一体になった文字史料も、われわれに多くの知見を与えてくれる。

真宗の絵画史料については、すでに先学による研究が進展しており、『真宗重宝聚英』のように史料集の形でその集成がなされつつある。[15] また展覧会図録等でも大きく写真が掲げられることがある。われわれはそうした作業に敬意を表さなくてはならない。ただ、私見では、すでに史料の紹介がなされている場合でも、要となるものについては、現地に足を運び、できるかぎり実見調査することが大切だと思う。実見調査によって得られる知見ははかりしれない。

小論で考える本願寺の代々の問題も、絵画史料を抜きにして議論することはできない。私は、幸い、関連する蓮如影像および本願寺代々銘のいくつかについて実見の機会を得た。小論では、その成果に立脚してそれらの史料的価値や評価についてまず述べ、その上で、それに基づいて蓮如が本願寺の第七世だったことを論じていきたい。さらに、本願寺代々の数え方は、いつ誰によって変更がなされたのか、またどのような考えで変更がなされたのかについても考察していくこととしたい。

一　七世、七代と記した史料

1　愛知県岡崎市勝蓮寺蔵蓮如影像

愛知県岡崎市矢作町の勝蓮寺には**図1**の蓮如影像（八七・五×三九・四センチメートル）と、**図2**の別幅の裏書（五一・二×二九・四センチメートル）が所蔵されている（一九九六年十月二日調査、一九九九年四月一日再調査・写真撮影）。すでに触れたように、この影像の写真は『真宗重宝聚英』に掲げられ、裏書の釈文も提示されている[16]。私は、幸いにも、二度にわたってこの影像を実見調査する機会に恵まれた。まず裏書の釈文を掲げよう。

> 本願寺釋蓮如（花押）
> 文明拾六歳甲辰六月廿［
> 参河國勝万寺門徒
> 大谷本願寺弟七世蓮如真影
> 同國矢作勝蓮寺
> 願主　釋善廣

裏書には、上段に法物の名称が「大谷本願寺弟七世蓮如真影」と記されている。ここの第六文字目には、はっきり「弟」と記されているが、これは「第」のつもりで記された文字なのだろう。「世」は「世」のように作る字体

図２　蓮如影像裏書（同）

図１　蓮如影像
（岡崎市矢作町勝蓮寺蔵）

で記されているが、これは「世」の異体と判断してよいと思う。「影」の文字はつくりを「久」に作る字体で記されている。

　下段には、第一行目に「本願寺釋蓮如（花押）」と署名・花押が記されている。花押は料紙の剝落によって一部分が失われているが、大部分は残存しており、そこから判断して、この時期の蓮如の花押としてまちがいなかろう。つづく第二行目には、「文明拾六歳甲辰六月廿「　」と下付年月日が記されている。「廿」より下部は残念ながら料紙が失われており、判読ができなくなっている。文明十六年（一四八四）の十は「拾」の文字で記されているが、これは同年の蓮如裏書にしばしば見られる書きぐせであり[17]（一部文明十八年にも）、文明十六年の下付物の裏書としてふさわしいものである。

第三行目と第四行目には、二行にわたって「参河國勝万寺門徒／同國矢作勝蓮寺」と下付先の手次関係および所在地が記されている。上寺である勝鬘寺を「参河國勝万寺」という用字で記すことは、同じ文明十六年六月（廿□日）の下付である愛知県岡崎市正覚寺蔵方便法身尊像の裏書と全く同一であり[18]、十六年の十六を「拾六」と記すことも共通している。この二行では、また「勝蓮寺」と寺号が記されていることが注目される。ここの「勝蓮寺」の筆跡は他と同一であり、墨色も同一である。下段の最終行には、「願主　釋善廣」と願主名が記されている。「願主」と「釋」との間には半文字分程度の空白が見られる。

さて、この裏書には寺号が記されている。同寺には蓮如裏書の親鸞影像（一〇七・四×四九・六センチメートル）も所蔵され、その裏書（別幅、六八・七×二七・四センチメートル）には「大谷本願寺親鸞聖人御影／本願寺釋蓮如（花押）／延徳三歳辛亥四月一日／参河國勝慢寺門徒／同郡碧海郡碧海庄矢作／願主釋善明」とあって、延徳三年（一四九一）の下付でありながら、寺号が記されていない。これによるなら、延徳三年の時点において、勝蓮寺はいまだ寺号を称しておらず、道場だったと見ることになる。

だが、あらためて蓮如影像の裏書を詳しく観察するに、とくに不審に思われる部分は目にとまらない。署名・花押も、筆跡・字配り・用字も、この時期の蓮如裏書として疑問に思われるところはなく、同時期に下付された、前述の正覚寺蔵方便法身尊像の裏書とも共通するところが多い。これは蓮如裏書としてまちがいないものと判断してよい。また「勝蓮寺」の記載は、筆跡・墨色とも他と同一だから、異筆、追記と見ることもむずかしい。史料が乏しいため、これ以上の考究は不可能だが、ここでは、何らかの事情によって一方に寺号が記されることになり、他方には寺号は記されないことになったと考えておくこととしたい。

次におもての影像を見ていこう。影像には一部に剃落が見られるが、蓮如の面貌、容姿とも同時期の一般的な蓮如影像と同一の様式のものと見てよい。影像の上部には、讃が四行にわたって、「弘誓強縁多生/叵値真實浄信/億劫叵獲遇獲/行信遠慶宿縁」と記されている。これは『教行信証』の総序の文言で、他の蓮如影像にもしばしば見られる一般的な文言である。また影像の向かって右側上方三分の一あたりの位置に、「本願寺釋蓮如」と銘が記されている。

蓮如は、別稿で述べたように[19]、文明二年（一四七〇）の末に本願寺住持の地位を退き、長男の順如が本願寺住持となった。それは文明二年十一月八日以降、十二月二十七日以前のことと考えられる。その後の蓮如影像を見てみると、滋賀県大津市志賀町福田寺蔵のもの（文明二年十二月二十七日下付）や、新潟県新潟市勝楽寺蔵のもの（文明三年三月三日下付）のように、銘の記載が「本願寺前住釋蓮如」となっているものがある[20]。順如が本願寺住持となると、蓮如は前住持となった。その蓮如の地位の変化が銘の記載に反映したのである。以後、本願寺では順如が住持として活躍したが、しかし文明十五年五月二十九日、順如は父に先立って死去してしまった。蓮如は、順如の死をうけて再び本願寺住持に復帰した。二度目の本願寺住持ということになる。この勝蓮寺の蓮如影像は、蓮如が本願寺住持に復帰した後のものであるから、銘も「本願寺釋蓮如」となっている。

以上、勝蓮寺蔵蓮如影像は、裏書に「大谷本願寺弟七世蓮如真影」と記される貴重な事例である。蓮如は、この時期、自ら本願寺の第七世だと自己認識しており、本山末寺を通じてそう称していた。この事実を軽視することはできないと私は思う。

2　東京都台東区報恩寺蔵蓮如影像

東京都台東区東上野の報恩寺には**図3**の蓮如影像（八一・五×三二・五センチメートル）が所蔵されており、裏書（五四・五×二五・一センチメートル）が貼付されている（二〇〇〇年八月七日調査・写真撮影）。**図4**である。この影像も、『真宗重宝聚英』に写真が掲げられ、裏書の釈文が提示されている。[21]私もこの影像を実見調査する機会に恵まれた。まず裏書の釈文を掲げよう。

> 大谷本願寺前住蓮如真影
>
> 第七代　八十四歳
> 　釋蓮如（花押）
> 明應七歳戊午三月三日
> 下総國北相馬郡豊田庄
> 飯沼郷横曽祢村報恩寺
> 　願主釋蓮誉

裏書には、上段に法物の名称が「大谷本願寺前住蓮如真影」と記されている。「前住」とあることに注意したい。「影」の文字はつくりを「久」に作る字体で記されている。

下段には、最初の部分に「弟七代／八十四歳／釋蓮如（花押）」と署名・花押が記されている。**図4**を御覧いた

図３　蓮如影像
（東京都台東区報恩寺蔵）

図４　同裏書

だきたいが、通常の裏書とは違って、「弟七代」「八十四歳」という文言が記されているのがこの裏書の特色である。その字配りは、「弟七代」の右下に、割書きのように文字を小さくして「八十四歳」と記し、左下に文字を大きくして「釋蓮如（花押）」と記している。裏書の署名・花押の部分に、このように署名・花押以外の文言が記される事例は、ほかにも蓮如晩年の下付物の裏書に見られる。たとえば、福井県大飯郡高浜町西恩寺蔵方便法身尊像の裏書には、下段の最初の部分に「七十九歳／釋蓮如（花押）」とあって、二行にわたって年齢と署名・花押が記されている。また、大阪府枚方市光善寺蔵蓮如影像の裏書は、同じ部分が「満八十□／釋蓮如（花押）」と、大阪府大阪市天王寺区円光寺像蓮如影像の裏書は「八十四歳／釋蓮如（花押）」と、福井県大野市最勝寺蔵蓮如影像の裏書は「八十四歳書之／釋蓮如（花押）」と記されている。さらに、京都府京都市下京区西本願寺蔵存如影像の裏書には「七十八歳／釋蓮如（花押）」と、滋賀県長浜市浄願寺蔵親鸞影像には「八十三歳／釋蓮如（花押）」とある。(22) 老境を迎えた蓮如は、個人的な思い入れを込めて、年齢あるいは「弟七代」のような文言を記したものと思われる。

さて、ここの「弟七代」は、「第七代」の意で記されたものと思われるが、第一文字目は、観察するに竹かんむりとはなっておらず、「弟」と記されている。これは勝蓮寺蔵の裏書（図2）と共通する字体である。花押は、この時期の蓮如の花押としてまちがいないものと思われる。つづく行には、「明應七歳戊午三月三日」と下付年月日が記され、それにつづいて二行にわたって「下総國北相馬郡豊田庄／飯沼郷横曽祢村報恩寺」と下付先の所在地と寺号が記されている。最終行には、願主名が「願主釋蓮誉」と記されている。「願主」と「釋」との間に空白は見られない。

おもての影像は、蓮如の面貌・容姿とも、同時期の蓮如影像と共通する一般的な様式のものとなっている。上部には、かなり判読しにくくなっているが、讃が四行にわたって記されている。『教行信証』の総序の「弘誓強縁多生」以下の四句である。また影像の向かって右側上方三分の一あたりの位置に、「本願寺前住釋蓮如」と銘が記されている。蓮如は、延徳元年（一四八九）八月二十八日、再び本願寺住持の地位を退き、五男の実如に本願寺住持を相続させた。(23) この影像が下付された明応七年（一四九八）には、蓮如はすでに住持ではなく「前住」になっていたから、それが裏書の文言や銘の文言に反映しているのである。

願主名に見える蓮誉は、この時期の報恩寺の住持であるが、法名に「蓮」の文字があり、蓮如と深いつながりがあったことがうかがえる。横曾根の性信に始まる横曾根門流は、初期真宗の有力門流の一つで、報恩寺を本寺に大きな集団を形成したが、本願寺（大谷門流）とは別個に活動を展開していた。それが、この蓮誉の時代に集団で本願寺の傘下に参入するところとなった。それは本願寺の勢力拡大にとって、たいへん大きな出来事だったと考えられる。(24)

人生の最晩年を迎えた蓮如は、横曾根門流の本寺たる報恩寺を本願寺の門末とし、そこに自らの影像を下付する運びとなり、さまざまな感慨が脳裏をよぎったものと思われる。裏書の署名・花押に「弟七代」とよせたのは、その感慨のなせるわざだったと思われる。この史料によるなら、蓮如は最晩年まで、いやおそらくは亡くなるまで、自らを本願寺の第七代と自己認識していた。

3　岐阜県高山市清見町楢谷寺蔵蓮如影像

岐阜県高山市清見町の楢谷寺には**図5**の蓮如影像（九三・六×三九・〇センチメートル）が所蔵されており、裏書（五〇・五×一八・〇センチメートル）が貼付されている。**図6**である（一九九九年九月九日調査・写真撮影）。

これについては、おもての影像から見ていきたい。影像は全体に摩滅・薫染が進んでいるが、蓮如の面貌・容姿とも、蓮如〜実如期の蓮如影像と共通する一般的な様式のものとなっている。上部の讃は今日では判読できなくなっているが、四行で記されていたものと思われる。影像の向かって右側上方三分の一あたりの位置には銘が記されている。これも判読しにくくなっているが、よく観察すると、「本願寺弟七世釋蓮如」と記されていることが見て取れる。ここの「弟」は「第」のつもりで記されていようが、竹かんむりではなく、「弟」と作る字体になっている。これは勝蓮寺蔵のもの・報恩寺蔵のものと共通する字体である。また「世」は「丗」のように作る字体で記されているが、これは勝蓮寺蔵のものと共通する字体である。この蓮如影像は、銘に蓮如が本願寺の第七世だったことが記される貴重な事例と言えるだろう。
さて、この影像には裏書が貼付されている。その釈文は以下の通りである。

釋蓮如（花押）
延徳三年辛亥二月廿八日
濃州郡上郡奈良谷
願主釋善宗

この裏書には、しかし、いくつかの問題がある。第一に、署名・花押が蓮如のものとは認めがたく、全体の筆跡も蓮如裏書の筆跡とは見ることができない。第二に、蓮如影像の裏書には、通常、裏書の上段に法物の名称が記されるのに、これにはそれが見られない。第三には、願主名に見える「善宗」という人物が延徳期の人物ではなく、もっと後の人物と考えられることである。以上より、この裏書は後世に作成されたものと見るのが妥当と考えられる。

図5　蓮如影像
（高山市清見町楢谷寺蔵）

ただ、おもての影像は後世のものと

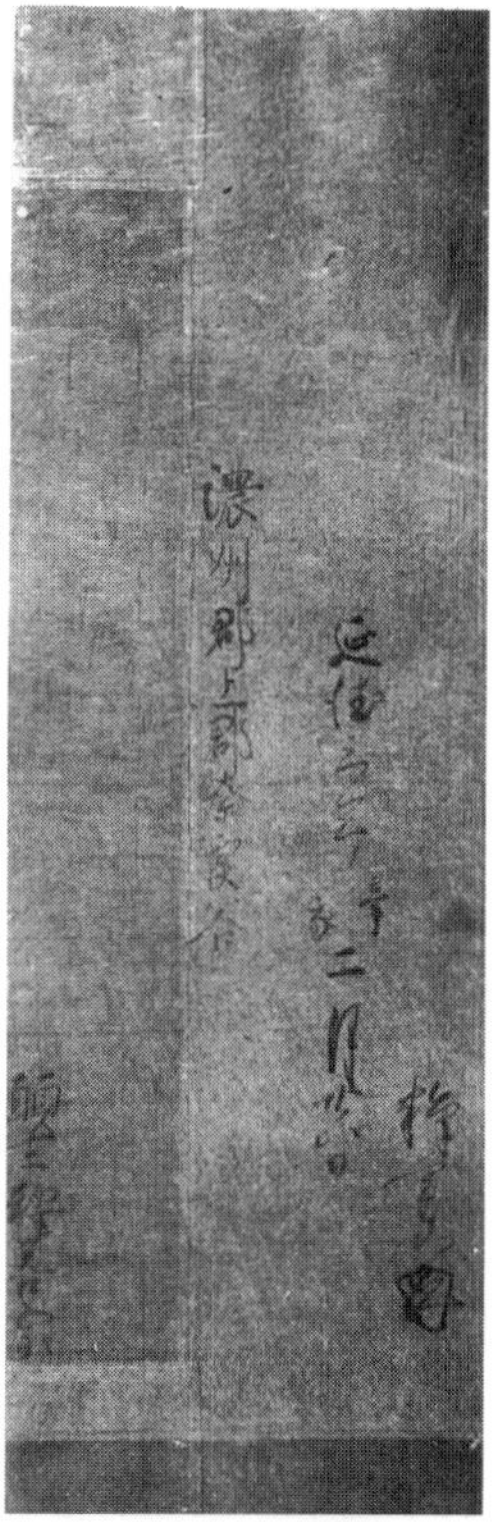

図6　同裏書

は思われない。ではいつの時期のものなのか。裏書の延徳三年（一四九一）二月二十八日という年月日が採用できないとなると、手がかりは乏しいが、奈良谷の道場に方便法身尊像が下付されたのは文明十七年（一四八五）十一月二十八日であることが知られる[25]（当時の道場主は円実）。蓮如影像の下付は、通例に従うなら、それより後のことと見るべきだろう。また、蓮如没後の時期になると、法物のおもてや裏書に蓮如を第七世、七代だと記す事例が今のところ見られないから、この影像も蓮如が亡くなる明応八年（一四九九）三月二十五日以前のものと見るべきだろう。そうすると、文明十七年十一月二十八日以後、明応八年三月二十五日以前のものと見るのがよいと思う。おそらくは蓮如晩年の下付物と推定されよう。

二　代々銘

1　福井県福井市超勝寺蔵開山以来代々年代譜

蓮如は、自らを本願寺の第七世だと自己認識していた。では、それはどのように次第する数え方なのか。ここで手がかりになるのが、本願寺の代々や開山以来の代々を列記した代々銘である[26]。その最古例というべき福井県福井市藤島町の超勝寺（本願寺派）蔵の「開山以来代々年代譜」（紙本墨書、二六・四×一六・一センチメートル）は享徳四年（一四五五）のもので、豊富かつ重要な情報をわれわれに与えてくれる[27]。

これは、上段の第一行目に、「亨徳四年開山以来代々」と作成年次が記され、つづけて「源空御入滅」「親鸞御入滅」「如信御往生」「覚如御往生」とあって、その下部に各人の死去からの経過年数が記されている。次いで下段には、「従覚御往生」「善如御往生」「綽如御往生」「巧如御往生」「存如御往生」とあり、存如以外の人物についてはやはり各人の死去からの経過年数が記されている。ここまでが一筆であろう。さらに追筆で、「存如御往生」の下に「康正三」「六十二才」と死去年と死去年齢が記され、同じ筆で、全員の死去年、および覚如・従覚・善如・綽如・巧如の死去年齢と、源空・親鸞・如信の死去時の天皇名が記されている。死去年の記載は、各人の表記と経過年数の表記との間の空白部分に書かれ、死去年齢は経過年数の右隣に下に寄せて書かれている。これらは康正三年（一四五七）に存如が死去した後に追記された部分と判断される。

料紙には、上段部分と下段部分との間に紙を継いだ様子が見て取れる。これは、おそらくは、もと上段部分と下段部分とが横に連続する形態であったものを、ある段階で二つに切断して、それを上下に配置して掛軸に表装したものと見ることができる。

この代々年代譜は、冒頭に記されるように、存如が本願寺住持であった亨徳四年に作成され、彼の死後、蓮如が本願寺住持になってから追記がなされたものである。これは、蓮如の筆によるものだと伝えられてきたが、存如期に蓮如が右筆として活動していたことはよく知られており、また筆跡を観察してみるに、当初の筆も、追記の筆も、どちらも蓮如によるものと判断してよいと考える。この史料から、蓮如は、覚如を本願寺の初世とし、従覚、善如、綽如、巧如、存如がそれを継ぎ、それにつづく自らを第七世だと理解していたことが知られる。蓮如が、従覚を本願寺の歴代に数えていたことに注意しておきたい。源空、親鸞、如信の三人は、覚如の創案した三代伝持の思想に基づいて記されたものと考えられる。以上、この史料の伝える情報はたいへん貴重である。この代々年代譜は、存如〜蓮如期の本願寺の基本的な認識を示す重要史料と位置づけなくてはなるまい。

2　石川県金沢市専光寺蔵本願寺代々銘

次に考証しなくてはならないのは、石川県金沢市本町の専光寺蔵の「本願寺代々銘」（一九九九年七月二十六日調査・写真撮影、二〇〇〇年七月二十六日再調査・写真撮影。紙本墨書、八八・五×四〇・二センチメートル、寺では「列祖之御銘」と呼んでいる）である。(28) これは紙に本願寺の代々が列記されるもので、料紙の中央上部に「親鸞聖人」と大きく記され、その向かって右下に文字を少し小さくして「如信上人」「覚如上人」「善如上人」「綽如上人」と、また左下に「巧如上人」「存如上人」「蓮如」と記されている。「親鸞聖人」の左右には、二行ずつ計四行にわたって、「南無阿弥陀仏の廻向の／思徳広大不思議にて」「往生廻向の利益には／還相廻向に廻入せり」との讃が記されている。これは『正像末和讃』第五十一による文言である。

この代々銘には裏書（三七・七×一三・五センチメートル）が貼付されている。その釈文は次のようになっている。

八十二歳（花押）
明應五年　六月廿八日　書之

裏書に従うなら、この代々銘は、明応五年（一四九六）六月二十八日に、当時八十二歳の蓮如によって記された

ものということになろう。しかしながら、この裏書にはいくつかの問題がある。第一に、こうした代々銘に裏書が記される事例は同時代にはなく、後世にならないと見られない[29]。そもそも、このような紙本墨書の法物には蓮如の裏書は記されないのが普通である。第二に料紙に疑問がある。これの紙は、通常裏書に用いられる紙とは異なるものであり、むしろ聖教などの筆写に用いられる一般的な紙としなければならない。第三には料紙の大きさに疑問がある。裏書の法量は三七・七×一三・五センチメートルであるが、大きさが極端に小さく、裏書としてふさわしいものとは言いがたい[30]。この裏書は、以上のことを勘案するなら、裏書として書かれたものではなく、たとえば御文のような聖教類に記された年齢・花押、年月日の部分が切り取られ、裏書のように見せて貼付されたものだと判断される。とするなら、これをこの代々銘の裏書として取り扱うことはできないということになる。この代々銘の筆者や成立年代は、裏書とは別に考察しなければならないだろう。

おもての代々銘自体の記載はどうか。これを観察するに、「蓮如」と記された部分の下部に何らか墨書を抹消した跡が見て取れる。そのスペースに想定できる文字数や他の人物の表記とのバランスから推察するに、そこには〝上人〟と記されていたにちがいない。ではなぜそうした記載がなされ、また抹消されたのか。

この代々銘が、裏書のいうように蓮如によって記されたものであるなら、自身を〝蓮如上人〟と〝上人〟を付して表記することは考えられない。そうであるなら、この代々銘は、蓮如の死後に蓮如の筆跡を模倣して、蓮如筆に仮託して書かれたものと理解することになる。ただ、作成の際、作成者が不用意に〝蓮如上人〟と記してしまったため、後になってから「蓮如」から下の部分を抹消して不自然さを繕い、また何らかの聖教類に記されていた蓮如の署名・花押、年月日の部分を切断して、裏書のようにして貼付したものと思われる。裏書に関する作為は、この代々銘の作成後かなりの年月が経過した後に実施された作業と見るべきかもしれない。

以上、この本願寺代々銘は蓮如によって記されたものとは見なしがたく、蓮如の死後に蓮如に仮託して作成されたものと判断しなければならない。これは、蓮如の時代の本願寺代々の認識を示す史料としてではなく、実如期以降の本願寺代々の認識を示す史料として活用しなければならないだろう。

3　石川県金沢市広済寺蔵本願寺代々銘

次に検討すべきは、石川県金沢市扇町の広済寺蔵の本願寺代々銘である(31)（一九九九年七月二十六日調査・写真撮影。紙本著色、九七・五×四三・六センチメートル、**図7**）。これは、中央やや下部よりの部分に、繧繝縁の上畳を敷いた礼盤の上に「親鸞聖人」と墨書し、その下部に横に長い高麗縁の上畳の上に向かって右から「如信上人」「覺如上人」「善如上人」「綽如上人」「巧如上人」「存如上人」「蓮如上人」「實如」と墨書するものである。まことに独特の、個性的な本願寺代々銘である。

図7　本願寺代々銘（金沢市広済寺蔵）

これは、「實如」で本願寺代々が終わっていること、「實如」にのみ「上人」が付されていないことから考えて、実如によって作成されたものであることが知られる。人名の墨書の筆跡は、実如筆の個性的な筆跡であって、「實」の字体を用いるのがやや異例であるが、実如によって作成されたものと判断される。これは、実如が本願寺の代々をどのように認識していたかを示す絶好の史料となるだろう。

実如は、本願寺の代々を、「親鸞―如信―覚如―善如―綽如―巧如―存如―蓮如―実如」と認識していた。これは先に述べた蓮如の認識、すなわち「覚如―従覚―善如―綽如―巧如―存如―蓮如」とは大きく異なるものである。しかして、実如の認識は今日一般に通行している本願寺の代々とぴたりと合致する。ここから、今日言うところの本願寺の代々は、実如によって設定されたものであることが知られる。

実如は、それまでの本願寺の代々を変更して、従覚を代々から除外した。また、別稿で述べたように、兄の順如も代々から除外した[32]。代わって、三代伝持の思想に立脚して覚如以前に親鸞と如信を加上した。ただし、源空（法然）は代々には加えなかった。なお、蓮如期までの数え方でも、実如によって設定された新しい数え方でも、どちらでも実如は第九世となることに注意しておきたい。では、実如はいつ頃この作業を行ったのであろうか。

三　本願寺代々の変更

ここで参照すべきは、かつて草野顕之氏によって紹介、論究された『永正十七年元旦ヨリ儀式』である[33]。この書物には、実如期の本願寺（山科本願寺）における「御代々」の正月（祥月）命日および月々の命日の儀式について記述が見える。草野氏によれば、同書の基本部分は永正十七年（一五二〇）に書かれたものと見てよく、いくつか見られる追筆部分も享禄五年（一五三二）を下限とするという。たいへん貴重な史料である。作者は記されていないが、端坊明誓が想定できるのではないかという。

すでに別稿で述べたが[34]、同書には順如の祥月命日の儀式の様子が記され、また月々の命日の儀式の様子も記されている。ここから、永正十七年まで順如が本願寺の代々の一人として扱われていたことが知られる。同書を詳細に検討した山田雅教氏の研究[35]によると、本願寺代々の月々の命日には御影堂の南一間の押板（内陣の向かって左脇壇）に影像が懸けられた。また祥月命日には南一間ではなく、南二間（南一間の向かって左隣）の押板に影像が懸けられた。これに対して、従覚・順如・照如の影像は北側の局（つぼね、内陣の向かって右側で南二間に対応する位置）に懸けられたのではないかという。照如（実如長男、実如に先立って明応九年十二月十五日に死去）の祥月命日の条（十二月十五日）には、「御ツホ子ノ照如サマノ御マヘヘ、南ノ少三具足ヲヨせ候テカサリ申」とあって、局に影像が懸けられたことが知られる。順如は、月々の命日には南一間に影像が懸けられているが、祥月命日（五月二十九日）の条を見ると、「南一ケンノ三具足ヲヨせ申候」とあって、南一間の三具足を別の場所に移動させたことが知られるから、影像は南二間もしくは局のどちらかに懸けられたと考えられる。これに対し、従覚の祥月命日（六月二十日）の儀式は同書に見えない。従覚は順如、照如より早く、本願寺の代々から降格されていたものと思われる。ただ、冒頭の追筆部分を見ると、「廿日ノ朝ラツソク立テ御ツトメ御ハカセニテ御座候、御ツホ子へ灯明マイル」とある。山田氏はこれを従覚の命日の儀式と読解し、それは局で行われたとされた。従うべき読解と思われる。

以上より、従覚・順如・照如の三人は実如期の途中までは本願寺の代々としての扱いを受けていたが、しだいに本願寺代々に準じる扱いへと降格されていったことが知られる。従覚は、祥月命日の儀式が実施されていないことから判断して、永正十七年段階ですでにかなり地位が降下していたものと思われる。他方、順如はいまだ本願寺代々としての扱いを受けていたが、二月二十九日の条を見ると「廿九日ノ朝ノ御ツトメニ南ノ一ケンへ順如サマノ御日ト存候テ灯明ヲマイラせ候処ニ、事外御立腹候間已後ハ其覚悟ヲナシ可申」とあって、順如の命日に「南ノ一ケン」に灯明をあげたところ、実如がたいへん立腹したので以後は気をつけるようにと記されている。順如は実如から不愉快に思われていたようであり、おそらくはこの一件によって、急速に地位を降下させていき、本願寺代々に準じる扱いへと降格されていったものと思われる。

では、彼らが最終的に本願寺代々から除外されるのはいつのことになるのか。それは永正十七年より後の実如最晩年のこととなるだろう。その間、円如が永正十八年（一五二一）八月二十日に亡くなっているから、それは一五二一〜二五年の間のこととなる。実如は大永五年（一五二五）二月二日に亡くなるから、それは一五二一〜二五年の間のこととなる。その間、円如は、『永正十七年元旦ヨリ儀式』では「御方様」と呼ばれており（実如は「上様」）、また実如の晩年には各方面にわたって活躍し、本願寺経営の中心に立ったことが知られている。円如は法名に「如」の文字が用いられているから、兄の照如ともども本願寺住持に就任した人物と理解すべきだろう。

千葉乗隆氏は、円如が急逝した後に、円如の処遇を含めて本願寺の代々をどう定めるかについてあらためて審議がなされ、その結果、蓮如を第八代とする新しい本願寺代々が設定されたと推定している(36)。

私も、本願寺の代々の変更は円如死去後の実如最晩年になされたものと考えている。では、それはいかなる考えに基づくものなのか。まず順如であるが、実如は順如に対して不愉快な感情を懐いていた。順如を本願寺代々から除外したのは、そうした個人的な心情によるものと思われる。順如は父の蓮如に先立って亡くなっている。このことは順如を代々から除外する作業を容易にしただろう。では、実如の子である照如と円如はどうか。実如にしてみれば、わが子二人を本願寺の代々に数えることに不満はなく、そうした設定をする選択肢もあったにちがいない。だが、その後の歴史を見てみると、この二人は本願寺の代々には数えられていない。とするなら、実如は、順如と同様、父に先立って亡くなってしまった照如と円如の二人を代々には数えないことに決断したものと思われる。

では、従覚はどうか。従覚がなぜ本願寺の代々から除外されたのか、その理由はよくわからない。またその理由を示唆するような史料にも出会っていない。したがって不明とするしかないのだが、ただ憶測をたくましくすれば、本願寺においては父子の直系相続と兄弟間の相続の二つがあり、後者の場合、しばしば通常とは異なる騒動ないし変則情況が生じることがあった。従覚の兄の存覚は、本願寺住持をつとめた人物だと判断されるが、今日ではもちろん、すでに蓮如の時代において本願寺の代々から除外されていた。父覚如との確執がその理由であることは言うまでもない。従覚は、この存覚との関係から、存覚ともども本願寺代々に数えないことにされたのではないかと私は憶測している。

次に加上された親鸞と如信について考えておこう。本願寺は、もともとは親鸞系諸門流の中の一門流の寺院として発足した。それは覚如を始祖とする門流であり、大谷門流、もしくは本願寺門流とでも呼ぶべき一門流にすぎなかった。それは、性信に始まる横曾根門流、順信に始まる鹿島門流、顕智に始まる高田門流、善性に始まる磯部門流、中太郎真仏の弟子の源海に始まる荒木門流、同じく中太郎真仏の弟子の専海に始まる三河門流などとあい並ぶ門流の一つであった。それら諸門流は、それぞれが別個に活動することを基本とし、全体を包含するような組織は形成されていなかった。それが、蓮如の時代、本願寺は他の親鸞系の門流を集団で、あるいは寺院・道場単独で、自らの傘下におさめる活動を展開し、大きな団体を作り上げることに成功した(37)。それはそれまでにない画期的な活動であった。こうして、本願寺を頂点に親鸞系諸門流を横断的に組織する宗教団体が初めて形成されることとなった。蓮如による教団形成の特質は、直接的な民衆布教の展開に求めるべきではなく、むしろ他の親鸞系の門流の吸収・統合にこそ求めるべきである。この蓮如の教団経営の方針は実如に継承された。実如の時代、本願寺教団はますます大きく成長を遂げ、蓮如期を上回る巨大な宗教団体が世に出現するところとなった。

実如は、本願寺門流（大谷門流）の始祖は親鸞ではなく、覚如であることを重々承知していたにちがいない。だが、もはや新しい段階を迎えた本願寺教団にとっては、その始祖は親鸞系諸門流全体の祖である親鸞に求めるしかない。こうして覚如の上に親鸞が加上されることとなった。その際、考慮しなくてはならないのは、覚如の説いた三代伝持の思想である。覚如は、「源空（法然）―親鸞―如信―覚如」と法脈が連なる三代伝持の思想を主張した。この考え方は、すでに見た福井市超勝寺蔵開山以来代々年代譜に記されているから、存如～蓮如期の本願寺にもしっかりと継承されていた。この思想に従うなら、本願寺の代々に親鸞を加上するためには、親鸞と覚如の間に如信を立てることになる。こうして、実如は、親鸞と如信の二人を覚如の前に設定したのである。

では法然はどうか。蓮如期までの本願寺では法然はたいへん重視されており、蓮如は「廿五日には朝勤の上に知恩講、廿七日には両師講私記、毎月あそはし侍るを、実如の御時より被略、あそはし候はぬ事也」（『山科御坊事幷其時代事』）というように、法然に関する儀式を毎月実施していた。[38] 山科本願寺には法然の単独の影像がありはじめは御影堂に、のちには阿弥陀堂に懸けられていた。[39] 法然影像は、この時代、六高僧の影像とは別に単独の影像で懸けられ、それに関わる儀式が丁重に執り行われていた。それが実如の時代になると、儀式は簡略化されてしまい、やがて影像も六高僧影像に混入されてしまい、七高僧影像の中の一人としての扱いへと変じていった。

これは三代伝持の思想のうち、冒頭の法然一人を切り離して除外するという思想につながっていくだろう。覚如にとって、法然と親鸞とを連結させることはぜひとも必要なことであったから、三代伝持は法然から始まる法脈となっていた。だが、実如にとってはもはや法然は必要なかった。親鸞系諸門流のかなりの部分を統合・包含することに成功した本願寺にとって、開祖として重視すべきは親鸞であった。法然を重視したなら、他の法然系諸門流との差別化が曖昧になってしまう。実如は、おそらくはそう考えて三代伝持の思想から法然を削除し、親鸞と如信の二人だけを採用して本願寺の代々を設定した。こうして実如は、「親鸞―如信―覚如―善如―綽如―巧如―存如―蓮如―実如」という本願寺の代々を作り上げた。そして、これが今日の本願寺代々の数え方となっているのである。

むすび

蓮如は本願寺第七世とすべきである。蓮如は自らを本願寺第七世と認識しており、蓮如影像の裏書や銘にそう記していた。それは本願寺代々を「覚如―従覚―善如―綽如―巧如―存如―蓮如」とする認識であった。だが、それは実如によって更新され、本願寺代々は「親鸞―如信―覚如―善如―綽如―巧如―存如―蓮如―実如」とされ、蓮如は本願寺第八世に変更された。今日通行している本願寺代々はこの実如の設定したものとなっている。

本山・宗門の立場からすれば、この実如設定の本願寺代々を公式見解として標榜することが一つの立場として成り立つと思う。それは宗教的見解、宗門的見解とでも呼ぶべきものとなるだろう。しかし、歴史学の立場、学問の立場からすれば、そうした見解は成り立たない。蓮如は自らを本願寺第七世と自己認識しており、対外的にもそう称していた。だから、蓮如の生きた時代における蓮如の活動を論じ、描く際には、蓮如を本願寺第七世と表記すべきであり、第八世とすべきではない。もちろん第七世とする数え方にもいくつか問題があり、たとえば存覚を本願寺代々から除外してよいかなどの問題を含んでいる。そうした問題はあるが、しかし実如の設定した本願寺代々よりはずっと歴史的事実に則したものとなっており、また同時代性を持っている。

実如の設定した本願寺代々は、学問的立場からすれば、とうてい認めるわけにはいかない。蓮如を本願寺第八世とする数え方は、何より歴史的事実に反しているし、蓮如の自己認識や当時の通念からも離反している。そもそも、親鸞を本願寺の初世とすること自体、歴史的事実に反している。本願寺は親鸞が建立した寺ではない。親鸞の生きた時代、本願寺という寺はこの世に存在しなかった。同様に如信も本願寺とは関係がない。本願寺の初世を親鸞とするのは宗教的理念、あるいは教団的理念としてはありえるとしても、歴史的事実に立脚する学問の立場とは異なるものと言わざるをえないだろう。歴史学の著書・論文、仏教学の著書・論文、また学校教育の教科書などでは、今後、蓮如を本願寺第七世住持(40)として記述すべきであると私は考える。

註

(1) 『国史大辞典』(柏原祐泉執筆、吉川弘文館、一九九三年)、『朝日日本歴史人物事典』(神田千里執筆、朝日新聞社、一九九四年)、『日本史大辞典』(北西弘執筆、平凡社、一九九三年)、『日本史広辞典』(山川出版社、一九九七年)、『日本歴史大辞典』(神田千里執筆、小学館、二〇〇一年)。

(2) 笠原一男『蓮如』(吉川弘文館、人物叢書、一九六三年)、笠原一男『蓮如』(講談社学術文庫、一九九六年)、森龍吉『蓮如』(講談社現代新書、一九七九年)、源了圓『浄土仏教の思想　12蓮如』(講談社、一九九三年)、山折哲雄『人間蓮如』(新装版、洋泉社、一九九五年)、千葉乗隆「総説」(浄土真宗教学研究所・本願寺史料研究所編『講座蓮如』一、平凡社、一九九六年)、早島鏡正『蓮如』(NHKライブラリー、一九九七年)、千葉乗隆「蓮如の生涯」(『図説蓮如』、河出書房新社、一九九七年)、草野顕之『戦国期本願寺教団史の研究』(法藏館、二〇〇四年)。

(3) 安城市歴史博物館『蓮如上人』(一九九五年)、大谷大学『蓮如上人』(一九九五年)、大阪市立博物館『大阪の町と本願寺』(一九九六年)、大谷大学『「蓮如上人」展』(一九九六年)、福井県立美術館・高岡市立博物館・岐阜市歴史博物館『蓮如上人展』(一九九七年)、大谷大学図書館『蓮如上人』(一九九七年)、本願寺史料研究所編『図録蓮如上人余芳』(本願寺出版社、一九九八年)、岐阜教区蓮如上人五百回遠忌法要推進委員会『蓮如上人と濃飛の門徒』(一九九八年)、真宗大谷派高田教区『上越と蓮如上人』(一九九八年)、岡崎市美術博物館『蓮如・ルター・民衆』(一九九八年)、京都国立博物館『蓮如と本願寺』(一九九八年)、龍谷大学『蓮如上人展』(一九九八年)、高山別院照蓮寺『飛騨と蓮如上人』（一九九九年）、真宗大谷派名古屋別院『蓮如上人と尾張』（二〇〇〇年）など。

（4）真宗大谷派（東本願寺）ホームページ（http://www.tomo-net.or.jp/ 二〇〇七年七月現在）。浄土真宗教学研究所編『浄土真宗聖典 蓮如上人御一代記聞書（現代語版）』（本願寺出版社、一九九九年）など。

（5）全国歴史教育研究協議会編『日本史B用語集』（山川出版社、二〇〇七年版）、笹山晴生・五味文彦・吉田伸之・鳥海靖『詳説日本史史料集』（山川出版社、二〇〇五年版）。

（6）信仰の造形的表現研究委員会編『真宗重宝聚英九 蓮如上人絵像・絵伝、真宗諸派歴代絵像、開基木像』（同朋舎出版、一九八八年）。

（7）金龍静『蓮如』（吉川弘文館、一九九七年）。

（8）千葉乗隆『蓮如上人ものがたり』（本願寺出版、一九九八年、のち「蓮如の生涯」と改題、千葉乗隆著作集一『親鸞・覚如・蓮如』所収、法藏館、二〇〇一年）。

（9）青木馨「墨書草書体六字名号について」の補論（同朋大学仏教文化研究所編『蓮如名号の研究』、同朋大学仏教文化研究所研究叢書Ⅰ、法藏館、一九九八年）

（10）一九九六年十一月に大谷大学多目的ホールにて開催された「蓮如上人」展にて展観された。写真が同図録に掲載されている。なお、同図録の解説も「善如を本願寺三世とするのは、覚如を一世、従覚を二世に数える古い歴代の数え方で、蓮如が自らを七世と数えた事例とも符合する」と説明している。

（11）吉田一彦・脊古真哉「本願寺順如裏書の方便法身尊像(三)」（『名古屋市立大学人文社会学部研究紀要』五、一九九八年）。

（12）吉田一彦・脊古真哉・小島惠昭氏「本願寺蓮如裏書の方便法身尊像（一）」（『名古屋市立大学人文社会学部研究紀要』八、二〇〇〇年）。

（13）同朋大学仏教文化研究所編『蓮如方便法身尊像の研究』（同朋大学仏教文化研究所研究叢書Ⅶ、法藏館、二〇〇三年）。

（14）井上鋭夫『一向一揆の研究』（吉川弘文館、一九六八年）。宮崎圓遵著作集四・五『真宗史の研究』上・下（思文閣出版、一九八七年）。また最近のものに、早島有毅「中世社会に展開した親鸞とその諸門流集団の存在形態」

（『藤女子大学紀要』四三、二〇〇六年）、同「九字を中心とした三幅一舗の本尊の成立の意義――岡崎市浄源寺蔵本を中心素材として――」（『藤女子大学紀要』四四、二〇〇七年）などがある。

(15) 信仰の造形的表現研究委員会編『真宗重宝聚英』全十巻（同朋舎出版、一九八八～一九八九年）。

(16) 註(6)に同じ。また、註(3)『蓮如・ルター・民衆』図録にも表裏の写真と裏書の釈文が掲載されている。

(17) 脊古真哉「蓮如・順如期の方便法身尊像裏書」（註(13)前掲書所収）。

(18) 註(13)前掲書に表裏の写真、釈文を掲げた。

(19) 註(11)(12)前掲論文。拙稿「本願寺住持としての順如――再評価の試み――」（註(13)前掲書所収）。

(20) 註(19)に同じ。

(21) 註(6)に同じ。また、註(3)『大阪の町と本願寺』図録にも表裏の写真と裏書の釈文が掲載されている。

(22) 脊古真哉註(17)前掲「蓮如・順如期の方便法身尊像裏書」の表4「実如継職後の蓮如裏書」。

(23) 拙稿「実如の継職と初期の実如裏書方便法身尊像」（同朋大学仏教文化研究所編『実如判五帖御文の研究』研究篇下、同朋大学仏教文化研究所研究叢書Ⅳ、法藏館、二〇〇〇年）。

(24) 拙稿「日本仏教史上の蓮如の位置――本願寺教団の形成と初期真宗――」（註(13)前掲書所収）。なお、報恩寺では、蓮誉は報恩寺第八世で永正三年（一五〇六）七月五日没と伝えている。

(25) 岐阜県飛驒市古川町本光寺現蔵。註(13)前掲書に表裏の写真、釈文を掲げた。

(26) 代々銘については、北西弘「金沢専光寺文書概説」（北西弘編『金沢専光寺文書』、北国出版社、一九八五年）などがある。

(27) 一九九五年四～五月に安城市歴史博物館にて開催された「特別展　蓮如上人」にて展観された。写真は同図録および註(3)前掲『図録　蓮如上人余芳』に掲載されている。後者の写真はたいへん鮮明である。

(28) これのおもての写真は、すでに註(26)前掲書、註(6)前掲書などに掲載されている。また表裏の写真が註(3)前掲『図録　蓮如上人余芳』に掲載されている。

(29) たとえば東京都新宿区林光寺蔵の本願寺代々銘には、慶長七年九月十四日の裏書がある。これについては註(6)前掲書におもての写真と裏書の釈文が掲載されている。

(30) すでに註(6)前掲書解説(早島有毅)は、裏書の縦の長さが極端に短く、代々銘の裏書であるかどうか疑問があること、「蓮如」と墨書された下部に文字が抹消された痕跡があることを指摘している。
(31) これの写真は、すでに北西弘『一向一揆の研究』(春秋社、一九八一年)、註(26)前掲書、註(6)前掲書などに掲載されている。
(32) 註(19)前掲拙稿。
(33) 草野顕之「戦国期本願寺教団における年中行事の成立」、「『永正十七年元旦ヨリ儀式』」(どちらも同『戦国期本願寺教団史の研究』、法藏館、二〇〇四年)。
(34) 註(19)前掲拙稿。
(35) 山田雅教「儀礼空間としての山科本願寺」(『教学研究所紀要』七、一九九九年)。
(36) 千葉乗隆註(8)前掲書。
(37) 註(24)前掲拙稿。
(38) 草野顕之註(33)前掲「戦国期本願寺教団における年中行事の成立」。
(39) 註(35)に同じ。
(40) 本願寺の代表者は「本願寺住持」と表現すべきである。今日、「宗主」「法主」などの用語がしばしば用いられているが、正しくない。蓮如、実如の時代は「住持」の語が用いられた。「宗主」も「法主」も後世の用語であって、蓮如や実如の時代の本願寺の代表者を表すに適切な語とは言えない。

Ⅱ　真宗史の再検討

親鸞の配流と奏状

平　雅行

一　はじめに

本稿は、壮年期の親鸞の足跡を明らかにすることを目的とする。とくにここでは、建永の法難と親鸞の配流、奏状の提出と越後での流罪生活に焦点を当てたい。もとより、この時期の親鸞については史料の制約がきわめて大きく、その実像の解明は容易ではない。そこで本稿では、既存史料の見直しや当時の社会状況のあり方をもとに、この課題にいくぶんなりとも迫ってゆきたい。

二　建永の法難

壮年期の親鸞に決定的な影響を与えたのは、建永二年（一二〇七）の専修念仏弾圧である。しかし関係史料に親鸞の名がほとんど出てこないため、親鸞がなぜ流罪となったのかがよくわからないし、そもそも建永の法難が何であったのかについても、必ずしも意見が一致していない。

顕密仏教が専修念仏の弾圧を一貫して主張したのに対し、貴族や朝廷は当初弾圧に積極的でなく、「密通事件」

を契機にその方針を大きく転換した。そのため弾圧の原因や評価について、論者の見解はほぼ二分されている。第一は弾圧原因を法然の思想に由来すると考える立場であって、この場合、弾圧を顕密仏教との思想的対立の必然的帰結と解する傾向がある。第二は弾圧の主因を「密通事件」や破戒を旨とした門徒の行状に求める立場であり、法然の思想と顕密仏教との共通性を強調して、弾圧を一種の偶発事件と捉える傾向がある。[1] そしてこの二つの立場の違いは、顕密仏教と朝廷との意見対立に根ざしていよう。それだけに、前者は朝廷の方針転換や「密通事件」をどのように説明するかが問われるだろうし、後者については破戒や密通が横行していたなか、なぜ専修念仏が厳しく処断されたのか、説得力のある説明が求められよう。こうした研究状況のなかで、私も建永の法難について検討を加え、これが「密通事件」を媒介とする思想弾圧であったと結論した。[2] ただ残念なことに、この意見は必ずしも十分に受けとめられていない部分もあるため、その後の知見も加味しながら再論しておきたい。

まず最初に弾圧の経緯を概観しておく。専修念仏に対する弾圧の動きは、元久元年（一二〇四）から見える。法然らは同年十一月に七箇条制誡を延暦寺に提出して活動を自粛することを誓約し、それを承けて後鳥羽院は「不レ足二鬱陶一」との院宣を発し問題を収めた。ところが翌年十月に、興福寺は朝廷に対し、専修念仏に九つの失があるとして弾圧を要請した。朝廷は、顕密仏教との軋轢は一部の法然門下の「浅智」によるものだとして、なお弾圧を認めず、法然らに自粛を求める宣旨を下した。興福寺はこれに反発し、①宣旨の改訂、②法然・安楽・住蓮・幸西・行空らの処罰、③「念仏宗」「専修」の語の禁止を求めて、朝廷と再交渉した。しかし、専修念仏を弾圧すれば念仏衰微の危険性があると恐れる朝廷はたいへん慎重であって、興福寺の要求を容易に認めることはしなかった。事態がそのまま収束するかに思われたその時、「密通事件」が勃発する。建永元年（一二〇六）末の後鳥羽院の熊野詣の最中に、法然の弟子と院の女房との間で「密通事件」が起き、それが発覚した。建永二年正月に専修念仏を禁止する方針が定まり、二月二十八日に「五箇条」の官符が下された。そして安楽・住蓮・性願・善綽の四名が処刑され、法然・親鸞・行空・浄聞房・禅光房澄西・好学房の六名が流罪となった。幸西と証空の二名は、いったん遠流と決まったものの、慈円が身柄を預かって流罪を免れている。

以上、建永の法難の経緯を概観してきたが、まず死刑となった四名について検討してみよう。彼らのうち安楽・住蓮が「密通事件」に関わったことは、『愚管抄』などで確認できる。この二人については興福寺がこれまでも処罰を求めてきた。しかしそれは罪科に処すよう要請していたのであって、処刑を求めたわけではない。死罪は後鳥羽の意志によるものと見るべきだろう。また性願・善綽の二人についてはこれまでまったく指弾されておらず、法然門下において、さほど著名な僧侶でもない。こうした人物が極刑に処されていることは、この四名が「密通事件」への直接的な関与を咎められ、後鳥羽院の主導で処刑されたことを示唆している。

とはいえ、これは単なる「密通事件」の処罰ではない。後鳥羽院の後宮では、これまでも密通が露顕している。たとえば承明門院在子（一一七一～一二五七）は、土御門通親の養女となって入内し土御門天皇を産んでいるが、正治二年（一二〇〇）に母親が没すると、彼女は養父通親と通ずるようになり、その結果、後鳥羽の寵愛は脩明門院に移っていったという。また元久元年（一二〇四）六月には、後鳥羽との間に皇女をもうけていた女房が、童子得王と密通して両名とも宮中から追放されている(3)。このように、法然門下の「密通事件」以前に、後鳥羽院の後宮では二件の密通が露顕している。しかし、承明門院と通親には何の処罰もなく、承明門院母子への寵愛が薄れただけである。得王らも宮中から追放されただけであって、それも半年後には赦免されている。このように、後鳥羽院は後宮での密通に対し、これまで決して峻厳な姿勢をとってこなかった。それを思えば、「密通事件」での四名の死刑というのは尋常ではない。これはただの密通処分ではない。専修念仏の思想性が関わっているために異様なほど厳しい処分を受けたのであって、思想性を抜きにこの事件を捉えることはできない。

しかも「密通事件」というわりには、この事件に関わった院女房に対する処罰が明らかではない。『皇帝紀抄』は「女人等又有㆓沙汰㆒」として、女房たちも処分されたとするが、[4] 具体的なことはわからない。『愚管抄』は、「仁和寺ノ御ムロノ御母」までもが専修念仏の教えを信じ、安楽らを呼び寄せて夜まで留めることがあったと記しており、[5] 仁和寺道助の母である西御方がこの事件に関わったことは明らかである。「密通事件」に関与した女性で、唯一、名前の判明するのが西御方である。では、彼女は処罰されたのか。その形跡はまったく見えない。

西御方は坊門信清の娘であり、将軍実朝の室は彼女の妹である。生没年は不詳だが、卿二位兼子の養女となって後鳥羽後宮に入り、仁和寺の道助入道親王（一一九六～一二四九）・頼仁親王（一二〇一～六四）・嘉陽門院（一二〇〇～七三）をもうけた。さて、彼女の父親の坊門信清は、「振㆓外戚之威㆒」と評されたように、[6] 娘と後鳥羽上皇とのつながりで出世した人物であるが、信清の力は「密通事件」後もまったく変化していない。承元元年（一二〇七）十一月には後鳥羽のために最勝四天王院を造進して勧賞を受けたし、翌年七月には藤原定家が信清を訪ねて昇進依頼をしている。承元四年三月には孫の頼仁が親王宣下を受けており、十一月には道助がわずか十五歳で二品に叙された。[7] さらに建暦元年（一二一一）九月には坊門信清みずからが内大臣に任じられている。これについて九条道家は「自㆓中関白㆒以来、大臣絶十余代云々、以㆓上皇外舅㆒、拝任也、可㆑謂㆓珍事㆒者也」と、この異例の人事が後鳥羽の「外舅」であることによると漏らしている。事実、後鳥羽院は信清の任大臣大饗のため、習礼を行わせて信清に見せるなど、西御方の父に細やかな配慮をめぐらせている。[8] また道助は十七歳の若さで伝法灌頂を受けて建保二年（一二一四）に十九歳で仁和寺御室となったし、頼仁も承久元年（一二一九）に鎌倉幕府から将軍推戴の申し出があったような有力者であり、皇位継承の可能性もあった人物である。西御方その人については記事が少ないため、その動向を探るのはむずかしいが、承久の乱後には後鳥羽院に従って隠岐まで随逐し、後鳥羽の死を看取ってから帰京している。(9) このように「密通事件」後も、坊門信清・西御方に対する後鳥羽院の信頼は揺らいでいない。事件に関与したことが明らかであるにもかかわらず、西御方およびその関係者が処分された形跡はまったくない。「密通事件」の処分はバランスを欠いている。この点もまた、弾圧問題を思想と「密通」の両面から捉える必要性を示している。

では、「密通事件」とは何であったのか。法然の『四十八巻伝』や『尊卑分脈』によれば、後鳥羽院の留守中に女房たちが発心出家したために、後鳥羽院が激怒したという。出家は一般に性的関係の遮断を意味したため、無断で妻が出家すると、夫から「義絶」「絶交」(離縁)されたらしい。しかし極端な例もある。吉備津神社の神官は、自分の留守中に妻を出家させたとして一遍を殺そうとしたし、了解なく妾の白拍子を出家させた僧侶が御家人から暴行された例もある。(10)「密通事件」の実相は、おそらくそのあたりにあったのだろうが、話はセンセーショナルに喧伝された。

後鳥羽院はこれまで、法然たちに相当配慮してきた。後鳥羽の立場からすれば、延暦寺や興福寺の弾圧要請を聞き入れることなく、法然たちをかばってきたとの思いがあったはずである。にもかかわらず、今回の事件によって、法然の弟子たちが「寄㆓事於念仏㆒、密㆓通貴賤幷人妻、可㆑然之人々女㆒」していたことが露顕した。(11) 道心の念仏聖であると思っていたが、実際には密懐のために念仏を利用していたというのである。裏切られたとの思いが怒りを増幅させ、通常の密通処分のレベルを超えた峻厳な措置になったのであろう。

一方、流罪に決した八名は、基本的にその思想が問題となって処罰されたと考えられる。法然・行空・幸西は、これまでも興福寺から処罰を求められていたし、親鸞・証空はともに信心の重視派である。浄聞房・禅光房澄西・

好学房の三名については、思想的特徴が不明なものの、判明している弟子四名は、念仏行よりも信心を重視する思想的共通点がある。

実は専修念仏への対応について、朝廷と顕密仏教の基本方針は一致していた。「偏執」の取り締まりである[12]。また専修念仏に「偏執」の問題が発生しているという現状認識においても、両者の意見は一致していた。食い違ったのは、「偏執」の発生要因の捉え方である。顕密仏教は「偏執」が法然の思想に内在していると考えた。そのため彼らは、法然および急進派の弟子の処罰や、「専修」「念仏宗」の語を禁止するよう求めた。それに対し朝廷は、法然らの釈明を容れて、「偏執」を一部の弟子の行き過ぎと捉えた。法然を通じて過激な言動を自粛させれば、事態を収拾できると楽観していたのである。

では、法然の思想に、「偏執」といわれるものが内在していたのであろうか。当時の文献を見れば、諸行往生の否定が「偏執」と非難されている。念仏以外の行による往生を認めないことが、「偏執」と指弾されたのである。そして実際、法然は諸行往生を否定していたし、親鸞・幸西らはさらに聖道得悟まで否定している。その点でいえば、「偏執」の発生要因についての認識は、顕密仏教のそれが正鵠を射ていた。

では、法然はなぜ諸行往生を否定したのか。これに関し明恵は『摧邪輪』で、

称名一行は劣根一類のために授くるところ也、汝、何ぞ天下の諸人を以て、皆下劣の根機となすや、無礼の至り、称計すべからず

と法然を批判している[13]。称名念仏という最低の行が存在しているのは、「劣根一類」に宛てがうためだ。もしも称名以外で往生できないというのであれば、すべての者が「劣根一類」ということになってしまう。何と無礼なことか、と明恵は非難している。つまり逆にいえば、諸行往生を否定して往生行を称名に一元化すれば、すべての人間

が平等に「劣根一類」であると主張することができる。すべての人間を愚者凡夫と捉える法然の考えや、すべての人間は悪人たらざるを得ないとする親鸞の思想の原点は、ここにある。諸行往生をめぐる論争とは、称名念仏しか唱えることのできない者を、どのような人間と捉えるかについての論争であった。顕密仏教のいうように、彼らは愚かな「劣根一類」なのか、それとも彼らこそがまことの人間なのか。この点において、法然と顕密仏教の思想は根本的に相容れなかった。法然たちに内在していた「偏執」とは、彼らの平等思想の代償であった。

しかし後鳥羽院や貴族たちには、一般の念仏信仰と、専修念仏の違いがわからなかったし、法然門下にも普通の念仏聖が数多くいた。法然の有力な弟子であっても、信空・源智らが処分されなかったのは、顕密仏教側の処罰基準が「偏執」＝諸行往生否定にあったためである[14]。女性問題は「密通事件」が起きるまではほとんど話題にならず、興福寺と朝廷との交渉の中でもまったく言及されていない。ところが「密通事件」以後、専修念仏は念仏を口実にして人妻を密懐するとの風評が急増する。これによって顕密仏教は専修念仏の僧侶を「破戒の狂僧」とイメージさせることに成功し、その異端的相貌を鮮烈に印象づけた。後鳥羽院は「密通事件」を契機に法然たちへの認識を根本的に改め、顕密仏教側の主張を全面採用した。こうして専修念仏は「天魔障遮之結構」「仏教弘通之怨讐」、つまり仏法の敵と朝廷から断じられることになったのである[15]。

建永の法難は単なる「密通事件」の処罰でもなければ、単なる思想弾圧でもない。「密通」と「偏執」の二つの問題がからみあいながら増幅していった。「偏執」に起因する「密通」、「密通」を随伴する「偏執」、後鳥羽院にとって専修念仏とは、こういうものに映ったのである。もとより「密通事件」による弾圧は偶発的なものである。しかし顕密仏教との思想的対立からすれば、この事件がなくとも、専修念仏の弾圧は遠からず実施されていたであろう。

三　越後への配流

次に親鸞と法難との関わりについて見てゆこう。親鸞の配流について、妻帯が問題となったとする見解があるが、これはありえない話である。鎌倉時代の初めには、顕教を中心に顕密僧の妻帯が普通となっており、自分の子どもを弟子にして、寺院や坊を継がせる真弟相続が広く展開していた。たとえば延暦寺澄憲は、二条天皇の没後に高松院（二条天皇后）との間に二人の子どもをもうけているが、何ら処罰されていない。天台宗の第一人者が、天皇の后との間に子どもをもうけても黙認されているのである。妻帯による流罪は考えられない[16]。

ところで、親鸞と建永の法難との関係を解き明かす史料が一点存在する。『教行信証』後序である。坂東本『教行信証』の次の一節を見てみよう（仮名点などは省略、返点のみ原文通り）[17]。

竊以、聖道諸教行証久廃、浄土真宗証道今盛、然諸寺釈門昏二教一兮不三知二真仮門戸一、洛都儒林迷二行一兮無三弁二邪正道路一、斯以興福寺学徒奏下達

太上天皇諱尊成

今上諱為仁聖暦承元丁卯歳仲春上旬之候上、主上臣下背法一違義一成二忿一結怨一、因茲一真宗興隆大祖源空法師幷門徒数輩、不三考二罪科一猥坐二死罪一、或改二僧儀一賜二姓名一処二遠流一、予其一也、爾者已非僧一非俗一、是故以二禿字一為姓一、空師幷弟子等坐二諸方辺州一、経二五年居諸一

これは古田武彦氏が「承元の奏状」と呼んだものであるが（後述）、傍線部分について、かつて中澤見明氏は次のように述べた[18]。

『教行信証』後序に興福寺の学徒承元丁卯歳（元年）仲春上旬之候に奏達すとあるから院の女房の問題に附け込んで南都の徒僧《（ママ）》が最後の上奏に及んだのであらう

中澤氏の理解は正確なものであるが、遺憾なことにそれが継承されていない。たとえば、日本思想大系『親鸞』では、石田充之・家永三郎氏が補注で次のように述べている[19]。

坂東本では、原文で「奏㆘達ス太上天皇…今上…聖暦承元丁《ヒノトノ》卯ノ歳仲春上旬之候ニ㆖」と句読訓点するのであるが、歴史的には「奏㆓達ス太上天皇ニ」で切るのが正しい。「今上…聖暦承元」等は下につき、流罪に拘わる年月である。親鸞自身の句読訓点が、晩年の記憶が十分でなくなったためか、続く内容として、かく句読訓点して差し支えないと考えたのか、明らかでない。

興福寺学徒の奏達とは、貞慶が起草し、元久二年十月に、法然一門の処罰を請うた奏状をいい（下略）

この解説は鷲尾順敬氏の説に従ったものである[20]。鷲尾氏は、『教行信証』の返点が後世の者によって付けられたとし、そのため読みを誤った、と考えた。そして承元元年（建永二年）二月上旬に興福寺が「奏達」した事実を他の史料で確認することができないことから、①興福寺の「奏達」を二年前の興福寺奏状と解し、②「承元丁卯歳仲春上旬之候」を弾圧が行われた時期と捉えたのである。

しかしこの解釈には決定的な難点がある。坂東本『教行信証』の返点は、後世の者の手になるものではない。親鸞が付したものである。たとえば重見一行氏は次のように指摘している[21]。①坂東本には字句の添削補訂が数多く存在しており、料紙も不統一である。このことは坂東本が書写本ではなく、著者みずからが執筆・推敲していたことを物語っており、親鸞真筆と考えてよい。②西本願寺本『教行信証』は、訓点・返点も含め坂東本を「一字一画もゆるがせにせず模さんと」している。このことは、西本願寺本が成立した文永十二年（一二七五）頃には、すでに坂東本が返点まで含め親鸞の真筆と信じられていたことを示している。

このように現在では、坂東本の返点は親鸞の真筆と考えられており、鷲尾説の前提が崩れている。にもかかわらず、なお鷲尾説に従おうとすれば、親鸞が自分の文章の返点を打ち間違ったことになる。こういう不自然なことがありうるだろうか。先の補注で石田充之氏は、「親鸞自身の句読訓点が、晩年の記憶が十分でなくなったためか、続く内容として、かく句読訓点して差し支えないと考えたのか、明らかでない」と苦しい弁明をしている。これはむしろ鷲尾説の破綻を示していよう。

にもかかわらず、石田氏はなお鷲尾説に固執して無理な読みを採用しようとした。その理由は、「歴史的」な経緯と齟齬をきたさないようにするためである。しかし、そもそも弾圧が承元元年（建永二年）二月上旬に行われたとする明証がない。

同時代史料である『明月記』によれば、同年正月二十四日に「頭弁出京、専修念仏之輩停止事、重可㆓宣下㆒云々、去比聊有㆑事故云々〈其事已非㆑軽、又不㆑知㆓子細㆒、不㆑及㆓染筆㆒〉」とあり、問題が発覚して専修念仏を弾圧する基本方針が定まったことを記している。二月九日には「近日只一向専修之沙汰、被㆓搦取㆒被㆓拷問㆒云々、非㆓筆端之所㆑及」とあり、専修念仏の僧侶の逮捕・拷問が行われている。二月十日には「今朝、兼時朝臣為㆓入道殿（九条兼実）御使㆒参、相㆓具専修僧㆒云々、専非㆑可㆑被㆑申事歟、骨鯁之御本性、猶以如㆑此」と、九条兼実が後鳥羽院のもとに使者を派遣して、穏便な処置を願い出ている。つまり二月上旬とは、正月二十四日の弾圧方針をもとに、誰をどのように処罰するか、その具体策を検討していた時期であって、結論はまだ出ていない。しかも、九条兼実は二月十日に寛大な措置を願い出ている。このことは、興福寺側からも逆の働きかけ（「奏達」）があったことを予想させる。九条兼実のこの動きは、厳正な処分を求める興福寺の「奏達」が二月上旬になされた傍証となるだろう。このように、二月上旬とは、さまざまな駆け引きが行われていた時期であって、この時に弾圧が行われたわけではない。

　では、弾圧はいつ行われたのか。『皇帝紀抄』は「承元々年二月十八日、源空上人〈号㆓法然房㆒〉配㆓流土佐国㆒」とする。しかし『皇代暦』『皇年代略記』は、「承元二（々）年二月廿八日、僧源空配㆓流土佐国㆒、住蓮・安楽等死罪」「承元二（々）年二廿八、一向専修源空已下科坐」とあり、法然『四十八巻伝』には法然の流罪を命じた建永二年二月二十八日流罪官符が引用されている(22)。以上からして、専修念仏の弾圧は建永二年二月二十八日と考えてよいだろう。「仲春上旬之候」ではない。親鸞の返点を否定して不自然な読みを採用したとしても、何ら問題の解決にはならないのである。

　なお、古田武彦氏は法然の『四十八巻伝』に、安楽・住蓮が二月九日に処刑されたとあることから、後序の「承元丁卯歳仲春上旬之候」は、彼らの処刑を念頭においたものと解している(23)。一つの考えであるが、しかしその記事は信用できるのだろうか。『四十八巻伝』巻三三は次のように記している。

> 建永二年二月九日、住蓮安楽を庭上にめされて、罪科せらる丶とき、安楽、「見有修行起瞋毒、方便破壊競生怨、如此生盲闡提輩、毀滅頓教永沈淪、超過大地微塵劫、未可得離三途身」の文を誦しけるに、逆鱗いよいよさかりにして、官人秀能におほせて、六条川原にして安楽を死罪におこなはる

「逆鱗」とあることからして、後鳥羽みずから京都で取り調べに当たったようである。しかし『明月記』によれば、後鳥羽院は実際には一月二十三日から二月十二日まで水無瀬殿（大阪府三島郡島本町）に遊興に出かけており、連日、蹴鞠や笠懸・狩りを楽しんでいた。専修念仏の最終処分は後鳥羽の帰京後であって、この記事は信頼できない。

　いずれにせよ、親鸞の返点を否定したところで、歴史的事実と合致させることはできない。とすればもう一度、親鸞の返点に従って、傍線部分を素直に読むべきではないか。これを書き下すと、「ここを以て興福寺の学徒は、

太上天皇に、今上の聖暦承元丁卯歳仲春上旬の候に奏達す」となる。中澤見明氏が解したように、興福寺は後鳥羽院に対し、承元元年（一二〇七）二月上旬に奏達したのである。興福寺の奏状提出が元久二年の一度きりと考える必要はない。嘉禄の法難でも朝廷と延暦寺が頻繁に交渉しており、むしろ一度だけと解する方が不自然である。

では、興福寺の「奏達」は何のためのものであったのか。次の史料に注目したい。

余党可㆓搦出㆒事

敬仏宜秋門院女房、東御方内ニアリ	聖縁同内ニアリ	顕性
聖仏八条油小路、唐橋冨小路両所ニ宿所アリ	千仏	発法破却清水家了、当時六条辺ニ経廻
唯仏	知願ハ出使庁了	薩生出使庁了、法印辺二町許キタリ

（中略）

廻文案文

度繁朝臣	信広朝臣	成能朝臣	行兼朝臣	資季	康重
友景	章久	康景	兼親	知経	親尚
明能	明継	経政	資茂	信種	章俊
尚能	章秀	章職	職兼	職光	

右、念仏者余党事、山門注文如㆑此、早任㆓交名㆒、殊可㆑令㆓尋沙汰㆒者、依㆓別当宣㆒、所㆑廻如㆑件

嘉禄三年八月廿七日

これは嘉禄の法難の際に、「念仏者余党」の逮捕を命じた検非違使別当宣である。(24) 中略部分も含め全部で四十七名の交名が記されており、平度繁・藤原信広たち検非違使にそのリストを回して、捜査するよう命じている。

ここで注目すべきは、傍線「山門注文如レ此」の記載である。つまり逮捕すべき念仏者余党の交名は、延暦寺が提出した「山門注文」に記されていた。当時の検非違使の実態からすれば当然のことであるが、検非違使が職権主義的な独自捜査を行って、逮捕すべき人物を特定していったのではない。延暦寺の要求を丸呑みしたのである。また嘉禄の法難では、隆寛・幸西・空阿弥陀仏が遠流となっているが、この三名の処罰も延暦寺が求めたものであり[25]、結局、嘉禄の法難で流罪・追放となった者は、いずれも延暦寺が名指しした者たちである。こうした事例はほかでも確認できるのであって、建久二年（一一九一）の延暦寺と近江守護佐々木氏との紛争では、天台座主が「流人注文」を提出して、佐々木定綱らの配流を要求している。仁治三年（一二四二）に金剛峯寺が伝法院を焼き討ちした事件でも、伝法院は高野山の「宿老等廿六人」の交名を注進して配流を求めている[26]。こうした要求が必ずしもすべて認められたわけではないが、少なくとも問題となる人物の特定は敵対者側が行うことが多い[27]。

しかも建永の法難に至る過程においても、興福寺は法然・安楽・幸西・住蓮・行空を名指しして処罰を要求している[28]。この点からすれば、最終的に流罪となった八名の人物特定も、興福寺が行ったと考えてよいだろう。つまり、親鸞の流罪も興福寺が要求したと考えられ、その傍証となるのが後序に見える「奏達」である。承元元年（建永二年）二月上旬に興福寺は、専修念仏の不当性を改めて訴えるとともに、罪科に処すべき人物の名を後鳥羽院に「奏達」した。親鸞が二月上旬の「奏達」を特筆しているのは、この時に興福寺が親鸞たち八名を名指しして流罪を求めたからではないか。実際、親鸞は諸行往生を否定しており、客観的にも罪科の基準（「偏執」）に合致している。ただし『選択本願念仏集』の書写を認められたのが興福寺奏状（元久二年）が提出される半年前のことであったように、親鸞は法然門下で頭角を現すのが比較的遅かった。そのこともあって、興福寺が親鸞を問題視するのが遅れ、最終段階になって、突如、親鸞の名が浮上することになったのであろう。

以上、建永二年二月上旬の「奏達」で、興福寺が親鸞らの流罪を求めたと推測した。次に流罪後の親鸞について検討しよう。

四　承元の奏状

先に掲げた後序の一節は、古田武彦氏によって、親鸞が朝廷に提出した奏状であることが明らかにされた[29]。氏の論拠を整理すると、次のようになる。

(1)　後序では土御門天皇を「今上」と読んでいる。「今上」の用例を検討した結果、この語は執筆時点の天皇の意と解すべきであり、親鸞が土御門の在位中（一一九八～一二一〇年）にこの文章を書いたことになる。

(2)　後序では「今上」の語のほか、法然が「今年七旬三御歳也」（一二〇五年）と述べたり、法然の入滅（一二一二年）に言及するなど、執筆年代の齟齬が見られる。この混乱は、親鸞がかつて自分で書いた初期文書をそのまま後序に引用したために生じたものである。後序では四点の初期文書が引用されている。

(3)　後序冒頭の「竊以」から「五年居諸」に至る文章には、平出・闕字はもとより、「空師」「源空法師」の呼称や「予」の自称が見える。これらはいずれも他の親鸞文献に見えない用例である。これらは上奏文の形式に従ったものであり、『血脈文集』『歎異抄』がいうように、この一節は朝廷への奏状と考えるべきである。これを承元の奏状と呼ぶ。

古田氏の主張は意を尽くしたものであり、基本的にそれを支持したい。ただし氏は、奏状の執筆時期を特定せず、承元四～五年とするのみであるが、この点については検討の余地があるだろう。そこで、改めて考えてみたい。

承元の奏状の末尾には、「空師幷弟子等坐二諸方辺州一、経二五年居諸一」と記している。まずこの五年の数え方であるが、当時は数え年のように最初の年も一年として数えた。たとえば高野山の道範は讃岐で六年六カ月の流罪生活を送ったが、赦免された時、知人に「七年之間」の交誼を謝し、相手も「七ケ年之祗候」をねぎらっている。また、浄土宗良暁は「先師在京十一年〈自二建治二年一、至二弘安九年一〉」といい、建治二年（一二七六）から弘安九年（一二八六）の十年間を「十一年」と述べている。東大寺は建仁元年（一二〇一）に、建久四年（一一九三）の勘文が無沙汰のまま「已終二九ケ年一畢」と抗議しているし、阿弖河庄の湯浅氏は「自二建長三年一至二于康元元年一六ケ年之間」のように、建長三年（一二五一）から康元元年（一二五六）の五年間を「六ケ年」と記している。[30] 以上からすれば、流罪となって「五年の居諸を経たりき」とは、建永二年・承元元年（一二〇七）から五年目の承元五年・建暦元年（一二一一）を指すことになる。親鸞がこの奏状を承元五年・建暦元年に執筆したことは間違いない。

ところがこの奏状で親鸞は、土御門天皇を「今上」と呼んでいる。土御門天皇は建久九年（一一九八）正月十一日に後鳥羽の譲位によって受禅し、三月三日に即位。在位十二年で、後鳥羽院の指示によって承元四年（一二一〇）十一月二十五日に退位した。代わって順徳天皇が同日受禅し、十二月二十八日に太政官庁で即位の儀を執り行っている。「五年居諸」の表現からすれば、奏状の執筆は承元五年・建暦元年でなければならないが、土御門天皇を「今上」と呼べるのは、承元四年十一月までである。親鸞の奏状には時間の齟齬がある。

これに関し古田氏は、三つの可能性があるとして結論を留保された。[31] 第一は、奏状の原文には「四年居諸」と記してあったが、『教行信証』に引用するに際して、流罪期間が五年であったために五年と書き直して引用した、というものである。古田氏はその傍証として、親鸞真筆『西方指南抄』所収の七箇条制誡では、親鸞の署名を、原文書の「僧綽空」ではなく、その後の名称である「善信」に書き改めて記載していることを挙げている。[32]

しかし、『西方指南抄』所引の同文書署名部分は抄出である。原文書の署名百九十名全員を再録したのではなく、一割程度（二十二名）を抄出したにすぎない。しかも署名の順序は、最初の十九名までは原文書の通りであるが、末尾三名「蓮生　善信　行空」については、原文書の署名順はそれぞれ八十九番目（蓮生）、八十七番目（僧綽空）、四十番目（行空）となっており、親鸞の名前が異なっているだけでなく、署名者の順序も入れ替わっている。それに対し『教行信証』後序は、平出や闕字ばかりか、「今上」「今年」の文言まで忠実に原文書を書き写しており、原文書に対する姿勢が根本的に異なっている。「四年」を「五年」に書き直すのであれば、「今上」や「今年」の文言も改めたはずである。古田氏が明らかにしたように、『教行証文類』とは諸尊・先達の「文」だけでなく、親鸞みずからの「文」をも引用・掲載した書物である。その点からすれば、後序での引用文言の改変は考えがたく、原文「四年」説はありえない。

第二に古田氏は、奏状が承元四年と五年の二度提出された可能性もあるとする。そしてその場合、「竊以、聖道諸教行証久廃……或改僧儀賜姓名処遠流、予其一也」が四年の奏状、「爾者已非僧非俗、是故以禿字為姓、空師弁弟子等坐諸方辺州、経五年居諸」を五年の奏状とする。しかしこれでは、前者と後者が「爾者」という接続詞でつながっていることが説明できない。また前者で記した還俗の話は、後者の「非僧非俗」の宣言と内容的につながっている。この点からして、二度提出説も成り立たない。

とすれば、古田氏のいう第三の可能性が正しいことになるが、重要な問題であるので改めて確認しておこう。なぜなら、奏状が提出された時期が流罪の赦免前なのか、それとも赦免後なのかという問題と、これが関わってくるからである。

「五年居諸」の文面からして、この文章が承元五年・建暦元年に執筆されたことは間違いがない。ところが同年十一月十七日に法然が赦免されており、親鸞の赦免もその時であったと考えられる。「五年居諸」の語句だけでは、奏状執筆が赦免前・赦免後のいずれであったか、確定することができないことになる。親鸞の奏状提出に触れた史料は三点ある。まず『親鸞伝絵』は、

> 建暦辛未歳子月中旬第七日、岡崎中納言範光卿をもて勅免、此時聖人右のごとく、禿字を書て奏聞し給ふに、陛下叡感をくだし、侍臣おほきに褒美す

と記しており、奏状の提出を赦免後としている[33]。一方、『親鸞聖人血脈文集』は、

> 愚禿者、坐二流罪一之時、望二勅免一之時、改二藤井姓一、以二愚禿之字一、中納言範光卿をもて勅免をかふらんと経二奏聞一、範光の卿をはじめとして、諸卿みな愚禿の字にあらためかきて奏聞をふること、めでたくまうしたりとてありき

とあり、奏聞は赦免以前のこととしている[34]。また『歎異抄』は、

> 親鸞、改二僧儀一賜二俗名一、仍非レ僧非レ俗、然間、以二禿字一為レ姓、被レ経二奏聞一了、彼御申状、于レ今外記庁に納ると云々、流罪以後、愚禿親鸞令レ書給也、

とあるだけで、奏状提出の時期はわからない[35]。親鸞が奏状で弾圧の不当性を敢然と訴えたとして、それが流罪中のことなのか、赦免されて以後のことなのかで、その意味合いは大きく変わる。はたして、いずれであろうか。

この問題の鍵となるのが、「五年居諸」と「今上」との時間的齟齬である。もしも奏状の執筆が赦免後であれば、親鸞は土御門天皇が退位してまるまる一年後に、土御門を「今上」と呼んだことになる。いかに越後にいたとはいえ、奏状を提出しようという者である。朝廷の動向には関心をもっていたはずであり、一年も経てば、天皇交代の情報は確実に入手できたであろう。その点からすれば、奏状は承元五年の早い時期に執筆されたと見てよい。つま

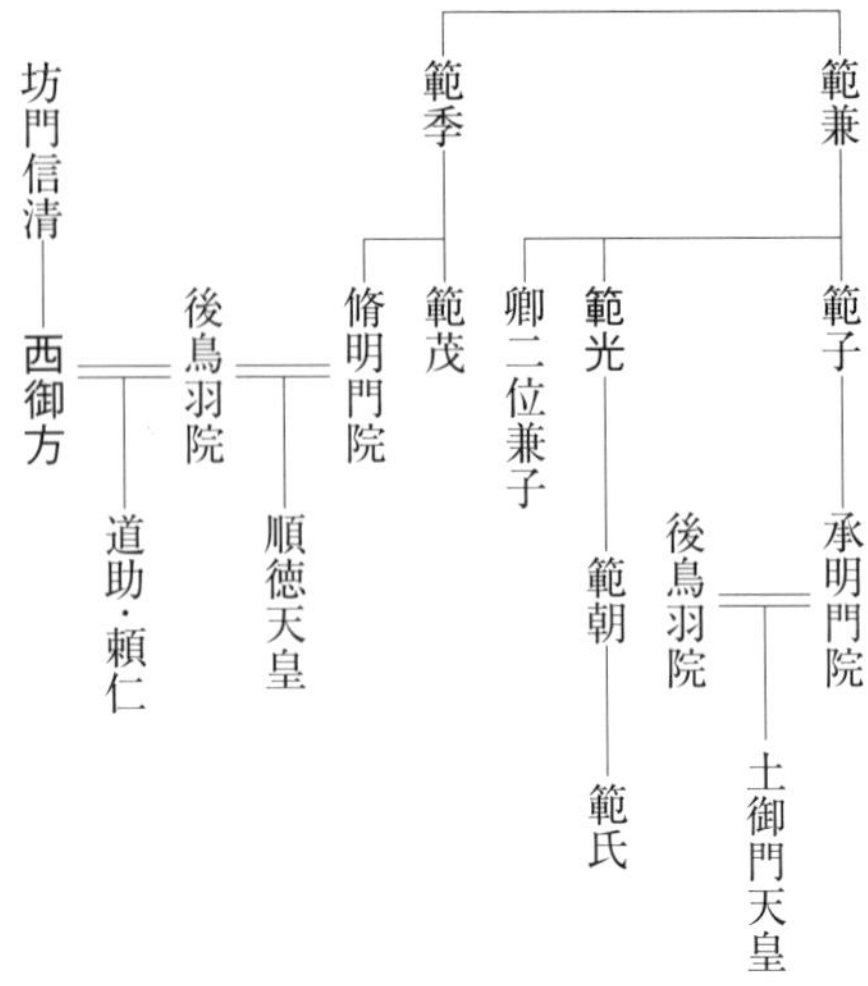

図1　藤原範光の略系図

り奏状は赦免以前に執筆・提出されたのである。

とはいえ、親鸞が奏状を提出したとしても、権門の挙状のない奏状など受理されるはずもない。では、誰が奏状を取り次いだのか。ここで注意すべきは岡崎中納言範光の存在である。藤原範光（一一五四～一二一三）は、図1に見えるように姉妹二人が後鳥羽院の乳母であった。また後鳥羽院の近臣として絶大な権力を振るった伯父範季の猶子となってその政治力を継承しており、「公卿以上昇進、偏依㆓範光卿一言㆒歟」とまで言われている。(36)

この範光について、『親鸞伝絵』は「岡崎中納言範光卿をもて勅免」とするが、これはありえない。範光は建永二年（一二〇七）三月七日に出家している。この当時、出家後の沙弥が宣旨・太政官符はもとより、院宣・院庁下文の発給に関わることはないので、『親鸞伝絵』の記事は信頼できない。一方、『親鸞聖人血脈文集』は「改㆓藤井姓㆒、以㆓愚禿之字㆒、中納言範光卿をもて勅免をかふらんと経㆓奏聞㆒」とあり、親鸞の奏状を藤原範光が取り次いだという。私はこの記事には十分な蓋然性があると思う。

第一に藤原範光は越後国の知行国主であった。建暦三年（一二一三）四月五日に範光は死没するが、彼はこの時、越後と丹後の知行国主であった。『新潟県史』によれば、範光による越後の知行は承元元年（一二〇七）十二月までさかのぼるという。(37)つまり範光は、親鸞が奏状を提出した時、越後の流罪人を管轄する最高責任者であった。奏状を取り次ぐ人物として、藤原範光が登場する十分な理由がある。

第二に、範光は建永二年(一二〇七)の出家後も後鳥羽院の寵臣として活動していた。出家後も後鳥羽院より二国の知行国主の維持が認められており、承元二年(一二〇八)七月には後鳥羽の岡崎御所を造進したし、翌年造営された三条坊門の押小路新御所はもともと範光邸であった。また承元五年八月の堂衆赦免問題では、大衆鎮撫のために院使として延暦寺に派遣されているし、人事の面でもなお隠然たる力を有していた[38]。このように範光は出家後も後鳥羽院と密接な関係を有しており、後鳥羽に奏状を取り次ぐことは十分可能であった。

第三に、範光は法然の帰依者であったという。『四十八巻伝』巻一二によれば、範光は「ひとへに上人《法然》に帰して称名の外、他事なかりけり」といわれ、死没の直前には法然の夢告を得て往生したという。もとよりその記事は信頼できる内容ではないが、しかし範光は法然周辺の人物と関わりが深い。範光の中陰仏事では園城寺公胤僧正が曼荼羅供を行っているし、延暦寺の安居院聖覚も阿弥陀経の説法をしている。この公胤・聖覚は、法然にたいへん近しい人物であり[39]、先の夢告譚も、法然周辺と範光との親密な人間関係を背景に創作されたのであろう。また建永元年(一二〇六)、後鳥羽院のニセ者が実印法印女のもとに通った事件では、関係者からこの件を相談された聖覚が藤原範光に話を内々伝えており[40]、聖覚と範光が昵懇の関係であったことは疑いない。一方、親鸞は聖覚の『唯信鈔』真筆草稿本を入手してそれを書写しており[41]、親鸞も聖覚とは真筆草稿本を貸借するような交誼関係にあった。範光が法然に同情的であった可能性は十分にあり、範光—聖覚、聖覚—親鸞との関係からしても、範光が親鸞の奏状を取り次いでもおかしくはない。

以上から、『血脈文集』がいうように中納言岡崎範光が親鸞の奏状を取り次いだと見てよかろう。そしてこの奏状は、越後における親鸞の生活をうかがう貴重な手だてともなる。

五　越後での流罪生活

親鸞は越後に流罪となったが、越後での生活はどのようなものであったのだろうか。中世朝廷の流罪制度は、律令制段階とは異なり、かつての労役刑が消滅し、純粋な追放刑に変化している。また、平安時代の中・後期には、検非違使が管轄している獄舎囚人ですら、密閉空間に拘束されていたのではなく、着鈦もされず、獄舎の周辺でかなり自由な生活を許されていたという[42]。とすれば、貴族・侍品の流罪生活は、それ以上に緩やかであったはずだ。とはいえ、研究蓄積はなお乏しく不明な部分が多い。そこでその欠を補うため、中世の囚人預け置き慣行について検討を見ておきたい。これに関しては、石川晶康・海津一朗氏が鎌倉幕府や武家の世界における預け置きについて検討を加えている[43]。概括すれば、おおよそ次のようになるだろう。

囚人預け置き慣行は、刑罰の執行権者が被疑者・犯罪者を、特定の預かり人に一定期間ないし終身にわたって預け置く刑罰慣行である。大別すると、ⓐ加害者帰属集団預かり型、ⓑ被害者帰属集団預かり型、ⓒ職権預かり型の三種がある。まず、ⓐ加害者帰属集団預かり型は、囚人の親族・傍輩・師弟同宿が自分の功をたてに囚人をもらい受けることを認められたものであり、ⓑ被害者帰属集団預かり型は被害者の関係者に囚人を預けるものである。これに対し、量的に最も多いのが、囚人を第三者に預けるⓒ職権預かり型である。これには拘禁刑のほか、未決勾留・囚人護送や断罪の代理執行も含まれる。ⓐⓑⓒいずれの場合も、囚人は預かり人のイエ支配権のもとに包摂されるため、その処遇については預かり人の自由裁量の部分が大きい。源頼朝が処刑を命じたにもかかわらず、預かり人が秘かにかくまっていたような事例もあるし、預かり人と囚人が結託することも珍しくはなかった。ただし囚人を監視・扶持することは、関東御公事の一つとはいえ、預かり人には大きな負担であった。そのため、御家人が勝手に囚人を預け直したり、囚人が逃失することも頻繁に起きており、幕府は預かり人の怠慢を誡める法を何度か制定して、それに歯止めをかけようとしている。

以上が囚人預け置き慣行の概略である。これらはあくまで鎌倉幕府や武家社会における預け置きを対象としたものであるが、囚人預け置き慣行それ自体は摂関期段階から見えており、(44)次のように、朝廷の流人制度においても同様のものを確認することができる。

まず、ⓐ加害者帰属集団預かり型について。建仁三年（一二〇三）、聖徳太子の墓をあばいて歯牙を盗もうとした僧二名が遠流に定まった。この時、東大寺重源の申請によって、二人は彼の知行国である周防・備前に流されている。(45)また文覚は、後白河院に神護寺への寄進を強要して承安三年（一一七三）に伊豆に流罪となるが、文覚起請文によれば、その際、文覚は源頼政に預けられ、その郎党である源省《はぶく》に伊豆まで護送されている。五味文彦氏はこれについて、①伊豆国は源頼政の知行国であった、②文覚は摂津渡辺党の出身であるが、頼政は源省など渡辺党を従えていたことから、頼政の申請で文覚の配流先が伊豆になった、と推測している。(46)

同様の事例は建永の法難でも見える。この法難で幸西と証空はいったん流罪となったが、「無動寺之善題《(ママ)》大僧正」慈円が「申しあずか」ったため、流罪を免れている。(47)九条兼実の要請で、弟の慈円が二人の預かりを申請したのであろう。また、この時の法然の配流先は土佐であるが、この土佐国は九条兼実の知行国である。配流先が土佐に定まったのも兼実の申請によると思われ、兼実は自分の知行国に法然を逗留させようとしたのである。建永二年二月十日に行われた九条兼実の働きかけは無駄に終わったのではなく、一定の成果をあげていた。

ちなみに法然伝によれば、九条兼実は土佐が遠いということで、結局、法然を讃岐に移したという。(48)これに関し

『四十八巻伝』巻三五などは、変更先の讃岐が兼実の知行国だったとするが、それは正しくない。兼実は早世した息子の知行国であった越後・讃岐を、元久三年（一二〇六）四月に土佐と交換しており、法難時点での兼実の知行国は土佐であって讃岐ではない[49]。しかも、承元元年（一二〇七）十二月に出された流罪赦免の官符は、土佐国に宛てて出されている[50]。朝廷が定めた配流先は、あくまで土佐国であった。

しかし他方、『四十八巻伝』などは、法然が実際には讃岐の「子松庄」に滞在したという。この「子松庄」（小松庄）は元久元年四月二十三日の九条兼実処分状に見えており、流罪時点では兼実の所領であった[51]。その点からすれば、土佐への配流を認められた九条兼実は、途中で方針を変え、彼の独断で、法然をみずからの讃岐の所領に据え置いたことになる。中世預け置き慣行における預かり人の裁量権の大きさからすれば、讃岐国子松庄への変更は十分ありうる話である。以上からすれば、加害者帰属集団預かり型は朝廷の流罪制度においても認められ、建永の法難でもその事例が存在する、と結論できよう。

ⓑ被害者帰属集団預かり型について。平重衡が東大寺衆徒に引き渡されて処刑されたのを皮切りとして、鎌倉時代になると、敵の身柄を引き渡すよう朝廷に要求する事例が増えてくる。たとえば建久二年の延暦寺と近江守護の紛争の場合、延暦寺は日吉山王七社の前で糾問するため、守護佐々木定綱父子の身柄を衆徒に「賜」るよう求めた[52]。朝廷・幕府はこれを拒絶して、定綱父子四名の流罪と郎従五名の禁獄に定まったが、なぜか朝廷は護送中に方針を突然変更して、事件の発端をなした佐々木定重を衆徒に引き渡して処刑させている。これは流人を被害者帰属集団に賜ったものである。

最後にⓒ職権預かり型についてであるが、鎌倉末期の史料に「流人雑事以下在庁役」の表現があり[53]、御家人の義務とされた囚人預かりは、もともと在庁官人の職掌であった可能性が高い。事実、保元の乱では伊豆の在庁工藤茂光に源為朝の「預」が命じられたし、崇徳天皇は流罪先の御所が完成するまで、讃岐「二の在庁散位高遠」の寺院に逗留した。また平治の乱では、同じく伊豆の在庁官人である伊東祐親・北条時政が源頼朝を預かっている(54)。このように流人の預かりは在庁官人の職掌であった。そして朝廷―国司―在庁官人の預かり制度が、鎌倉幕府の成立によって幕府―守護―御家人による預かり制度に変化していったのであろう。ただし承久の乱以前の朝廷流人については、なお基本的に朝廷の預かり制度が維持されていたはずである。とくに越後国は文治年間の一時期に源頼朝の知行国となったが、その後は九条家や後鳥羽院側近の知行国となっており、親鸞の越後時代は基本的に朝廷の支配下にあった(55)。したがって越後国では朝廷―国司―在庁官人の預かり制度が機能していたと思われ、在庁官人が親鸞の身柄を預かったのであろう。

では親鸞の流罪生活に、どの程度の自由さがあったのだろうか。これをうかがうため、当時の流罪生活の実態を検討してみたい。素材は道範阿闍梨の『南海流浪記』である(56)。道範(一一八四～一二五二)は、鎌倉時代の高野山を代表する学僧である。高野山衆徒による大伝法院焼き討ちの咎で、朝廷が道範たちを六波羅探題に召喚し、仁治四年(一二四三)正月に讃岐配流となっている。流罪生活は六年半に及ぶが、その間の日記を抄録したものが『南海流浪記』である。鎌倉時代の流罪生活の一端をうかがうことのできる好個の史料といえよう。

まず、預かり人に引き渡される経緯を確認しておく。道範たち三十余人の宿老は正月二十五日にそれぞれ配流先の武士に「預」けられた。ただし道範の場合、讃岐守護所が在京していなかったため、淡路守護所の武士に「付」されて京都を出発した(57)。二月十二日に讃岐の国府に到着。十三日には讃岐守護所に引き渡され、十四日に鵜足津《うたつ》(現宇多津町、坂出市の西隣)の御家人である橘藤高能に「預」けられた。高能は翌日、道範を鵜足津の山手にある寺院に移している。

こうして流罪生活が始まるが、その実態は想像以上に自由である。流罪となって一月余り後の三月二十一日に、道範は善通寺に参詣している。善通寺は鵜足津から直線距離で南西に一〇キロほどの地にある。道範は善通寺で空海の遺跡を巡見し、翌朝、鵜足津に帰っている。さらに半年後の九月十五日には、善通寺誕生所に設けられた庵室に移住し、以後、赦免されるまで善通寺に逗留した。これが幕府法にいう預け直しであろう[58]。道範の場合の経緯は不明ながら、おそらく橘藤高能は善通寺の要請によって道範を預け直し、その管理を善通寺に委ねたのである。こうした預け直しは管理責任が曖昧になるとして幕府から禁じられるが、実際には広く行われていた。

流罪中の宗教活動も盛んである。善通寺の童舞装束の調進や発願文の作成をしたり（寛元二年正月）、「大勧進」となって誕生院を造立して鎮壇を修している（建長元年五月）。また、宝治二年（一二四八）十月には伊予国寒川《さんがわ》の地頭に招かれて、新造寺院の開眼供養を執り行った。寒川（四国中央市）は伊予の東部にあるとはいえ、善通寺から四〇キロ余り離れた隣国である。讃岐に流罪になった者が、隣国に出かけて宗教活動を行っているのであるから、流人の活動実態はかなり自由であったようである。

ただし道範の事例は、承久の乱後ということもあり、朝廷—六波羅探題—守護—御家人と、朝廷と幕府機構とが有機的に結びつく形で配流・預かりを実施している。参考にはなるものの、親鸞の時期とはやや事情を異にする。そこで朝廷の流人について、もう少し検討してみよう。具体的に研究が進んでいるのは、源頼朝の配流生活である[59]。

流罪中の頼朝は、仏事・読経の生活を中心にしながら、比較的自由に武士や僧侶と交流していた。頼朝を支えた者も数多い。頼朝の乳母である比企尼は、武蔵国比企郡を請所にして夫とともに下向し、挙兵まで二十年にわたって頼朝を援助したし、婿たちを頼朝に近侍させた[60]。三善康信は、その母が頼朝の乳母の妹であったという関係から、毎月三度、頼朝のもとに使者を派遣して京都の情勢などを伝えていたし、頼朝母方の実家である熱田大宮司家の祐範法橋も、毎月頼朝のもとに使者を派遣している。[61] このほか、筑前住吉社神主である佐伯昌助は、流人の身でありながら密かに頼朝に仕えていたし、『愚管抄』によれば、流罪中の文覚もまた頼朝のもとに頻繁に通っていたという。[62]

このように流罪中の頼朝は想像以上に自由であったが、もちろん不自由さもあった。頼朝は預かり人の娘と恋仲となったが、その行方は預かり人の意思にかかっていた。頼朝の預かり人は伊東祐親と北条時政であったが、頼朝はまず伊東祐親の娘との間に子どもをもうけている。しかし平重盛と主従関係を結んでいた祐親はそれを知って激怒し、赤子を殺して娘を別に嫁がせたばかりか、頼朝まで殺そうとした。北条時政も娘政子が頼朝と恋仲になると、「時宜」(平氏の意向)を恐れて二人を別れさせようとしている。[63] その点で、彼ら預かり人は、流人の扱いについて、権力中枢の意向を気にする存在でもあった。

とはいえ、預かり人の裁量権の大きさは、朝廷の流人制度においても共通している。先に述べたように、法然の配流先が実際には土佐国ではなく讃岐国子松庄であったのは、その証左である。また海津一朗氏は、囚人をイエ支配権に包摂することが、時には御家人と囚人との結託をもたらし、それが鎌倉後期における御家人による悪党扶持の一因となった、と述べている。[64] 実際、頼朝と北条氏との関係は、朝廷の立場からすれば、預かり人による悪党扶持と同じ構造である。また、鹿ヶ谷事件で奥州に流罪となった山城守基兼が、藤原秀衡のもとに属して後白河院と秀衡とのパイプ役になったように、院近臣の諸国配流が諸国武士団による反平氏挙兵の地ならしとなった、という指摘もある。[65] このように、流人と預かり人との結託は平安時代後期においても確認され、朝廷の流人預かり制度においても、預かり人の裁量は大きかったといえるだろう。

概括しておこう。

(1) 朝廷における流人制度においても、流人は預かり人のイエ支配権の内部に包摂されており、その管理は預かり人の裁量が大きく、時には流人と預かり人の結託も起きた。

(2) 流人の生活は予想以上に自由であり、預け直しが行われるなど、その管理は必ずしも十分ではなかった。

迂遠な叙述となったが、以上を踏まえて親鸞について検討してみよう。親鸞と預かり人との関係はどのようなものだったのだろうか。流罪中の親鸞について、判明していることが二つある。第一は承元の奏状である。私は前節で、承元の奏状の提出が流罪中の出来事であることを指摘した。第二は子どもの誕生である。赦免の宣下は建暦元年十一月十七日に出ているが、恵信尼文書によれば、信蓮房明信が同年三月三日に誕生している[66]。つまり親鸞は、流罪中に恵信尼との間に子どもをもうけている。

この奏状提出や恵信尼との結婚は、預かり人の了解を得た上での行動とも解することができるが、他方では、預かり人の管理の甘さの表れとも考えられる。預かり人の知らないうちに、勝手に奏状提出などを行った可能性もある。しかし親鸞の場合、奏状は越後の知行国主を介して朝廷に提出されている。知行国主の指揮下にあった預かり人の了解を取らなかったとは考えがたい。知行国主が奏状を受理するにしても、返却するにしても、知行国主―預かり人の間でやりとりがなされるからである。その点からすれば、承元の奏状は預かり人の了解のもとで提出されたと見るべきであろう。親鸞の預かり人は親鸞に対し好意的である。

では、なぜ預かり人は温情的であったのか。奏状の全貌がわからないとはいえ、少なくともその奏状は専修念仏の弾圧をきびしく批判している。預かり人がその提出を容認したとすれば、それはいったい何故なのか。そこで考えるべきは、親鸞の結婚である。この問題は親鸞の婚姻と関わっている可能性が高い。

親鸞は流罪中に恵信尼との間に子どもをもうけている。親鸞の婚姻関係は不明な点が多く、非常にむずかしい問題である。ただし親鸞が九条兼実の娘と結婚したということは、ありえない。第一に身分格差がありすぎる。親鸞一族はこれまで殿上人にすらなっていない。唯一昇殿できたのは伯父の宗業であるが、それとて親鸞の流罪赦免後のことである。しかも九条兼実は日記のなかで、宗業の才能を讃えながらも、「凡卑者」とその身分出自の卑しさを蔑んでいるし、その孫の道家も宗業をはなはだ「下品《げぼん》物」と評している。[67]摂関家の娘が地下人と結婚することは、この時代、まず考えられない。第二に、流罪の際に慈円の預かりがなかった。建永の法難では、法然門下の幸西・証空の二人が慈円に預けられて遠流を免れている。親鸞がもしも九条兼実の娘と結婚していたのであれば、誰よりも先に親鸞が、慈円に預けられたはずである。それがなかったことからして、親鸞と兼実の娘との婚姻は考えられない。

さて、善鸞は恵信尼のことを「まゝはゝ《継母》」「まゝはゝ《継母》のあま《尼》」と語っており、[68]親鸞が恵信尼と結婚する以前に、善鸞の母親と結婚していることがわかる。これ以上は、もはや臆断の域に踏み込むことになるが、親鸞は善鸞の母と京都時代に結婚し、流罪を契機に別れて、善鸞は京都の母のもとで育てられたのではあるまいか。

一方、恵信尼は晩年に越後に住んでいるし、二人の子どもたちの多くも越後で生活していた。恵信尼消息によれば、小黒女房・栗沢信蓮房明信・益方入道有房が越後で暮らしていたことがわかる。この小黒・栗沢・益方の地名は越後の国府近辺で確認することができ、恵信尼たちの生活基盤が越後、それも国府近辺にあったことをうかがわせる。とはいえ、恵信尼の実家に関する史料は多くない。『日野一流系図』に「兵部大輔三善為教女」との記事があり、『玉葉』に越後介「三善為則」が登場する程度である。[69]これに関し石井進氏は、①越後国府近辺の地が恵信尼の本拠地である、②恵信尼は娘の覚信尼に対してだけでも八名の下人を譲与しており、所有していた下人の総数は、大隅の在庁禰寝氏の九十四人を超える程度と思われ、彼女を越後の在庁官人の一族と考えてよい、③在庁官人は国府の政務担当者として文筆に秀でる必要があり、恵信尼の教養も在庁官人一族のそれと説明できる、④臨時の年給によって越後介に補任された程度では、三善為則の土着化・豪族化はきわめて困難であり、恵信尼と三善為則とを結びつけるのには無理がある、と述べている[70]。短文ということもあってか、石井氏の指摘はあまり注目されていないが、これはたいへん重要な発言である。

そもそもこの問題がむずかしいのは、系図史料と恵信尼文書とでイメージにギャップがありすぎるからである。系図史料での「兵部大輔三善為教女」や、それに付随する越後介「三善為則」の記事からは、恵信尼の父親が中央官人であるやに思われる[71]。しかし他方、恵信尼文書では彼女の生活基盤が越後にあることがわかる。彼女がもしも中央官人の出自であるならば、恵信尼やその子どもたちが親鸞と別れて越後で暮らしている理由が説明できない。恵信尼の実家はこの時期、中央官人としての地位を喪失して越後に土着していたというのであろうか。しかし石井氏がいうように、一年程度の越後介在任で土着化するなど、ほぼ不可能な話である。

このように、二つの史料群の中身には埋めがたい乖離がある。とすれば、もはやどちらか一方を選ぶしかない。恵信尼を「兵部大輔三善為教女」とする『日野一流系図』は、その成立が天文十年（一五四一）であるうえ、長子範意の母を九条兼実女としているし、善鸞も恵信尼の子とするなど、史実に反する記事も多く、恵信尼文書に比べれば、その史料的価値は大きく劣る。答えはおのずと明らかであろう。石井説が優れているのは、越後介三善為則と恵信尼を結びつけることを止め、この問題を恵信尼文書に即して考え直そうとした点にある。

私は先に、朝廷流人の預かりは在庁官人の職掌だと述べた。しかも、親鸞の預かり人は承元の奏状の提出を容認したと考えられ、親鸞に対し同情的であった。一方、恵信尼文書は、彼女が越後国府近辺に地盤をもつ在庁官人の出自であることを示唆している。そして源頼朝が預かり人の娘・北条政子と結婚していることからすれば、親鸞もまた預かり人の娘と結婚したのではあるまいか。つまり恵信尼は親鸞の預かり人の娘であった。北条時政は平氏の意向を憚らず、娘と結婚した頼朝を支援した。そのように恵信尼の父もまた、娘婿の親鸞を援助したのではなかろうか。恵信尼の教養についても、必ずしも京都と関連づける必要はない。北条政子の存在は、この時期における在庁官人の娘の教養の高さを指し示している。

推測に推測を重ねたが、いずれにせよ、越後での預かり人は親鸞に対し理解のある人物であった。もちろん、親鸞の流罪生活が初めから好意に包まれたものであったかどうかはわからない。日蓮の場合、流罪の当初は辛酸をなめている。とはいえ、日蓮と同様、親鸞の場合も、流罪の終盤においては、相当な配慮と温情のなかで生活していたことは、確言してよいであろう。

註

（1）弾圧必然説の代表的な論著は松野純孝『親鸞』（三省堂、一九五九年）、偶発説の代表的論考には赤松俊秀『人物叢書　親鸞』（吉川弘文館、一九六一年）がある。

（2）拙稿「建永の法難について」（同『日本中世の社会と仏教』、塙書房、一九九二年）。また拙稿「嘉禄の法難と聖覚・親鸞」（同『親鸞とその時代』、法藏館、二〇〇一年）を参照。

（3）『愚管抄』は源通親について「承明門院ヲゾ母ウセテ後ハアイシマイラセケル。カ、リケル程ニ、院ハ範季ガムスメヲオボシメシテ三位セサセテ」と述べている（日本古典文学大系、二八六頁）。得王については『明月記』元久元年六月九日条。なお『大日本史料』（四―八、一四六頁）は同年十二月七日に得王が赦免された記事を載せるが、国書刊行会および冷泉家時雨亭本『明月記』には、その記事が見えない。

（4）『皇帝紀抄』承元元年二月十八日条（『群書類従』三、三八五頁）。

（5）『愚管抄』（日本古典文学大系、二九四頁）。

(6)『玉葉』建久六年九月十一日条。
(7)『大日本史料』四―九、八五〇頁、『明月記』承元二年七月二日条、『大日本史料』四―一〇、七六三・八六九頁。
(8)『玉蘂』建暦元年九月二十五日条、九月二十四日条。
(9)『大日本史料』五―一、三一頁、『平戸記』寛元三年七月二十四日条。
(10)『一遍聖絵』第四（日本の絵巻二〇『一遍上人絵伝』、中央公論社、三六〇頁）、『吾妻鏡』建仁二年八月二十四日条。なお妻の自由出家については、勝浦令子「妻の出家・老女の出家・寡婦の出家」（同『女の信心』、平凡社、一九九五年）を参照。
(11)『皇帝紀抄』承元元年二月十八日条。
(12)たとえば『三長記』建永元年六月十九日条・二十一日条。また註(2)前掲拙稿を参照。
(13)『摧邪輪』巻下（『浄土宗全書』八巻、七六九頁）。
(14)玉桂寺阿弥陀仏像胎内文書から発見された源智の願文によれば、源智は諸行往生を容認している。伊藤唯真「勢観房源智の勧進と念仏衆」（同『浄土宗の成立と展開』、吉川弘文館、一九八一年）を参照。
(15)『法然上人伝記（九巻伝）』（『法然上人伝全集』、四二一頁）、『本朝祖師伝記絵詞（四巻伝）』（同書、四八五頁）。
(16)拙稿「親鸞と女犯偈」（註(2)前掲『親鸞とその時代』）。
(17)坂東本『教行信証』（『増補親鸞聖人真蹟集成』二巻、六七一頁）。
(18)中澤見明『史上之親鸞』（文献書院、一九二二年）一〇三頁。
(19)日本思想大系『親鸞』（岩波書店、一九七一年）四六二・四六三頁。
(20)鷲尾順敬「法然の七箇条起請の原本検討」（同『日本仏教文化史研究』、冨山房、一九三八年）。
(21)重見一行『教行信証の研究』（法藏館、一九八一年）六二・一三八・三三五頁。
(22)出典については、とりあえず『大日本史料』四―九、五〇四頁を参照。
(23)古田武彦『親鸞』（清水書院、一九七〇年）一〇一頁。
(24)『民経記』嘉禄三年八月三十日条。
(25)嘉禄三年六月三十日「延暦寺政所下文」（『鎌倉遺文』三六二八号）、嘉禄三年七月六日「官宣旨」（同、三六三五号）。

（26）『玉葉』建久二年四月二十九日条、『南海流浪記』（『群書類従』一八、四六八頁）。

（27）一般に寺院間紛争における張本沙汰の場合、朝廷が門主・別当に張本交名の注進を命じることも多い。その方法を準用すれば、処罰すべき張本の注進を法然に命じたことになる。しかし、法然がそれに応じたとは考えられないので、流罪者の特定は、興福寺が行ったと考えるべきである。

（28）『三長記』元久三年二月二十一日条、二月二十二日条。

（29）古田武彦「親鸞の奏状と教行信証の成立」（同『親鸞思想』、冨山房、一九七五年）。

（30）『南海流浪記』（『群書類従』一八、四七五頁）、正中二年三月十五日「良暁述聞副文」（『鎌倉遺文』二九〇四七号）、年月日欠「東大寺愁状案」（同、一二三六号）、正嘉元年九月日「湯浅宗氏綿増分注進状土代」（同、八一三九号）。

（31）古田註(29)前掲書、五五五頁。

（32）なお、古田氏は「善信」を後の改名と考えている。しかし「善信」はむしろ法然入室前から一貫して使用していた房号である可能性が大である。したがって抄出記載の際に、善信房綽空のうち、綽空ではなく善信の方を記したことになる。なお𣳾弘信「『善信』と『親鸞』」（『親鸞教学』七五・七六号、二〇〇〇年）を参照。ただし房号説には井上円「『名之字』考」（『新潟親鸞学会紀要』四号、二〇〇七年）の批判がある。

（33）『本願寺聖人伝絵』（『定本親鸞聖人全集』四巻二、三一頁）。

（34）『親鸞聖人血脈文集』（『定本親鸞聖人全集』三巻、書簡篇、一七七頁）。

（35）『歎異抄』（『定本親鸞聖人全集』四巻一、四二頁）。

（36）『三長記』元久三年四月四日条。なお藤原範光については、多賀宗隼「九条家の業績」（『金沢文庫研究紀要』七号、一九七〇年）を参照。

（37）『明月記』建暦三年四月六日条。承元元年十二月には範光一族の高倉範茂が越後守となっており、藤原範光の越後知行は範茂の補任時までさかのぼるだろう。ただし、親鸞を配流した時点での越後の知行国主は不明である。越後は正治元年（一一九九）から元久三年（一二〇六）四月まで九条家が知行国主であったが、九条良経の死去によって越後を佐渡と交換し、四月六日に藤原定高が越後守に任じられている（『三長記』同日条）。この定高が親鸞が流罪となった時の越後守であるが、残念ながら定高在任中の知行国主は不明である（『新潟県史　通史編2』四九頁、田村裕氏執筆、一九八七年）。なお、親鸞の伯父の藤原宗業が流罪直前の建永二年正月十三日に越後権介に補されている（『公卿補任』）。親鸞の配流先が越後となったのは、宗業の申請によるとも解しうるが、しかし権介クラスの宗業にそこまでの政治力があったとは考えにくい。

(38)　とりあえず『大日本史料』四―一〇、一六四・五八八頁、『同』四―一一、一九二頁を参照。また藤原定家によれば、建暦二年正月の除目で、定家の息・為家の昇進が範光によって妨げられたという（『明月記』建暦二年正月七日条）。

(39)　『明月記』建暦三年五月二十二日条・二十四日条。なお聖覚と法然との関係については、拙稿「嘉禄の法難と安居院聖覚」（註(2)前掲『日本中世の社会と仏教』）、公胤については三田全信『成立史的法然上人諸伝の研究』（光念寺出版部、一九六六年）八五頁を参照されたい。

(40)　『三長記』建永元年七月二十一日条。

(41)　高田専修寺が所蔵している『唯信鈔』奥書には、「寛喜二歳仲夏下旬第五日、以彼草本真筆、愚禿釈親鸞書写之」と記されており（『定本親鸞聖人全集』六巻二、七一頁）、親鸞が聖覚の真筆草本を入手していたことがわかる。

(42)　義江彰夫「王朝国家刑罰形態の体系」（『史学雑誌』一〇四―三、一九九五年）、上杉和彦「京中獄所の構造と特質」（同『日本中世法体系成立史論』、校倉書房、一九九六年）。

(43)　石川晶康「鎌倉幕府検断法における『預』について」（『国史学』九一号、一九七三年）、海津一朗「中世社会における『囚人預置』慣行」（『日本史研究』二八八号、一九八六年、以下、海津A論文と略称）、同「中世武家流刑の手続き文書」（『古文書研究』三七号、一九九三年、以下、海津B論文と略称）。

(44)　上杉和彦「中世成立期刑罰論ノート」（同『日本中世法体系成立史論』）。

(45)　『百錬抄』建仁三年五月二十八日条。周防・備前の両国が重源の知行国であったことは『愚管抄』巻六（日本古典文学大系、二七九頁）を参照。

(46)　元暦二年正月十九日「文覚起請文」（『平安遺文』四八九二号）。五味文彦『平家物語、史と説話』（平凡社、一九八七年）一〇〇頁。
(47)『歎異抄』（『定本親鸞聖人全集』四巻一、四一頁）。この二人は慈円が預かったことにより流罪を免れただけであって、罪そのものが赦免されたわけではない。
(48)『法然上人伝の成立史的研究』（知恩院、一九六一年）二巻、二四五頁。
(49)『三長記』建永元年四月三日条。
(50)『四十八巻伝』巻三六（『法然上人伝の成立史的研究』三巻、二五七頁）。田村圓澄『法然上人伝の研究　新訂版』（法藏館、一九七二年）一七一頁。
(51)『法然上人伝の成立史的研究』二巻、二五三頁、元久元年四月二十三日「九条兼実置文」（『鎌倉遺文』一四四八号）、建長二年十一月日「九条道家惣処分状」（同、七二五〇号）。
(52)『玉葉』建久二年四月六日条。
(53)元徳二年八月二十八日「対馬守護妙恵書下」（註(43)前掲海津B論文で翻刻紹介）。
(54)日本古典文学大系『保元物語　平治物語』一七五・一七六・二九三頁。
(55)『新潟県史　通史編2』四九頁。
(56)『南海流浪記』（『群書類従』一八、四七五頁）。
(57)なお、「守護所」は守護・守護代・又代をいう。秋山哲雄「『守護所』にみる鎌倉幕府の守護」（同『北条氏権力と都市鎌倉』、吉川弘文館、二〇〇六年）を参照。
(58)鎌倉幕府追加法四〇七は、「預人或以私計、依預置縁者、還住本所、或任自由横行洛中之由、普有其聞」と述べ、これを禁じている。
(59)石井進『日本の歴史一二　中世武士団』（小学館、一九七四年）五〇頁、大山喬平『日本の歴史九　鎌倉幕府』（小学館、一九七四年）二七頁、野口実「流人の周辺」（同『中世東国武士団の研究』、高科書店、一九九四年）などを参照されたい。
(60)『吾妻鏡』寿永元年十月十七日条。
(61)『吾妻鏡』治承四年六月十九日条、文治四年十一月九日条。

(62)『吾妻鏡』建久四年四月十一日条。『愚管抄』によれば、「文学ハソノカミ同ジ国ニナガサレテアリケル時、アサタニユキアイテ、仏法ヲ信ズベキヤウ、王法ヲオモクマモリタテマツルベキヤウナド云聞セケリ」とある(日本古典文学大系、二七九頁)。
(63)北条政子は頼朝に「君為流人坐豆州給之比、於吾雖有芳契、北条殿怖時宜、潜被引籠之、而猶和順君、迷暗夜凌深雨、到君之所」と述懐している(『吾妻鏡』文治二年四月八日条)。
(64)註(43)前掲海津A論文。
(65)五味文彦「花押に見る院政期諸階層」(同『院政期社会の研究』、山川出版社、一九八四年、四五八頁)。
(66)弘長三年二月十日「恵信尼書状」(『定本親鸞聖人全集』三巻、書簡篇、一九六頁)。
(67)『玉葉』養和元年十一月十二日条、『玉蘂』建暦二年八月三日条。なお、拙稿「若き日の親鸞」(『真宗教学研究』二六号、二〇〇五年)を参照。
(68)建長八年五月二十九日善鸞義絶状(『定本親鸞聖人全集』三巻、書簡篇、四一頁)。この史料の信憑性については、拙稿「善鸞義絶状と偽作説」(『史敏』三号、二〇〇六年)を参照されたい。
(69)『日野一流系図』(『真宗史料集成』七巻、五二〇頁)、『玉葉』治承二年正月二十七日条。
(70)石井進「親鸞と妻恵信尼」(『大乗仏典二二　親鸞』月報三、中央公論社、一九八七年)。石井氏も、恵信尼が監視役の在庁官人の娘であったと推測している。
(71)井上慶隆「恵信尼の父三善氏について」(『日本歴史』四八四号、一九八八年)。この論文については、草野顕之氏のご教示を得た。

一向宗の聖人二人
――黒谷源空聖人と愚禿親鸞――

今堀太逸

はじめに

法然は、極楽往生を願う人にとってもっとも肝心なことは、南無阿弥陀仏（念仏）を唱えることである、学問も修行もいらない簡単なものであることを強調して浄土宗を開いた。著書『選択本願念仏集』においては、諸経典より念仏の要文を引き、称名念仏が阿弥陀仏によって選択された唯一の往生行だとして、阿弥陀仏の本願を信じて念仏を唱えれば浄土往生できることが説かれている。念仏のみをひたすら唱えて他の行を修めないという「専修念仏」の教えは、念仏以外の行では往生できないとの主張と受け取られて、仏教各宗派からは偏執と非難され、朝廷・幕府から禁止され弾圧を受けた。法然や念仏教義を批判した僧侶（貞慶・明恵・日蓮等）は、きちんと仏教を学んだ教養ある学僧であり、高尚な念仏教義が議論されていたことは、両者の著述や法然伝の集大成である『法然上人行状絵図』からもうかがうことはできる。

しかし、その一方で専修念仏は、自分で経典を理解することが困難な諸国の武士や農民、漁民といった庶民層に受容された。在家の念仏者には「修行」の意識はなく、たんに死が近づき「往生」のためにだけ唱える念仏ではない。念仏信仰が日々の生活とともにあったのである。院政期に成立した往生伝や浄土教美術にみられる「極楽浄土」への憧憬よりも、老病と死苦からの解放を願った信心として「浄土宗の念仏」が求められ、受容されたのであった。現代人である我々は、医学の発達により長寿の恩恵を享受し、生への執着に強く死から遠のいた生活をしていて、「往生」「他力本願」という言葉を、日常語として念仏を信心することなく使用している。死が身近にあった中世においては、僧侶の教化の言葉には力があり、その教えを信じぬくことで、老病死苦と向かい合い、安らかな死を迎えた人たちがいたのである。

浄土宗は民衆を基盤とする集団が興隆発展することで、支配者層への進出を果たすことができたのであるが、暮らしのなかに諸宗の仏事儀礼が基盤として存在した貴族社会と、生活のなかに仏事儀礼が希薄であった東国の田舎とでは、専修念仏の布教活動も異なるのはごく当たり前のことである。日本人の念仏信仰の変遷をたどろうとするとき、浄土宗の布教活動を民衆の目線から考証する作業が必要である。

法然の門下において、特定の人物を派祖と仰ぎ、その門流の正統性が強調され、念仏を布教するにあたって教義の違いが闡明となってくるのは、少なくとも十三世紀後半からである。このことは、法然門下の諸流の系譜が最初にまとめられるのが、実に法然滅後一六六年後の永和四年（一三七八）、浄土宗西山派の静見が著わした『法水分流記』であることからも推察できる。『法水分流記』では、親鸞の系統は大谷門徒と呼ばれ「一向宗と号す」と説明されている。本願寺以外では浄土宗のなかの一流派「一向宗」との意識が近世まで存続した。(1)

本稿では、法然と親鸞の二人を大師聖人・祖師聖人として尊崇する「一向宗」が成立する経過をたどってみることにする。

一　親鸞と源空聖人

1　親鸞と勧進

承元元年（一二〇七）一月、専修念仏停止の院宣がくだると、法然とその門弟は捕えられ処罰された。法然は四国流罪となり、三十五歳の親鸞も、俗名藤井善信となって越後国府に流された。のち『教行信証』後序に、「僧の儀を改め、姓名を賜わり遠流に処せらる。ならばすでに僧に非ず、俗に非ず、これ故に禿の字を以て姓となす」と自ら記している。以後は非僧の立場を堅持し、書写の聖教類にも「愚禿釈親鸞」と署名した(2)。

「禿」とは、剃った頭の毛が伸びすぎているものとか、破壊無慙の人をいう。律令仏教の立場からは、無戒、肉食妻帯の僧を蔑称する言葉として使用された。高田門徒の所伝により親鸞の生涯をまとめた『高田開山親鸞聖人正統伝』第四に「去年流罪の節より、有髪禿の如くにてましませば、愚禿と名のりたまへり」との記載がある。関東滞在中の親鸞が俗人姿、すなわち長髪であった可能性が否定できないのである。

ところで、親鸞の関東移住については善光寺勧進聖説がある。法然の念仏を勧進するため善光寺勧進聖となって関東に入ったというのである。親鸞の関東での最初の事績は、上野国と武蔵国の国境である佐貫での衆生利益のための「浄土三部経」千部読誦の発願である。妻恵心尼は親鸞が自力を反省して数日後に中止し、常陸に赴いたと伝える（「恵心尼書状」）。この衆生利益とは当地域の人たちの鎮魂儀礼のための読誦を意味し、また善光寺勧進のためであったと考えられている。

また、親鸞在世中の肖像としては「鏡の御影」（七十歳頃）と建長七年（一二五五）八十三歳の親鸞を法眼朝円が描いた「安城の御影」が伝来する（西本願寺蔵）。「安城の御影」は、両手で念数を執った親鸞が、上畳に狸皮の敷物を敷いて坐す日常の姿を描いたもので、文和三年（一三五四）には三河国安城の照空房が相伝所持していた。前に桑木の火桶、猫皮の草履、桑木の鹿杖の小道具があるのが特色である。親鸞が俗人の風俗である茜根裏の下着を着けていて、旅の道具が描かれていることより、各地を遊行して歩く念仏聖親鸞を描いたものと解説されている(3)。

2　勧進と絵解き――『伝法絵流通』

浄土宗の念仏は、法然の生涯と教えを描いた絵画を見せながら、絵画中の経文や説明文、詞書きを聴衆に読み聞かせ、ときには解説するという「絵解き《えと》」とよばれる視聴覚伝道により弘められた。絵解きは、信者獲得に大きな効果を発揮し、使用された絵伝が各地の浄土宗や浄土真宗の寺院に伝来する。その最も古い絵伝が、関東布教のために制作された『伝法絵流通』である。書名の「流通」には教えを伝え弘めるとの意味があり、転写され、「掛幅絵伝」に仕立てられたものが各地に伝来する。

◇久留米善導寺所蔵『伝法絵流通』（略称『善導寺本』）

嘉禎三年（一二三七）に願主躭空が鎌倉八幡宮本社周辺において詞書を執筆した旨の記載がある。もと二巻仕立てのものを、四巻仕立てにした室町後期の写本である。絵図中に詞書を説明文のように配置し、躭空は奥書に「この絵画を披見し、その詞を説くものは阿弥陀三尊を礼拝し、『無量寿経』の文を読むべし」と記している。法然の尊称は「上人」。

◇『法然上人伝法絵　下』（『国華本』）

鎌倉後期の写本で上下巻の下巻のみの残闕本。『善導寺本』の第三・四巻にあたり、同じく絵図中に詞書を説明文のように配置し、本文中に「……是也」との絵を指示する詞が散見する。尊称は「聖人」。

法然の生涯の出来事として強調したいことについては、聴衆に強く印象に残るように、さまざまな工夫や演出がなされている。通常の絵巻物では、詞書が書かれ、それに対応する絵画が描かれているが、『伝法絵流通』では絵画の上段や下段に詞書があったり、絵画だけ、詞書（文章）だけの段がある。ときには、絵画が連続したり、絵画のなかに絵を説明する書き入れや、経文の引用があったりもする。

なかでも、法然が天台宗（山門）の僧侶であり、その念仏も慈覚大師の念仏を継承した天台宗の正統な念仏である。法然は念仏による王法の興隆を願って天皇や公家・女院に戒を授け、念仏往生の教えを説いた。けっして顕密の諸宗から仏法と王法を破滅にみちびく破戒の指導者として訴えられるような異端の念仏者ではないということが、くり返し強調されている。また、大原談義（問答）・東大寺大仏殿説法・室泊の遊女結縁・塩飽島の地頭の帰依・勝尾寺滞在など、法然の生涯の出来事として著名な話のほとんどの文献上の初見が『伝法絵流通』なのである。

ところで、『善導寺本』『国華本』の病床御物語の図と御往生の図では、信空・隆寛・聖覚と弟子たち（勢観房源智・親守（盛）大和守見仏・右京権大夫隆信沙弥戒心・空阿）とを明確に区別している。この絵画からは随時の弟子は信空、法然の同門が権律師隆寛、法然・信空・隆寛のよき理解者として安居院聖覚が描かれている。また、弟子たちがいかにも年の若い青年僧として描かれている。

この絵画の説明としては、隆寛に学び信空の弟子となった信瑞が、その著書『明義進行集』において、「法然は我が後に念仏往生の義すぐにいわむとする人は聖覚と隆寛なり」と述べて、正しい継承者だとすることが共通することや、親鸞は登場しないのであるが、親鸞が東国の門弟たちのために聖覚の『唯信鈔』や隆寛の『自力他力事』『一念多念分別事』を書写し、注釈を加えていたこととも一致する。

3　『西方指南抄』と『伝法絵流通』

『西方指南抄』は、当時流布していた法然の法語・消息・行状などを三巻六冊に編纂したものである。親鸞が康元元年（一二五六）から翌正嘉元年に書写した自筆本が高田専修寺に伝来する（法然の尊称は「聖人」）。その本末（七）に「聖人の御事諸人夢記」（「諸人夢記」）が収録されている。

「聖人の御事諸人夢記」には、『伝法絵流通』の「兼日に往生の告をこうむる人々」に名前が列挙されている人たちへの法然の夢告だけではなく、『伝法絵流通』に登場しない夢告も含めて詳しく紹介されている。そのうち、女性への夢告は次の四点である。

(1)　三条小川に住む陪従信賢の後家尼のもとの少女

（建暦二年一月）二十四日の夜、ことに心を澄まし高声念仏しているのを乗願房という聖が耳にした。夜が明けて少女は乗願房に「法然聖人は今日二十五日、かならず往生される」と語ったので、そのことを、どうして知ったのかと尋ねた。今宵の夢に、聖人のもとに参ると「我は明日往生する、もし今宵汝が来なかったら、我を見ることができなかった、よく来た」と述べられた。少女が「我が身に痛み思う事がある。我いかにしてか往生し侍り」と問うと、聖人は「まづ出家してながく世間の事を捨て、静かなところで一向に後世のつとめをいたすべし」と教えられた。今日午時に聖人が往生されたのは、夢にかなうことであると申した。

＊『善導寺本』（【善】）『国華本』（【国】）記載の人名と比較してみると、【善】「陪従信賢」、【国】「三條小川倍《ママ》従信賢」である。

(2)　白河の准后宮のそばに仕える三河という女房

二十四日の夜の夢で、聖人のもとに参り拝むと、四壁に錦の帳をひき、色さまざまにあざやかなうえに、光があり煙がたち満ちていた。よくよく見ると、煙ではなく紫雲というものかと不思議に思い、聖人が往生されたのかと思ううちに夢からさめた。夜が明けて僧順西に語ると、今日午時に聖人が往生されたことを告げられた。

＊【善】「白川准后宮」、【国】「白河准后宮女房」

(3) 鎌倉出身の尼来阿弥陀仏（記事は省略。【善】【国】には記載なし）

(4) 尼念阿弥陀仏

二十三日卯時の夢。晴れた空の西方を見ると白い光があり、扇のように末が広く元が狭かったのが大きくなり虚空に満ちた。光の中に紫雲があり、光ある雲と同じく東山大谷の方にあった。大谷に参じた多くの人々がこれを拝んだ。これはいかなる光かと問うと、ある人が法然聖人の往生されたのだと申したので拝んだ。人々のなかには「世に香うばしきかな」と語る人もいると思ううちに夢からさめた。

＊【善】「尼念阿弥陀仏」、【国】「鎌倉尼念阿弥陀仏」

『善導寺本』『国華本』と「諸人夢記」の人名表記とを比べると、『国華本』とのみ一致するものがあり、かなり親密な関係にあることが明らかとなる。『伝法絵流通』は親鸞の関東の門流において絵解きされていて、『西方指南抄』収録の「諸人夢記」は、本末（六）「法然聖人臨終行儀」とともに、法然絵伝の「老病と臨終」の場面を絵解きするさいの指南書であることがわかる。(4)

4　『尊号真像銘文』

周知のように、親鸞は阿弥陀仏の木像や画像ではなく名号を本尊としていた。門弟たちには、主に十字の名号本尊「帰命尽十方無碍光如来」を蓮台の上に書き、その上・下に経論や経釈を書いて与えた。門弟たちはそれに加えて、善導や法然らの祖師先徳像をも本尊としていた。それらにも讃銘が書かれていて、親鸞が門弟の求めで、これら本尊の解説をしたのが『尊号真像銘文』である。正嘉二年（一二五八）八十六歳のときの書写本を紹介したい。

◇「日本源空聖人真影」

建暦壬申（一二一二年）三月一日の四明山権律師劉官（隆寛）の讃がある。四明山とは比叡山の別称で、三月一日は法然の五七日にあたる。『伝法絵流通』において隆寛が供養導師をつとめたとすることより、そのときの表白とされる。

◇「比叡山延暦寺宝幢院黒谷源空聖人真像」

『選択本願念仏集』を引く。この法然の真像銘よりしても、親鸞が法然を天台僧として門弟に説明していたことがわかる。

◇「法印聖覚和尚の銘文」

この銘文は、親鸞が文暦二年（一二三五）六十三歳のとき書写した『唯信鈔』の奥に、隆信入道（戒心）と大和入道（見仏）が法然の面前で、報恩謝徳の仏事を修したとき導師をつとめた聖覚の表白文と記されている。戒心と見仏は『伝法絵流通』で法然門下として強調される念仏者である。筆者は、親鸞が流罪以前には『伝法絵流通』に登場する山門出身の法然門下と親しい交流があったと推察している。

◇「和朝愚禿釈親鸞『正信偈』文」

解説で親鸞は「信心を浄土宗の正意としるべき也。このこころを得つれば、他力には義のなきをもて義とすと、本師聖人の仰せごとなり」と述べている。

この『尊号真像銘文』では、聖覚が法然から聞いた言葉により、法然の念仏が説示されている。

・「聖覚和尚のたまわく、わが浄土宗は弥陀の本願の実報土の正因として、乃至十声・一声称念すれば、無上菩提にいたるとおしえたまふ」

・「聖覚和尚は、聖人をわが大師聖人とあおぎたのみたまふ御ことばなり。(中略) 源空聖人は釈迦如来の御つかいとして、念仏の一門をひろめたまふとしるべし」

といった具合にである。

濁世の富楼那、天下の大導師・名人といわれた説法唱導の大家である聖覚は、関東との関係にも深いものがあり、二階堂行盛の北条政子追善のための造寺供養の導師をつとめている(『吾妻鏡』)。法然の念仏を勧進するのに、通憲の孫、澄憲の子という名門出身の天台の学僧聖覚の唱導をもって語るのが最も効果的な方法であった。

二　浄土宗の布教と「本地垂迹」信仰

1　善導は弥陀の化現――『選択集』

仏教に縁のない日本の衆生に仏法を説明するのが「本地垂迹」信仰である。本地とはインドの仏菩薩で、垂迹というのは日本の神であったり、人物であったりする。神々の場合では、何々大明神の本地仏はこれこれの菩薩であり、人物の場合は、聖徳太子が救世観音の化身であったり、菅原道真が十一面観音の化身といわれて、それぞれ「権者の化現」（仏菩薩が衆生を救うために、仮に姿を現したもの）という言い方がされた。

「本地」「垂迹」の語は平安仏教でも使用されていたが、「本地垂迹」とセットで文献上に登場するのは、管見の限り十三世紀、鎌倉期からである。(5)「本地垂迹」説とは、布教者が「自分は仏菩薩に代わり、衆生を救済するために教えを説いているのだ」ということを、仏教に縁のなかった民衆に説明する必要から創出された論理でもあった。法然も『選択本願念仏集』の第十六章において使用している。中国には「善導は是れ弥陀の化身なり」との相伝があることを紹介して、

静に以れば、善導の『観経の疏』は、是れ西方の指南、行者の目足なり。然れば則ち、西方の行人、必ず須く珍敬すべし。就中、毎夜夢中に僧有って玄義を指授す。僧は恐らくは是れ弥陀の応現ならん。爾らば謂うべし、此の『疏』は是れ弥陀の伝説なりと。何に況んや、大唐に相伝えて云く。善導は是れ弥陀の化身なりと。爾らば謂うべし、又此の文は、是れ弥陀の直説なりと。既に写さんと欲する者は、一ら経法の如くせよと云えり。

と述べて、善導の『観経疏』が弥陀の直説であり、西方指南の書であること明らかにする。その上で、

此の言は誠なるかな。仰いで本地を討ぬれば、四十八願の法王なり。十劫正覚の唱え、念仏に憑有り。俯して垂迹を訪えば、専修念仏の導師なり。三昧正受の語は、往生に疑いなし。本迹異なりと雖も化導これ一なり。

との結論を導いている。すなわち、法然は「本地」である阿弥陀仏が「垂迹」である善導大師として中国に示現したのだと語るのである。

2　法然は勢至菩薩の垂迹――『伝法絵流通』と『和讃』

法然門下の勧進活動の展開するなかで、絵伝の形式で祖師法然の生涯が語られた。したがって、その生涯は浄土宗の布教活動のなかで創作された可能性が否定できないのであるが、救済者としての生涯を描くのに「本地垂迹」説が使用されている。『善導寺本』より抄出してみる。

(1) 第五十一図「病床御物語」

莚畳の上に法然、その背後に一人、外に三人の僧、それと向かいあう四名の僧と少し離れて尼を描き、絵画上方に次のような説明文がある。

仁和寺に侍りける尼、上人の往生の夢に驚きて参じ侍りける。

病床のむしろに、人々問いたてまつりける。御往生の実否は如何と。答て云く、我本、天竺国に在しとき、衆僧に交りて頭陀を行じき。今日本にして天台宗に入てかゝる事にあえり。抑、今度の往生は一切衆生結縁のためなり。我本居せしところなれば、たゞ人を引接せんと思う。

『源空聖人私日記』にもみえ、諸伝は共通して、法然の今度の往生は一切衆生の結縁のためであること。法然は極楽の住人であり、また天竺の人であったが、人々を念仏往生により救済するために化現した、日本では天台宗に入り、往生を迎えることになったと説明する。法然は天台宗の僧侶であっても、権者であるので、帰依者は天台教団には束縛されない浄土宗の祖師（宗祖）として崇敬できるのである。

(2) 法然は八幡宮、釈迦・弥陀と一体

建暦二年（一二一二）一月十三日、別当入道の孫（実名不知とする）が、上人の御葬送が清水寺の塔に入ったのを夢に見た。また、その一両日あとに、葬送に会することができなかったことは遺憾なことであるので、御葬の地へ出かけよとの夢をみた。別当入道の孫が葬地に出かけると、八幡宮の戸が開くように思われたので

「八幡宮の御体也」というと、隣人はこれこそ「上人の御体」だと申したという。(6)

(3) 法然の本地は勢至菩薩

建保四年（一二一六）四月二十六日に三井僧正公胤は法然の夢をみた。夢の中で、法然は公胤に、

源空の孝養のために公胤よく説法をす。感語尽くすへからす、臨終に先す迎接せん。源空の本地身は大勢至菩薩。衆生を化せんかための故に、此界に度たひ来るなり（原漢文）。

と告げたという（第五十五図「公胤夢告」）。公胤はその年の閏六月二十日、紫雲たなびくなか念仏往生をとげたのであった（第五十六図「公胤往生紫雲たなびく図」）。親鸞も善導と法然を語るのに「本地垂迹」説によっている。(7)

三　東国門弟と念仏勧進

1　善知識（親鸞）の消息集

親鸞を門弟たちが我らの善知識として記憶し、記録しておこうと編纂したのが、親鸞の消息集である。(8)

◇善性本『御消息集』

親鸞の消息六通と蓮位の添状一通の計七通を収録する。善性は下総飯沼の人で、その成立は正嘉二年（一二五八）の頃ともいわれ、もっとも早く編纂された。高田専修寺に顕智所持本が伝来する。

第一通は下野高田の慶信への消息である。慶信が自分の念仏信心を書き、親鸞に批判を求めた。その手紙の字句を削除・訂正・加筆修正し、返送したものである。第三通の蓮位消息がその添状である。蓮位は帰洛後親鸞に随侍

していた門弟である。親鸞は咳病を患っていて、蓮位に「かく入れよ」と命じたが、「御自筆はつよき証拠」であると親鸞にお願いしたと述べている。

第二通は高田の浄信の「こまかに仰せを蒙り給りたい」との質問に対する返答である。他力とは義なき義のことであるとの「大師聖人の仰せ」を書いている。第七通は真仏門下の専信の質問とその返答である。質問には直接答えず、本願他力とは自力のはからいを些かもまじえないことだと教え、「他力と申すは、行者のはからいの塵ばかりもいらぬなり。かるがゆへに義なきを義とすと申なり。このほかにまた申すべきことなし。ただ仏にまかせ給へと、大師聖人のみことにて候へ」と記している。

◇『親鸞聖人御消息集』

消息十八通を収める。鎌倉時代末期の古写本が愛知県桑子妙源寺に伝来する。常陸・下野の門弟に与えたものが多く、上限が建長四年（一二五二）、下限が正嘉元年（一二五七）頃のものである。親鸞の子慈信坊善鸞が東国に下向すると、門弟たちとのあいだで対立が生まれ、親鸞が我が子善鸞を義絶するにいたる経過と、親鸞帰洛後の関東における念仏勧進と親鸞一家の経済的基盤を研究する上で、注目されてきた。

十八通の消息のなか、目を引くのが関東の門弟が念仏の疑義を質問する際に、親鸞に銭を送っていることである。一例をあげると、第八通「教忍御房御返事」には、

護念坊のたよりに、教忍坊より銭二百文、御こゝろざしのもの、たまはりてさふらふ。さきに念仏のすゝめのもの、かたがたの御なかよりとて、たしかにたまはりて候き。人々によろこび申させ給べく候。この御返事にて、おなじ御こころに申させ給べくさふらふ。

と「こころざしのもの（懇志）」「念仏のすすめのもの」に対してのお礼を冒頭で丁重に述べている。

教忍の疑義については、「この御たづね候事は、まことによき御うたがひどもにて候べし」と質問の的確なことを誉めている。そして、一念多念につき、

「まづ一念にて、往生の業因はたれりと申候は、まことに、さるべき事にて候べし。さればとて、一念のほかに念仏をまふす事には候はず。そのやうは唯信鈔にくはしく候」

「多念をせんは、往生すまじきと申事は、ゆめ〳〵あるまじき事也。唯信鈔をよく〳〵御覧候べし」

「阿弥陀如来の選択本願念仏は、有念の義にもあらず、無念の義にもあらずと申候也」

などと教示している。

消息集をよく読むと、門弟の質問も、親鸞の返答も、念仏を人々に勧進する際の疑義にたいするものが多いのに気づく。門弟たちが自身の信心を深めるのも、念仏勧進のためであった。

平松令三氏はこの「念仏のすすめのもの」を、念仏勧進による聖の得分と理解することで、親鸞への上納は上級聖の得分に相当するものではないかと推察される[9]。ともあれ、帰洛後の親鸞一家の生活は、善知識としての念仏信心の指導にたいする門弟の懇志と、その門弟の念仏勧進に依存したものであったことは確かなことである。

親鸞の著述や消息にみられる聖人源空（法然）にたいする態度や、関東の門弟宛の消息における、

先にくだしまいらせ候し、唯信鈔、自力他力などの文にて御覧候べし。それこそ、この世にとりては、よき人々にておはします。すでに往生もしておはします人々にて候ば、その文どもに書かれて候には、何事もなにごともすぐべくも候ず。法然聖人の御をしへを、よくよく御心得たる人々にておはしますに候き。さればこそ、往生もめでたくしておはしまし候へ（『親鸞聖人御消息集』第三通）。

といった聖覚・隆寛という先学の著述への信頼は、『伝法絵流通』と実によく一致するのである。

親鸞は門弟に念仏を勧めるにあたって、自身の信心においては、法然の「言葉」が念仏信心のすべてである。「ただ念仏して弥陀に救けまひらすべしと、よき人の仰せをかふりて信ずるほかに、別の子細なきなり」と語っている。そして、

阿弥陀仏の本願が真実ならば、釈迦の教えが嘘であるはずはない。釈迦の教えがまことであるなら善導の釈もまことである。善導の釈がまことなら法然の言葉もまことなので、親鸞の申すことにも誤りはないとして、念仏をすすめた（『歎異抄』）。

親鸞は自らは愚禿と称したが、師である法然については、大師「聖人」とか本師「聖人」と上人ではなく「聖人」と尊称するとともに、黒谷の聖人、すなわち山門僧として門弟に教えていた。親鸞が東国の門弟たちに語った法然の生涯と念仏は『伝法絵流通』にもとづいたものであったと考えてよいと思う。

2　祖師伝（『法然聖人絵』）の成立

関東の御家人に念仏を勧めていたのは親鸞の門弟たちである。正応四年（一二九一）には北条得宗家の内管領平頼綱の助成により『教行信証』が開版されている。しかし、最古の注釈書である存覚の『六要鈔』の延文五年（一三六〇）の奥書によると、門弟には難解であり、その内容も理解されていなかった。ましてや、布教活動に使用されることはなかった。

関東の親鸞門流において、親鸞没後しばらくは、法然の念仏は慈覚大師の念仏を相承した山門の念仏として勧進されていた。それが、善知識（念仏の指導者）を中心に各地に道場が設立されて、教化活動が活発に展開されると、天台宗や真言宗と競合する「浄土宗」が組織されてくる。

法然と帰依者との問答形式が採用されて、祖師法然の言葉を重んじる教化活動が展開されるようになるのである。この背景には『西方指南抄』や醍醐三宝院所蔵の『法然上人伝記』(『醍醐本』)、『黒谷上人語燈録』など法然の法語・遺文が編集されたことがある。

法然の法語・遺文により創作された、法然と帰依者との問答が掲載される最初の伝記が、『法然上人伝法絵　下巻』(『高田本』)である。高田専修寺には顕智が永仁四年(一二九六)に書写した詞書だけの下巻が伝来する。『国華本』系統の『伝法絵流通』が底本となっていることはかって指摘した[10]。

『高田本』においては、法然が流罪の道すがら自ら人びとに語りかけていること、高弟として信空のみをことさら強調すること、聖覚の勝尾寺での唱導が法然の在家の人たちへの念仏教化を高く評価する内容となっていること、そして法然の臨終往生の段では、

浄土の宗義につきて凡夫直往の往路をしめし、選択本願をあらはして、念仏の行者の亀鏡にそなふ。余恩没後にあたりていよいよさかりに、遺徳在世にひとしく変ずる事なし。

と讃歎することなどが、特筆すべきことである。

親鸞門流における法然伝の展開からも、法然を我が朝の念仏の祖師とする「浄土宗」が成立する経過をうかがうことができる。

親鸞門流の祖師伝として制作されたのが『高田本』の影響下に成立した『法然聖人絵』である。この絵巻は、南北朝の頃に本願寺に出入りしていた弘願が所持者であったことから『弘願本』とよばれている。『伝法絵流通』と共通の序文の後に、

末法ひさしくなりれば、顕教もさとる人なく密教もまれなり。これによりて上人さとりやすき念仏をひろめて、

衆生を利益せんかために、この浄土宗を建立し給へり。

という。

法然の浄土宗の特色を、伝教大師が桓武天皇の力で比叡山に登り興したのが天台宗、弘法大師が嵯峨天皇の力で東寺を賜り高尾・高野山を開いたのが真言宗、この念仏宗（浄土宗）は一向に九条殿（兼実）のはからいで法然が建立したものだとする。兼実の法然への助力については、第一番に後白河法皇が諸宗の碩学に『往生要集』を読ませたさいの推挙をあげる。法然の講義に感嘆した法皇は隆信に法然の真影を写させ、蓮華王院の宝蔵に納めたという。『選択集』が九条殿の勧進でできたこと、また遠流にさいしても兼実は土佐に代官を派遣して所領のあった讃岐に上人を置いたこと、法然の帰洛は兼実病悩の善知識となるためであったが、勝尾寺滞在中に亡くなったので、そのまま逗留したと述べている。

浄土宗の祖師として法然の生涯を語るのに、その誕生についても祖師にふさわしい奇異の瑞相があり、権化の再誕であることが説かれるようになる。『弘願本』では、法然の両親が子供のないことを愁え、夫妻は心を一つにして仏神に祈り、ことに観音に申して孕むことができた。母は苦痛もなく出産したが、そのときには空より幡二流が降り下った。その子供は四、五歳にもなると成人のようで、ややもすれば西に向かうくせがあったと記載する。

四　「祖師聖人（親鸞）」の誕生

1　『善信聖人絵』の成立──親鸞「上人」と親鸞「聖人」

覚如は永仁三年（一二九五）に『善信聖人絵』を制作し、法然聖人から嘱目された高弟としての親鸞の生涯を記し、法然の真意を伝承する親鸞の正統な法統が大谷廟堂にあることを説いた。そして、延慶二年（一三〇九）大谷廟堂の留守職に就任すると、廟堂を寺院化して教団の中心に位置づけようと計画する。そして、法然から親鸞、親鸞から嫡孫である如信（善鸞の子）を経て覚如に、浄土真宗の法統が継承されているとの三代伝持の血脈相承を主張した。

覚如は、親鸞を祖師として神聖化していくさいに、本地垂迹をとくに強調する。それを体系的に展開しているのが『善信聖人絵』である。

◇『琳阿本』上巻第三段「六角夢想」

善信（親鸞）が建仁三年（一二〇三）に六角堂へ参籠して、救世菩薩、つまり聖徳太子の本地が夢告に現れたことが書かれている。その後で編纂者（覚如）は「つらつら、この記録を披てかの夢想を案ずるに、ひとへに真宗繁昌の奇瑞、念仏弘興の表示也」と解説する。

そして、親鸞が後に語ったこととして、

仏教むかし西天より興て、経論いま東土に伝る、是偏に上宮太子の広徳、山よりも高、海よりも深し。吾朝欽明天皇の御宇に、是をわたされしによりて、則（ち）浄土の正依経論等、このときに来至す。儲君若厚恩をほどこしたまわずは、凡愚いかでか弘誓にあふことを得ん。

と書いている。儲君（皇太子）、つまり聖徳太子が浄土教の経典を伝えてくれたから、阿弥陀仏の本願に会うことができるというのである。そして、

救世菩薩はすなはち儲君の本地なれば、垂迹興法の願をあらはさんがために、本地の尊容をしめすところなり。

次に法然を「抑又大師聖人（源空）も流刑に処せられたまはずば、我又配所におもむかんや。もしわれ配所に趣むかずん

ば、何によってか辺鄙の群類を化せん。是なを師教の恩地なり」と登場させる。そして、

大師聖人すなわち勢至化身、太子又観音の垂迹なり。このゆへに、われ二菩薩の引導に順じて、如来の本願をひろむるにあり。真宗因茲興じ、念仏由斯煽なり。是併聖者の教誨によりて、更に愚昧の今案をかまへず、彼二大師の重願、たゞ一仏名を専念するにたれり、今（の）行者、錯て脇士に仕ふることなかれ。直に本仏を仰ぐべしと云々。

と言って本地垂迹を説くのである（傍線筆者、以下同）。

結論として「故に、上人〈親鸞〉、傍に皇太子を崇たまふ。蓋斯仏法弘通の浩なる恩を謝せんがためなり」と、聖徳太子をなぜ崇めるのかという理由を、親鸞に語らせるのである。

◇『琳阿本』下巻第二段「稲田興法」

ここでは、

聖人越後国より常陸国に越て、笠間郡稲田の郷と云所に、隠居し給。幽栖を占といへども道俗跡をたずぬ。蓬戸を閇といゑども貴賤衢に溢る。仏法弘通の本懐こゝに成就し、衆生利益の宿念たちまちに満足す。この時、聖人被仰云、「救世菩薩の告命をうけし往夢、既今与符号せり」。

とあり、ここで、六角堂の夢想と一致した親鸞の念仏教化の活動は、救世菩薩に告命を受けてのことだということになるわけである。以後親鸞も、「聖人」と尊称されるので、聖徳太子が親鸞を「祖師聖人」にしたのである。

覚如は永仁二年（一二九四）に『報恩講私記』を作った。その第三に、滅後の利益の徳を述べるとして、

祖師聖人（親鸞）は直也人にましまさず。則ち是れ権化再誕也。すでに弥陀如来の応現と称し、亦は曇鸞和尚の後身とも号す。皆是れ夢の中に告を得て、幻前に瑞を視し故也。自ら名のりて親鸞と曰う。

と書いている。阿弥陀如来から中国の曇鸞、道綽、善導などを経て、聖徳太子、法然、親鸞とつながる血脈に自分たちもつながっていると解き明かすのである。

◇『琳阿本』上巻第七段「入西鑑察」（この段は高田本には見えない）

親鸞の弟子入西房が聖人（親鸞）の真影を写すことを許されて、絵師定禅が写した話である。定禅の昨夜の夢に貴僧二人が現れた。一人の僧がもう一人の聖僧（善光寺本願の御房）の真影を描くことを頼んだ。そのとき阿弥陀如来の化身の僧だと思ったが、いま入西に依頼されて写そうとしている僧（親鸞）は、昨夜の夢中の聖僧と少しも違うことがないので随喜し、顔ばかりを写したというのである。この夢想は仁治三年（一二四二）九月二十日夜のことであるとして、覚如は、

この奇瑞を思うに、聖人則弥陀如来の来現といふこと炳焉也。しかれば弘通し給教行、恐は弥陀の直説と可謂。

と記すのである。

◇『康永本』蓮位夢想

覚如七十四歳の康永二年（一三四三）に制作した『本願寺聖人伝絵』に登場する段である。

蓮位という親鸞の弟子が建長八年（一二五六）に見た夢として、「聖徳太子、親鸞聖人を礼したてまつりましましてのたまはく、敬礼大慈阿弥陀仏、為妙教流通来生者、五濁悪時悪世界中、決定即得無上覚也」と、聖徳太子が親鸞を阿弥陀仏として拝んだというのである。「しかれば、祖師聖人、弥陀如来の化身にてましますといふ事明なり」と結論づける。

ここに親鸞門流において、親鸞は阿弥陀仏の化現（垂迹＝権者の化現）であるとの祖師像が誕生するのである。[11]

図1　吉水入室（高田本　三重県専修寺所蔵）

親鸞29歳の春、法然の房を訪れ、その門下に入る。源空「聖人」、親鸞「上人」との書き入れに注目。

図2　信行両座（同上）

親鸞33歳の頃、法然が「信不退」「行不退」どちらに重きをおくかと一同に尋ねた。親鸞は「信不退」についた。空「聖人」、信空「上人」、親鸞「上人」と記載。

図3　蓮位夢想（康永本　真宗大谷派所蔵）

親鸞の弟子蓮位の夢に聖徳太子が現れ、阿弥陀仏の化身だと親鸞を礼拝した。覚如が制作した最後の絵伝『康永本』において挿入された段。

図4　廟堂創立（同上）

『琳阿本』では、廟堂に石塔を描くので、影像の安置は後のことか。「此時に当て、上人（親鸞）相伝の宗義いよいよ興じ、遺訓ますます盛事……緇素老少面々あゆみを運びて、年々に詣す」（『琳阿本』）。『康永本』では親鸞の尊称を「聖人」とする。

2 『拾遺古徳伝』の制作

覚如が常陸の鹿島門徒の要請により、正安三年（一三〇一）制作したのが『拾遺古徳伝』である。従来の研究では、親鸞の吉水入室・『選択集』相伝・真影図画ばかりが注目されている。が、それは法然の念仏を勧進するのに、親鸞の門流がいかにふさわしいかを説くためであり、覚如に依頼したのは血脈ならびに法脈ともに親鸞の直系である覚如が適任と考えられたためである。

『古徳伝』で重要なことは二点である。

(1) 親鸞は越後流罪の勅免があったとき、ただちに帰京すべきであったが、法然が入洛の後まもなく往生した。今、都に帰っても仕方がないので、師の教えをひろめるために「東関の境、ここかしこに多の星霜をそかさねた」こと。

(2) 上洛してからは、法然の中陰の追善供養に漏れたことを恨みとして、先師報恩謝徳のために「聖忌」を迎えるごとに「声明の宗匠を屈し、緇徒の禅襟をととのえて、月々四日四夜、礼讃念仏とりをこな」ったとの、弟子としての親鸞の行実である（巻九）。

覚如が著した『善信聖人絵』は、親鸞を祖師聖人（阿弥陀仏の垂迹）として描こうとしていることもあり、関東の門弟たちにとって、とりわけ祖師は源空聖人、我々の善知識が親鸞（善信上人）と教えられていた、親鸞面受の弟子の法系に連なる念仏者には納得できないものがあったのであろう。

『古徳伝』巻四の「大原問答」は、聖光門流で制作された『法然上人絵伝』（琳阿本）の展開と考えられ、詞書の分量もほぼ同じである。ただし、法然の尊称「上人」を「聖人」に書き替えた箇所がある。後世の写本はすべて

「聖人」とする。

僧正（顕真）かねて所々の智者を招請しつゝ、勝林院の丈六堂に集会して聖人を屈請す。すなわち重源已下の弟子三十余人を相具してわたりにたまひぬ。上人（法然）の方には重源をはじめとして次第にいなかれたり。座主僧正の方にも諸宗の碩徳僧綱已下幷に大原の聖人等又着座す。

と、『古徳伝』においては、会場が顕真の自房である龍禅寺ではなくて、勝林院丈六堂となっている。また、法然が重源以下の弟子三十余人を相具し参列したとする。「彼れ是れ両方三百余人、二行に対座す」と述べて、法然とその弟子である重源らと、天台座主・諸宗の碩徳・僧綱や大原の聖人たちとの一大論争であったと伝えている。

覚如は法然の詞を、

（その時聖人云く）、源空発心已後、聖道門の諸宗についてひろく出離の道を訪に、かれもかたくこれもかたし。これすなわち世澆季にをよひ、人痴鈍にして機教あひそむけるゆえなり。しからばすなわち有智・無智を論せず、持戒・破戒をきらはず、時機相応して順次に生死をはなるへき要法ハ、たた浄土の一門、念仏の一行なり。

と引用して、聖道門の諸宗の教えよりも、法然の浄土門、念仏一行の教えのいかにすぐれているのかを説明する。

覚如が、

「唐家には導（善導）和尚、和国には空（法然）聖人、それ浄土宗の元祖なり」（巻六）

と述べているように、浄土宗（法然）の念仏をより一層に勧進するために、親鸞門流にふさわしい浄土宗の祖師伝として『拾遺古徳伝』が制作されたのであった。

3　知恩講と報恩講

『知恩講私記』は先行研究においては、著者を隆寛と推定し、成立は法然上人滅後十年前後の頃としている。法然の廟堂で遺弟らが月忌に知恩講を修したときの講式で、初段から五段にかけて法然の五徳、諸宗通達・本願興行・専修正行・決定往生・滅後利益の徳が讃歎され、讃徳文の全段をとおして一種の法然伝になっている。

筆者は安貞二年（一二二八）の奥書は当時のものではなく、親鸞門流においては「伝法絵」系統の法然の伝記が展開していること、『知恩講私記』と『善導寺本』の関係の近いこと、また親鸞の『和讃』も「伝法絵」系統の法然の伝記を要約した可能性があることから、『知恩講私記』は『伝法絵流通』における法然の生涯を讃歎したものであるとの見方をしている。というのも『高田本』には、『善導寺本』を尊重しながらも『国華本』『西方指南抄』にもとづく記述がある。その影響を受けた記述を含めて『高田本』と『知恩講私記』は驚くほどに一致する文章がある(12)。

法然の真影を本尊として勤修する知恩講が、本願寺において蓮如の頃までは、『本願寺作法之次第』（五三）に「蓮如上人の御代には、毎月二十五日（法然の命日）の勤めののちに知恩講式をあそはされ候き」と見えているし、室町期の古写本が真宗寺院に伝来することからわかる。

「知恩報恩」とは、三宝・国王、両親・衆生などの恩徳を知って、これに報いるとの仏教語である。菅原道真も願文において『法華経』は「知恩報恩において無量無辺の功徳がある」（『菅家文草』十二）と使っている。親鸞は『教行信証』において、「正信念仏偈」を作ったことを述べるのに、「知恩報徳のために、宗師の釈（曇鸞の『浄土論註』）をひらき見るに……恩を知りて徳を報ずる理をまず啓す」と記している。その「正信偈」において、

本師源空は仏教に明らかにして、善悪の凡夫人を憐愍せしむ。真宗の教証を片州に興し、選択本願を世にひろむ。

と讃歎するとともに、他力の人のこうむる「現生十種益」の一つに知恩報徳の益のあることを説いている。

『古徳伝』が語るように、法然は浄土宗の元祖であり、親鸞はその師の訓《おしえ》を弘めたのであり、先師聖人没後の中陰の追善に漏れたことは恨みとして聖忌を迎えるごとに月々四日四夜の礼讃念仏を執り行なっていた。このことからして、本願寺において法然の講を「知恩講」、親鸞の講を「報恩講」と称して年中行事として継承されているのは当然のことであろう。

五　一向宗と聖人二人

1　『親鸞聖人血脈文集』

関東の横曾根門徒においては、性信を「上人」と尊称し、法然—親鸞—性信との三代伝持が本願寺に対抗するかたちで主張されていた。そのよりどころとされたのが性信宛四通、慶信宛一通の親鸞消息五通を収めた『親鸞聖人血脈文集』である。

第二通の親鸞が我が子慈信房善鸞を義絶したことを知らせる、五月二十九日付け性信宛返事を紹介する。

親鸞は、常陸・下野の念仏者が慈信の説く法文によりこれまでの信心を捨て、惑わされていることを嘆いた。慈信は父から秘かに教わったというが、人には隠し慈信一人に法文を教えたことなど断じてないのであり、もしそのようなことがあるなら、三宝を本として、三界の諸天善神、四海の龍神八部、閻魔王界の神祇冥道の罰を親鸞が身にことごとく蒙ることになるであろう。「自今已後は慈信にをきては、子の儀おもひきりてさふらふなり」との決意を伝えている。

親鸞は、多くの念仏者たちは、『唯信鈔』『自力他力の文』『後世物語の聞書』『唯心鈔の文意』『一念多念の文意』をご覧になりながらも、慈信の法文により弥陀の本願を捨られたのであるから、無益のことになるので、以後は「かやうの御ふみども、これよりのちにはおほせらるべからず」という。そして、

また『真宗のきゝがき』、性信房のかかせたまひたるは、すこしもこれにまうしてさふらふ様にたがはずさふらへば、うれしふさふらふ。『真宗のきゝがき』一帖はこれにとゞめをきてさふらう。

と性信とは一体であることをよろこび、文末で「このふみを人々にみせさせたまふべし」と指示している。

また、第四通の次にある法然と親鸞の配流の記録と『教行信証』後序を抄出する。すなわち、建仁元年（一二〇一）雑行を捨て本願に帰し、本師聖人七十三歳の元久二年（一二〇五）、『選択集』の書写を許されたが、それに内題と「南無阿弥陀仏　往生之業念仏為本」「釈綽空」と本師自ら書き入れたこと。また、真影を授かり図画したものにも銘文を書いたこと、夢告により綽空の名を改めたが、本師がその名（親鸞）を書き与えてくれたとの親鸞の自記を転載して、

右この真文を以て、性信尋ね申さるる所に早く彼の本尊を預かる所也。彼の本尊幷に『選択集』真影の銘文等、自ら源空聖人より親鸞聖人へ譲り奉る。親鸞聖人より性信に譲り給ふなり。

と述べて、彼の本尊の銘文「南无阿弥陀仏　建暦第二壬申歳正月廿五日　黒谷法然聖人御入滅　春秋満八十」を掲載している。

本消息集の編纂年時については、唯善事件の解決した延慶二年（一三〇九）以後と推定されている。収録の性信宛消息においても、親鸞が信心を得た者は諸仏や弥勒に等しいとの大師聖人の仰せを強調している。信心を得た他力往生の人性信が、親鸞の帰洛、没後の関東における門流の指導者、善知識であったことがうかがえる。

2　善知識と他力念仏

武蔵阿佐布の了海（元応元年没〈一三一九〉）の談義本（唱導教化のためのテキスト）に『他力信心聞書』がある。

我等が念仏するは、過去より生つきてとなふるものにもあらず。知識勧進のことばに、この本願他力の念仏を信ずれば、かならず往生するぞとおしへたまふを聞て、さてとなふる念仏なり。

と庶民の念仏について語っている。

親鸞門流の善知識を尊重する他力念仏について、存覚は、

木像ものいはざれば自ら仏教を述べず。経典口なければ手ずから法文を説くことなし。

と言い、善知識は滅後の如来であり、師の教えとは仏教そのものだと説明している（『持名鈔』）。

また、道場の禁制においても、

一　師を背くによりて、いかに念仏は申すとも、順次に往生すべからず。師を謗して仏にならざるむね、当流に限らず諸宗の聖教にその証拠あきらかなり（『了智の定』）。

一　師匠なればとて、是非をたださず弟子を勘当すべからず（『善円の制禁』）。

とみえる。

以上のような事例からも、親鸞門流における念仏信心は、人師（善知識）を信じて身を投げ出すことにその特色があるといえる。このような伝統が形成されたことについて、筆者は、親鸞がひたすら聖人（法然）の言葉を祖述することにつとめ、どこにも自分の考えや、見方を覗かせないで、念仏の法を東国の門弟たちに説いていたこと、そして彼ら門弟たちとは、同朋同行として接し、ともに聖人の教えを仰信するという態度を生涯通したことに起因

すると思う。

ところで、性信や真仏門下の西国進出が始まるのは覚如の時代である。近江湖東地方においては、性信の横曾根門徒では愚咄を中心に、真仏門下では明光・了源による光明本尊・絵系図を使用した布教活動が盛んとなる(13)。その布教活動を教義面から支えていたのが存覚である。存覚は、親鸞の血を引く本願寺との師弟関係を強要することはしなかった。

存覚はしばしば本尊の裏書きを依頼されたが、そのさいには親鸞の『尊号真像銘文』から採ったものを書いている（『存覚上人袖日記』）。大和で布教活動をしていた愚咄の門弟聖空が延文元年（一三五六）五月に亡くなると、聖空の弟子円空は、存覚に先師聖空の画像の裏書きを依頼した。その裏書に存覚は、

「源空聖人は先ず吾朝念仏の高祖」「親鸞聖人はその当流相承の尊師」

と書き、「性信上人―願性大徳―善明大徳―愚咄大徳―先師聖空大徳」との相承を記している。

この聖空を開基とする寺が奈良県吉野郡下市町の滝上寺である。寺伝では、聖空は大和源氏宇野太郎有治で、法然に出会い出家し、のち親鸞に帰依したとされる。また円空を三世としている。寺宝に、

善導和尚―源空聖人―親鸞聖人―性信上人―釈願性―釈善明―釈愚咄―釈聖空

と、八名を上段から下段へ向かい合って描いた「浄土八高僧連坐像」がある。

覚如は、関東の親鸞直弟の念仏集団を支配下に収め、本願寺を中心に親鸞を開祖とする浄土真宗の教化伝道活動が展開されることを期待した。しかし、関東の門弟たちは本願寺になんら憚ることなく、親鸞面受の直弟からの法脈を主張し、善知識の教えにもとづき法然の他力念仏を弘めた。その聖典となったのが愚禿親鸞の消息であり和讃であった。消息や和讃には、読みやすいようにふりがなが振ってあり、各地の道場では善知識の指導のもと、くり

返し何度も唱和されて信心が深められたのである。法然の凡夫こそ救済されるとの教えは、その意義をよく体得した「文字のこころも知らず、あさましき愚痴きわまりない」(『一念多念文意』)と親鸞に評された門弟たちの手により、各地に展開したのである。

註

(1)「一向宗」については『他力信心聞書』『一宗行儀抄』(『真宗史料集成』第五巻談義本、同朋舎、一九七九年)参照。

(2) 親鸞の行実については、森竜吉編『シンポジウム親鸞』(講談社、一九七三年)、宮崎圓遵『親鸞遺芳』(同朋舎出版、一九八四年)、宮崎圓遵著作集『親鸞の研究』上下(思文閣出版、一九八六年)、五来重『善光寺まいり』(平凡社、一九八八年)、平松令三『親鸞』(吉川弘文館、一九九八年)等による。

(3) 法然伝では、法然は流罪から帰洛する途中、勝尾寺に滞在したとする。法然は勝尾寺に所持の一切経を施入したが、その開題供養には聖覚が招かれた。聖覚は「空也上人の念仏は、音をたてるが徳を知らない」「良忍上人の融通念仏は、神祇冥道には勧めたが、凡夫の望みにはうとい」とその欠陥を指摘した(善導寺本『伝法絵流通』)。空也を崇敬し、念仏往生を勧める遊行集団の存在がうかがわれるのであるが、親鸞門下の念仏勧進においては、空也の念仏に価値を認めていて、親鸞門流で使用されていた高田本『法然上人伝法絵』と、覚如が制作した『拾遺古徳伝』では、聖覚が「空也上人の念仏常行は、声をたて、徳をあらはし……」と、徳がある高声念仏だと褒めたとしている。拙著『権者の化現』第二部第四章「念仏の祖師空也」(思文閣出版、二〇〇六年)参照。

(4) 註(3)前掲拙著『権者の化現』第三部第二章「老病と臨終の絵解き」参照。

(5) 平安期の本地垂迹信仰については、工藤美和子『平安期の願文と仏教的世界観』(思文閣出版、二〇〇八年)参照。

(6) 暁空は、法然と八幡宮との関係を説明するのに、大江匡房の『続本朝往生伝』からの引用と思われる次のような話を掲載している。八幡大菩薩の本地を真道(縁)上人が祈請したら、大菩薩は「昔於霊鷲山説妙法(蓮)花経、今在正宮中示現大菩薩」と示された。また行教和尚のたもとには阿弥陀如来が遷られた。垂迹をいえば昔は鷹と現れ、今は鳩と現じている。鷹・鳩変じやすく、釈迦・弥陀もこのようなもので、娑婆にては釈尊、安養にしては弥陀、ただ一体の分身であるので疑うことはないという。

『善導寺本』では、法然の信仰体験を絵画により明らかにしているので、その絵画中の説明文と詞書とを紹介しておく（中井真孝編『善導寺所蔵『本朝祖師伝記絵詞』本文と研究』、佛教大学アジア宗教文化研究所、二〇〇七年）。

・第十七図「浄土観想、三昧現前」　法然が浄土を観想すると、はじめの夜には宝樹が現じ、次の夜には瑠璃の地が示され、後には宮殿を拝した。

・第十八図「善導和尚来現」　唐の善導和尚が裳裾より下は阿弥陀如来の装束で現れている（半金色の善導像）。

・第十九図「勢至菩薩出現」　勢至菩薩が仏になる修行をしているとき、念仏の心をもって無上忍に入ることができたので、念仏する人を浄土に帰せしめようと述べている（『首楞厳経』引文）ことより、法然が念仏三昧成就獲得の人であるという。

・第二十図「阿弥陀三尊出現」　阿弥陀仏の化身無数、観音・勢至が当来して、この行人（法然）の所に至ると絵画を説明している。

（7）『浄土高僧和讃』をあげておく。

善導・源信すすむとも、本師源空ひろめずは　片州濁世のともがらは　いかでか真宗をさとらまし
本師源空の本地をば　世俗のひとびとあひつたへ　綽和尚と称せしめ　あるひは善導としめしけり
源空みづからのたまはく　霊山会上にありしとき　声聞僧にまじはりて　頭陀を行じて化度せしむ

（8）親鸞の消息・法語については、日本古典文学大系『親鸞集・日蓮集』（岩波書店、一九六四年）、『定本親鸞聖人全集』第三巻和文・書簡篇（法藏館、一九六九年）、『現代語訳親鸞全集』第二集書簡（講談社、一九七四年）、西山厚『親鸞・日蓮の書』（日本の美術三四四、至文堂、一九九五年）等参照。本稿における引用に際しては一部仮名を漢字に改めている。

（9）平松註（2）前掲『親鸞』「親鸞の経済的生活基盤」（二一八頁）参照。

（10）拙著『神祇信仰の展開と仏教』第三部「法然の絵巻と遊女」（吉川弘文館、一九九〇年）。

（11）親鸞を「聖人」と尊称するには、親鸞が「権者の化現」でなければならない。すなわち、権者として尊崇し、一宗の祖師とすることから、親鸞を「聖人」と尊崇することが始まると筆者は理解している。そのために『善信聖人絵』を制作したのだと考えている。覚如は法然の弟子の間の親鸞を「上人」尊称していることが多い。ことに法然と親鸞の師弟関係を説明するときには「法然聖人」「親鸞上人」と記載していることは看過できない。

『善信聖人絵』の「琳阿本」（【琳】）と「高田本」（【高】）の各段［一］出家入道段～［十四］廟堂建立段における親鸞の尊称「上人」「聖人」と、「高田本」の「絵中の指示語」（【高絵】）を抄出してみると次のようになる。

［一］出家学道

【琳】①夫、聖人の俗称は　②〈上人養父〉　【高】①聖人　②〈上人〉　【高絵】「上人の出家したまふところ也」

［二］吉水入室

【琳】①〈上人二十九歳〉　【高】①聖人　【高絵】「聖人聖道の行粧にて参ぜらる、ところ也」「源空聖人の御庵室也」「善信上人〈于時範宴少納言公〉」「源空聖人」

［三］六角夢想

【琳】①聖人夢想告　②然者聖人後時　③故上人〈親鸞〉傍らに　【高】①聖人　②聖人　③聖人〈親鸞〉

【高絵】「親鸞聖人」「聖人夢中に六角堂をミたまふところ也」

［四］選択付属

【琳】①顕浄土方便化身土文類六云〈親鸞上人撰述〉　【高】①〈親鸞上人〉　【高絵】「真影の銘あそばして、わたしたてまつらむとし給ところなり」「源空聖人選択集わたしたてまつらるところなり」

［五］信行両座

【琳】①善信上人或時申たまはく　②上人〈親鸞〉のたまはく　③善信上人のたまはく　④執筆上人〈親鸞〉

【高】①善信　②聖人〈親鸞〉　③善信聖人　④執筆上人〈親鸞〉　【高絵】「三百余人の門弟等なり」「空聖人」「釈法力」「安居院法印大和尚位聖覚」「信空上人」「親鸞上人」

［七］信心諍論

【琳】①聖人〈親鸞〉のたまわく　【高】①聖人〈親鸞〉のたまはく　【高絵】「空聖人」「親鸞上人」
《入西鑑察》　【琳】①聖人の真影　②聖人則弥陀如来の来現（この段、高田本になし）。
［八］越後流罪
【琳】①鸞上人　②勅免、此時上人　【高】①鸞上人　②上人　【高絵】「聖人流罪のために……」
［九］稲田興法
【琳】①聖人越後国より　②聖人被仰云、救世菩薩の告命　【高】①聖人　②聖人
［十］山伏済度
【琳】①聖人、常陸国にして　②聖人を時々うかがい　③聖人板敷山より　④聖人左右なく　⑤明法房是也、上人つけたまひき　【高】①聖人　②聖人　③聖人　④聖人　⑤聖人　【高絵】「山臥聖人をまち……」「聖人ためらふ……」「聖人」
［十一］箱根霊告
【琳】①聖人、東関の境を出て　②于時、上人歩寄て　【高】①聖人　②聖人　【高絵】「聖人案内……」
［十二］熊野霊告
【琳】①聖人、古郷に帰て　②（無）　③聖人へ参りたるに　④上人其事なりとのたまふ　【高】①聖人　②聖人　③聖人　④（欠落）　【高絵】「聖人」「聖人」
［十三］入滅葬送
【琳】①聖人、弘長二年〈壬戌〉仲冬　【高】①聖人　【高絵】「聖人入滅……」「聖人の墓所」
［十四］廟堂創立
【琳】①上人相伝の宗義　②年々廟堂に詣す。凡上人在生の間　【高】①聖人　②聖人　【高絵】「聖人遺骨をおさめ……」

(12)　註(3)前掲拙著『権者の化現』第三部第二章「老病と臨終の絵解き」参照。
(13)　湖東における一向宗の展開については、拙著『本地垂迹信仰と念仏』第五章「近江湖東における親鸞門流の展開」（法藏館、一九九九年）参照。

中世仏光寺史の再検討

――仏光寺・興正寺分立期の諸史料から――

大田壮一郎

はじめに

近年の真宗史研究では、初期真宗門流の展開をめぐる議論が注目を集めている。とりわけ最近の成果としては、現地調査に基づく本尊裏書・影像研究の進展を受けて[1]、絵画資料から初期真宗門流の実態にアプローチする作業が進んでいる[2]。事実上、本願寺教団史に他ならなかった従来の真宗史像は、初期真宗門流の実像の解明によって、新たな研究段階を迎えつつある。

その一方で、やはり初期真宗（戦国期以前）に関する文献史料の検討も続けてゆく必要があると考える。こちらは、すでに史料が出尽くした感はあるが、なお十分に読み込まれているとはいい難い。初期真宗の文献的検討が困難なのは、一次史料の決定的不足もさることながら、近世段階に成立した史伝・系譜等の扱いをめぐる方法的な問題も背景にあろう。その多くは、幕藩体制下において各派の学林や学寮で編纂されたものであり、多かれ少なかれ宗派的立場の問題をも考慮に入れなくてはならない。こうした二重三重の困難が、史料批判の「厳密性」を指向する歴史学系の研究者と、祖師伝・行実編纂の「伝統」を引く真宗史系の研究者との接点が乏しかった一因ではなかろうか。しかし、今日とくに中世後期から戦国・織豊期の問題を考える場合、真宗教団の動向を無視することや、同時代における社会的位置を踏まえずに教団の発展過程を説明することは、もはや不可能な研究段階にある。

こうした状況を止揚する試みとして、拙稿「初期本願寺と天台門跡寺院」では、「法難」の一齣として読まれてきた初期本願寺に関する諸史料を、そこに登場する天台門跡寺院側の動向に注目して読みなおした[3]（以下、前稿とする）。前稿では、親鸞の得度伝承で知られる青蓮院と本願寺の関係が、必ずしも戦国期に連続するものではなく、天台門跡寺院内部の動向に規定されていたこと、蓮如期以前の本願寺が、青蓮院の末寺や院家という立場ではなく、門流を介さない「候人」として天台門跡寺院に所属していたこと、等を指摘した。

もっとも、前稿では以下のような課題も残された。まず、本願寺と天台門跡寺院の関係に絞って検討したため、本願寺中心史観の相対化という点で十分ではない。天台門跡寺院と接点を持ち得たのは本願寺だけだったのか、検証する必要がある。他方、青蓮院門跡に集中している天台門跡寺院研究の現状も克服すべき課題である。青蓮院門跡に関しては、『華頂要略』や『門葉記』など、他寺院に比べまとまった記録史料が存在するため、研究蓄積についても青蓮院門跡に偏っている感は否めない[4]。しかし、同時代では紛れもなく「三門跡」として青蓮院・妙法院・梶井の三門跡が鼎立していたのであり、青蓮院門跡のみで天台門跡寺院を代表させることは、中世の実態から乖離する危険性を孕む[5]。史料的困難は伴うものの、三門跡以外の諸院家を含め、総体として巨大権門寺院延暦寺の全体像を追究すべきであろう[6]。

さて、以上の課題を踏まえて、今回は中世の仏光寺について検討する。親鸞の孫弟子源海の血脈である関東荒木門流の系譜を引く仏光寺は[7]、蓮如の登場まで本願寺を凌ぐ勢力だったことがよく知られている。しかし、こうした仏光寺に対する評価は、仏光寺そのものを論じるというより、専ら本願寺発展史の文脈において指摘されてきたように思う。たとえば、真宗史研究の泰斗である宮崎圓遵氏は、仏光寺「発展」の理由について、第一に仏光寺教団の思想は、時代思想の影響によって、純正な真宗教義とはある間隔を持ち、しかも知識帰命、一益的思想および専修賢善の思想等雑多な内容を包含していた。この点において仏光寺教団は思想的には徹底を欠いた不統一なものであったが、（中略）常に社会の思想傾向に応じて、あるいはそれに影響されて、右の如き諸種の思想内容を適切に具体化し、教線の拡張に利用して行った態度は、さらにその社会的伸展性を深化せしめたものと考えられる。ともかくこれを結果からいえば右の如き仏光寺教団の特質は、いわば純正な宗義を保守し弘伝するよりも、むしろ時代人の心理に応じて、社会的に実際の教線を伸展せしめんとしたものであり、その始祖了源が学者でなくて実際の活動家であり、手腕家であったという人格が、結局この教団の思想とその社会への迅速な伸展性を暗示していたのではなかったであろうか(8)。

とする。このように、仏光寺「発展」の原因は、教義の雑修性や時代への「迎合」に求められた。これを裏返せば、初期本願寺の「衰微」は、純正な教義を保守したがゆえである、という論理が導き出される。仏光寺の「発展」を指摘する目的は、蓮如の登場により本願寺が「発展」し、仏光寺は内部分裂し「衰微」してゆく、という後の反転状況を際だたせるところにあった。およそ蓮如期の本願寺教団発展の説明では、比較対象のように仏光寺が引き合いに出されることが多い。

つまり、これまでの仏光寺史は、真宗史という名の本願寺発展史の〈ネガ像〉として語られてきたのである。もっとも、近代学問としての真宗史研究が、宗勢を反映して東西本願寺の宗学として出発した以上、真宗史が事実上の「本願寺史」であったことはやむを得ない面もある。加えて、仏光寺に「発展」をもたらしたとされる絵系図・名帳をめぐっては、覚如による批判（『改邪鈔』）以来、本願寺ではこれを異義・異端と主張してきた経緯がある。かかる教義上のナイーブな問題を抱えたがゆえに、仏光寺派や興正派による教団史の叙述も、勢い本願寺派からの異端視への反論に多くが費やされることになった[9]。

さて、こうした宗派的な観点を基軸とする真宗史の在り方について、初期真宗の基盤を「タイシ・ワタリ」ら非農業民に求める真宗教団論を展開した井上鋭夫氏は、以下のように批判した。

蓮如以前の本願寺の衰微・暗黒時代を想定し、蓮如中興の歴史的意義を高く評価することも誤っている。これはともに本願寺を当初からの本山と考え、真宗諸派を異端者扱いにした、蓮如以後の本山の考え方にすぎない。親鸞の思想が正しく本願寺宗主に継承されていると考えること自体、歴史の発展を無視したドグマといわざるを得ないのである。親鸞教団にあっては、本願寺の本質は廟所以上のものではない。天台宗に属する青蓮院門末である点で本願寺は寺院なのである。従って親鸞教団が非本願寺的傾向をもつのは当然であって、このことは逆に本願寺が非親鸞教団的要素をもつということにほかならない。親鸞の門流は高田・鹿島・横曾根・河和田・長沼・大網・和田・荒木等々諸門徒となったが、これらのなかで正統が本願寺に伝わり、その正統を堅持したために本願寺が衰えたとする考え方は、かつての本願寺中心史観に左右されたものではないであろうか[10]。

さらに神田千里氏は、井上氏の問題提起を受け、中世社会の浄土信仰一般の特質として、「知識信仰・血脈相承重視」の観念を抽出し、これを絵系図・名帳を用いて組織化したところに中世仏光寺教団の特質を見いだした[11]。邪正論の物差しで論じられてきた絵系図・名帳の問題を、広く同時代の社会思潮に位置付けた神田氏の議論は、中世仏光寺史に新たな方向性をもたらすものと評価できる。

本稿では、右に挙げた井上氏や神田氏の研究視角に学び、教義上の邪正論や本願寺との比較を前提とした視座を離れ、中世仏光寺の検討から見えてくる諸問題を考えてみたい。加えて、冒頭に述べた初期真宗門流をめぐる近年の研究動向にも注目したい。これまで「東国真宗史」の枠組で論じられてきた初期真宗門流の問題は[12]、各地に展開した諸門流の足跡が丹念に跡付けられることにより、列島全体を舞台にしたスケールの大きな議論に発展しつつある[13]。こうした動向は、既成教団を単位に発想されてきた真宗史の枠組みを相対化する重要な意義を持つと考える。本稿は仏光寺成立以降の問題を扱うものであるが、仏光寺史を各地に広がった関東荒木門流の都市的展開と位置付けて考察したい。

以下、具体的な作業として、まず前稿の方法を踏襲しつつ、中世仏光寺に関わる同時代史料を再検討する（第一章）。次いで天台門跡寺院と仏光寺との関係（第二章）、および室町期における仏光寺の社会的位置（第三章）について考える。なお、今回検討する範囲は、主として十五世紀、とくに仏光寺・興正寺分立前後を中心とする。もちろん、正平七年（一三五二）に起きた仏光寺・本願寺に対する山門大衆の「弾圧」を検討対象から外すことはできないが、こちらの問題は別に検討の機会を持ちたい。

一　「文明の法難」再考

1　経豪の本願寺「帰参」

応仁の乱の兵火により洛東渋谷の仏光寺も応仁二年（一四六八）に罹災し、時の住持経豪（後の興正寺蓮教）らは摂津国平野に難を避けたという。この時期の仏光寺については、やはり経豪の本願寺「帰参」問題に関心が集中している。それは史料状況に規定された問題ともいえようが、同時に「帰参」の解釈をめぐって本願寺派・仏光寺派・興正派の三者で見解が相違することにも由来しよう。本願寺の立場からみれば、この一件は仏光寺はじめ諸門流を本願寺教団の傘下に収めてゆく過程の一齣であり、他方、仏光寺にとっては門徒の分裂という忌々しい記憶に他ならない。さらに興正寺にとってみれば、本願寺「帰参」とは蓮如への「協力」を意味するもので、また旧跡「興正寺」の復興として位置付けられている。かかる立場の相違は、各派の立場から書かれた「真宗史」を繙けば一目瞭然である。(14) ここでは、宗派的観点から距離を置き、「帰参」問題をめぐる同時代史料を再検討することから始めたい。

まず、議論の前提として、経豪の本願寺「帰参」の経緯について、寺誌・史伝類の記事を確認しておこう。成立の早い『反古裏書』（永禄十一年〈一五六八〉年成立、『真宗史料集成』第二巻）では、「仏光寺蓮教ハ、往生ノ砌ヨリシキリニ帰参ノ望アリ。彼門弟当流へ帰参ノ仁ニ立ヨリ、順如上人へ申サレシカハ、即申入ラレ、蓮如上人メシ出シ玉フ。百ヶ日ノ内ナリ。親父ハ摂津平野ニテ卒逝アリキ。ヤカテ山科へ参扣、昔ノ如ク立坊、往昔ノ名ニカへサレ、号興正寺《ストト》」とあり、「帰参ノ望」のあった経豪が、父の死去を契機に順如を介して「帰参」したと説明されている。また、『大谷本願寺通記』（『真宗史料集成』第八巻）では、「有記云、文明十五年二月二十日、経豪由後母之難、来投本山、六坊親族其余僧侶、合四十二人従之」という異説を紹介している。なお、門徒の動向については諸説あるが、ここでは、経豪「帰参」の理由が、経豪個人の問題として説明されている点を確認しておけば十分である。

次に、経豪「帰参」の時期については、およそ文明十三年（一四八一）もしくはその翌年で一致をみている。その根拠となっているのが、以下に検討する山門事書である。初期真宗にかぎらず、一般に鎌倉新仏教諸派の「法難」に際しては、南都北嶺の大衆の衆議内容を記した「事書」という独特の形式を持つ文書が発給される。ただ、多くの場合、「法難」の事実は強調されても、その「事書」自体の検討はほとんど行われない。宗門の歴史にとっては「法難」の事実だけが重要で、弾圧する側の問題など枝葉末節に過ぎないのかもしれない。だが原田正俊氏

（禅宗）や河内将芳氏（法華宗）らの優れた分析があるように、弾圧する側の視座からも「法難」の意味を考えることは必要である。[15]以下、検討して行きたい。

2　三通の山門事書

経豪の「帰参」に関わる山門事書は、左の三通である。

【事書A】

文明十三年十一月三日山門大講堂集会議曰、

可早被啓達畠山殿事

右吾山者、峯安十二大願之尊像、励衆病悉除之秘術、麓亦発三七和光之権構、祈国土之安寧、所学者鎮護国家之要道、所修者除苦与楽之別旨也、爰積年吹魔風頻扇台嶺法燈、満邪宗四海隔正法、依之隠霊神擁護之威、失仏陀済度、便是以謗法輩、為山門雖加制止、猶以興行之間、加州一国既為無主之国土、氏族致遵行之余、頗可謂亡国歟、嗚呼、公武思食、忘一旦之備、下極上之企、無御覚悟之条、口惜敷次第也、然渋谷仏光寺之事、先年本願寺破却之砌、可及其沙汰之処、為妙法院殿、於彼寺者非本願寺一流之宗躰、為法類各別当門跡候人之由被仰分之間、寛宥之処、近年居当国平野、會以不及旧跡再興興行先祖相伝之法流、無碍光之之儀帳行云々、之乱論也、甚太以不可説也、所詮退彼仏光寺之住持、本尊聖教以下山門江渡給者、以由緒器用之仁躰可定住持者也、然者敬神帰仏之根元、治国利民善巧、不可過之上者、燿医王善逝之威光、施亀寿万春良薬、募七社明神之冥助、廻当家億兆満山之禅徒者弥瑩顕密之智釼、可抽子孫長久、松花千廻之報心祈之旨、衆議訖、[16]

【事書B】

文明十四年卯月廿六日山門大講堂集会議曰、

可早被啓達妙法院門跡事

右破邪帰正者仏教之太応、止悪修善者戒門之法度也、爰大谷本願寺者邪法之帳行、亡国之企、遮眼之間、先年免依令破却同渋谷仏光寺事、可処同罪之処、為当門跡御進止、非邪法之由、被仰分之間、得其意之処、今般花恩院大納言、無碍光衆一味段、令露顕之条、以外濫吹也、然間江州末流之族、為国方可令追放之由、申遣了、但兄弟内以正法発起之仁躰、仏光寺住持職御補任在之云々、依之末流輩就贔屓前相分之由在之、然上者就邪正差別、両方与力輩任分可給也、然者重而遂糺明、於無碍光衆同意者也、堅加罪科、非根本如比之輩者可令免除之由、群議而已、[17]

【事書C】

文明十四年八月　日山門大講堂集会議曰、

可早被啓達為庁務沙汰妙法院御門跡事

右渋谷仏光寺事、当住花恩院大納言、無碍光衆本願寺依随遂被放御被官、以正法興行仁躰御補任云々、徧治国利民大応不過之志哉、然上者諸国末流輩、不組無碍光之邪法、可守本寺渋谷之行儀旨可触送由、可被加厳密之御成敗者也、倩見本願寺一類之所行、誹正法、破滅仏像経巻、顚倒神社仏閣、無仏世界張行、前代未聞濫吹也、剰近年加州為躰、進伏国務之重職、為無主之国、土民之族致遵行、挿武将守護職同輩之所存之条、下剋上基、落日月泥土道理、可為眼前者哉、誡而猶有余者歟、此等子細任旧貫、寺山門雖可令禁遏、就世上劇先閣之処也、

若邪法同意大納言於御許容者、対御門跡可含鬱胸由、群議訖[18]、

まず、出典について解説しておきたい。右の三通の山門事書は、仏光寺所蔵の原本・写本が『真宗史料集成』（第四巻）に採録されている。佐々木篤祐氏によると、仏光寺では、この事書を「江戸中期になって忠教の『相承系図』知足軒の『経豪上人他参之記』などに引用してあるほど、史料の少ない仏光寺では大切にしている」という[19]。この他、年代の判るものとしては、寛政四年（一七九二）に仏光寺で作成された『仏光寺法脈相承略系譜』（『真宗史料集成』第七巻）にも、「経豪」の項に掛けて事書が引用されている。このように、三通の山門事書は仏光寺派における重書として扱われていたことがわかる。ただし、今回右に挙げた事書は、仏光寺所蔵史料ではなく天台宗の妙法院門跡に伝わったものである。同寺所蔵の古文書を翻刻した『妙法院史料』には、この他に事書Aの写と事書Bの写しの計五通が収載されている[20]。今回、あえて『妙法院史料』所収のものを提示した理由は、第一に史料伝来の経緯を検討するためであり（後述）、また『妙法院史料』の方は真宗史研究の分野ではまだ十分に知られていないようなので、紹介の意も込めて、長文ながら全文を掲載した。なお、『妙法院史料』と『真宗史料集成』では、事書の文言に若干の異同がある（これも後述）。

さて、従来、この三通の山門事書から指摘されてきた主な事項は、

（1） 先年（寛正の法難）の本願寺破却の際、仏光寺は本願寺の「宗躰」と異なる妙法院門跡進止の「候人」であるとして難を逃れた。

（2） 近年、摂津国平野で「花恩院大納言」（経豪）が「無碍光衆」（本願寺）に同意したことで山門から弾圧を受けた。

（3） これによって、経豪に代わり「兄弟内以正法発起之仁躰」（経豪の弟経誉）が新たに仏光寺住持となった。

等である。[21] なるほど事書の文面をそのまま解釈するならば、経豪の本願寺「帰参」をめぐる経緯も、寛正以来の山門延暦寺による弾圧の一環すなわち「法難」と位置付けることができよう。[22] 前稿においても、とくに(1)の内容に注目し、山門の弾圧に対して、仏光寺が本願寺と同じく門跡寺院の「候人」としてこれを回避したことを指摘した。だが、一連の事書は単に弾圧の証拠と理解するだけでよいのだろうか。そもそも、なぜ仏光寺は弾圧を示す文書を重書として伝えたのだろうか。次節では、事書発給の経緯に注目して考えてみたい。

3 仏光寺内部の対立と事書発給

まず、事書Aと同じ文明十三年（一四八二）の年紀をもつ一通の文書に着目したい。

抑今度就仏法之儀、彼阿弥陀寺、犯破法輪之逆罪、剰作当一寺之悪名、或門徒作乱、講種々虚言、幷宮内卿違背一流先達之聖教、而猥致臆説妄語、依為如是等之三宝破滅之仁、為仏法興隆、其歎令啓処、懸於身仁、無御承引間、失面目之条、達其儀間者、可為出仕停止之由、一同評議事畢上者、堅可被任進退之是非、衆中議為後日加連判、仍於違犯之輩者、可為彼逆罪同心、証状如件、

文明十三歳二月廿三日

明秀判　性宗判
覚甚判　教尋判
智誓判　康秀判
秀運判[23]

右の連署状によれば、このとき「仏法之儀」をめぐって阿弥陀寺（性応寺）・宮内卿（不詳）と、明秀・性宗（西坊＝後の長性院）以下の「衆中」の間で対立が生じていたようで、阿弥陀寺らを訴えた明秀らの意向が「無御承

引」し、つまり住持経豪に拒否されたことから、明秀ら「衆中」は一揆して出仕停止を誓い合った。ここでいう「仏法之儀」とは、当の阿弥陀寺が後に興正派の有力院家となったことから知られるように、経豪の「帰参」問題に関わることは明らかである。そう考えれば、経豪が「無御承引」であったことも納得されよう。ここから、事書Aが出される直前、仏光寺内部では「仏法之儀」(本願寺方に付くか否か)をめぐる深刻な対立が存在し、明秀ら「衆中」のボイコットから窺えるように、それは修復不可能な状況に陥っていたことがわかる。

さて、右の連署状を前提とするならば、文明十三年というタイミングで先の事書Aが出されたことは、はたして山門側の一方的な行動といえるだろうか。事書Aの発給は、仏光寺の動向に目を光らせていた山門側の意向ではなく、明秀ら反経豪・阿弥陀寺派から山門側に働きかけた可能性を考えることはできないか。なんとなれば、経豪らの本願寺「帰参」に反対することは、本願寺を「無碍光衆」と非難する山門側と立場を共有することになり、明秀らにとってみれば、山門事書はむしろ仏光寺から経豪らを追放するための圧力として意味を持つからである。すなわち、山門の弾圧が仏光寺の分裂を招いたというより、仏光寺内部の矛盾が、結果的に山門事書の発給という事態を招いたと考えたい。

そう考えると、本所妙法院門跡に宛てられた事書B・Cの発給についても次のように理解されよう。すなわち、事書Aを獲得して経豪追放の後盾を得た明秀らは、今度は仏光寺の所属先である妙法院門跡に対して住持交替の承認を求めた。事書の文面からは、確かに妙法院門跡が仏光寺住持の補任権を行使したことが知られる。しかし、それは事書Bに「江州末流之族、為国方可令追放之由、申遣了」とあるように、「江州末流之族」すなわち仏光寺門末が集中する近江国の門徒中の意向を踏まえたものであったことに注意しなければならない。妙法院門跡による補任は、明秀らが推戴する新住持(経誉)の正当性を保障し、混乱の収拾を図るべく行われたとみるべきである。

「両方与力輩」や「大納言於御許容」を厳しく指弾する事書B・Cに、その一連の経緯が記されていることは、それを山門側も支持したことの表明に他ならない。

つまり、この一連の山門事書発給をめぐるイニシアチブは、山門側ではなく明秀ら反本願寺の立場をとる仏光寺門徒の側にあったと考えられる。その目的は、仏光寺の門末ごと本願寺へ「帰参」しようとする経豪らに対し、これに反対する明秀ら「衆中」が、当時も現在も門末内における最大の地域勢力である「江州末流之族」の支持を背景に行った、現住持の追放と新住持の推戴にあったと考えられる。なぜ、この三通の事書が仏光寺に伝えられたのか、という文書伝来論の基本を踏まえるならば、以上のような理解は決して無理ではないはずである。

4　仏光寺の組織と「衆中」・門徒

ここでは、経豪追放を画策した明秀ら反本願寺派の仏光寺門徒について考えたい。

仏光寺所蔵の文書に、事書Cと対応関係にあると思われる、妙法院門跡に対して提出された八カ条の定書がある。

一書□

一、為本願寺邪法之間、不可参会之事

一、中納言殿五人衆中、永以一味之儀、已後猶可□正法再興之本意之事

一、今度邪法帳行本人可達遂勘気本意事

一、仏光寺門徒中、於邪法族者、雖為一人堅可加成敗之事

一、為一寺住持已下□《(邪)》法随逐輩、不可有御許容之事

一、仏光寺一門徒中於奪取者、一段可及其沙汰之事
一、寺家勤行法度已下、如元可被執行之事
一、為寺家評定人方、如古可加門徒中已下其成敗之事
文明十四年八月六日、自衆中御門跡様へ進上申候、[24]

冒頭の一条「本願寺邪法」が目を引くが、ここで重要なのは仏光寺の意思決定に関する条項である。この定書の進上主体である「衆中」とは、二条目の「中納言殿五人衆中」すなわち後の仏光寺六坊（西坊長性院・南坊大善院・新坊光園院・角坊昌蔵院・中坊久遠院・奥坊教恩院）にあたる宿老たちと考えられる。人数が合わないが、先に触れた連署状にみえる明秀・性宗らがこの「衆中」の構成メンバーと考えられる。八条目にもあるように、この定書の主題は、反本願寺の意思表明とともに、「衆中」や「門徒中」らの合議による意思決定の確認にあると考えられる。また、妙法院門跡にも右と同文の一通が存在しており、[25]この定書が妙法院側に提出されたことは間違いないが、その内容から考えても、事実上は仏光寺内の規約として機能したものとみるべきだろう。

さて、こうした一連の経緯から浮かび上がってくるのは、仏光寺門徒における「五人衆」の主導性である。彼らの地位については、六坊の一つ西坊長性院に伝わる次の史料も注目される。

（前略）
一、当寺ノ御法度、太事（ママ）之談合ニハ評定衆五人ノ異見、上様ノ御意ヲ被得コトヲサタメ申サレソロ、光明本已下　御下向之談合、御門家中ヘノ下知、渋谷衆ハ親子トモニ惣不出罷義ニテ、八十四門徒ノ法義御□（成）敗之段ハヲトナ衆参会ニ相定候、是古来ノ御法度ニテソロ、以次申候、
一、御本尊表裏、皆御免ト申コトハ、御礼等マテ当□一身ノコトニテソロ、其余ハ不可取候、御不審ノ方候

ハ、、重而可承候、先度光教上人ノ御日記出シトキ顕露ニミヘ申ソロ、但於末学中嶋了実方表裏御免ノヨシ、是ハ子細不存候ヘ共、申伝候、

（中略）

文明十二年正月廿三日　　　　　　　　性宗（花押）[26]

これは、性宗が西坊の由緒などを覚書として残したもので、内容は多岐に亘っている。ここで注目したいのは、

(1) 大事の談合は評定衆五人と上様（住持）の意思に依ること。

(2) 光明本尊の下付や門徒への命令については「渋谷衆ハ親子トモニ惣シテ不出罷義」すなわち住持と前住持は決定に関わらないこと。

(3) 「門徒ノ法義御成敗」は、「ヲトナ衆」の参会により決定すること。

等の内容である。このような実態があったとすれば、仏光寺内の実権は、後の六坊につながる五人衆ら有力末寺が握っており、また法義の成敗に「ヲトナ衆」（老衆）の参加が条件とされるなど、住持が自専できる範囲は極めてかぎられていたと考えられる。こうした在り方は、門跡化を遂げた後の真宗諸派の近世的な階層構造（門跡―院家―末寺）とは様相を異とするが、中世後期社会における組織構造としては、むしろあり得べきものといえる。ちなみに、神田千里氏は了源撰述の「一味和合契約状」を検討し、次のように述べている。

即ち仏光寺派それ自体が「一味和合」の結束をもつとともに、その棟梁である了源を含めた明光門弟らが「一味和合」するという、二重の一揆結合がここから窺える。このように「一味同心のしるしのために」「連判契約に与」すること、即ち一揆的結合が仏光寺派の特徴でもあり、これは明光門流、また関東の真宗諸教団が共有していた大きな特徴の一つであったと考えられる。[27]

神田氏が指摘した仏光寺派の特徴は、ここで検討した「衆中」らの一連の動向にも合致するといえる。

以上、ここでは仏光寺経豪の本願寺「帰参」に関する山門事書について、これを弾圧の証拠とみるのではなく、仏光寺内部の路線対立（蓮如支持派と反対派）をめぐる史料として捉えなおしてみた。三通の山門事書は、仏光寺の動きに目を向けていた山門が弾圧のために発給したのではなく、明秀ら反本願寺派の仏光寺門徒の運動によって獲得されたものであったと考えられる[28]。その目的は、住持経豪の追放と新住持推戴の正当性を本所妙法院門跡を通して確認するためであった。当該文書は妙法院と仏光寺双方に残されており、刊本によるかぎり妙法院側のものには字句に若干の乱れがある。文書の伝来過程の問題は慎重を期す必要があるが、当事者主義の原則からすれば、やはり一連の事書は仏光寺門徒が主体的に獲得したものと考えるべきである[29]。

このように、いわゆる「文明の法難」は、実際に破却が実行され、高田派や仏光寺派を巻き込んだ「寛正の法難」とは質的に違う位相にあった。この場合は「寛正の法難」のような社会的拡がりを持った弾圧行為があったとは考え難く、仏光寺内部の混乱を前提に理解すべきものである。状況的にも、文明十年前後といえば、本願寺が山科に寺基を構えた頃に当っている。草野顕之氏によると、創建当初の山科本願寺は、後の要害のようなものではなく、一般の寺院と変わらない様式であり、これは本願寺が外部の攻撃を想定していないことを示すという[30]。ここでいう「外部」には山門も含むと思われるが、比叡山にほど近い山科にすら手を出さない（出せない）当時の山門の状況は、それが本願寺と幕府・朝廷の結びつきによるものか否かはともかく、山門延暦寺の「実力」が遠く摂津平野にまで及ぶほどであったのか、疑問を抱かせるに十分だろう。三通の山門事書は、反本願寺の立場を取る仏光寺門徒にとって必要だったからこそ発給されたのであり、やがて仏光寺の故実・由緒を語る重書として後世に伝わったのである[31]。

二　仏光寺と妙法院門跡

ここでは、仏光寺と天台三門跡の一つ妙法院門跡の関係について検討したい[32]。先にみた『仏光寺法脈相承略系譜』には、第九世の源鸞について「自是代々以妙法院宮ヲ為戒師ト」と記し、源鸞以降の歴代が妙法院門跡で得度・受戒したことを述べている。しかし、本願寺と青蓮院門跡の場合と同じく、それらを同時代史料から裏付けることは非常に困難である。仮に、源鸞の没年を貞和三年（一三四七）とする同系譜の記載を信用するならば、仏光寺と妙法院門跡は南北朝時代前半には関係を持っていたことになる。また、その上限は、山科から妙法院門跡に隣接する渋谷の地へ寺基を移した元徳二年（一三三〇）頃となろうか。しかし、実際に仏光寺の所在が宗門史料以外で確認できる早い例は、神田千里氏が紹介した、応永十年（一四〇三）の所領目録に引かれた文和四年（一三五五）の寄進状（『長楽寺所蔵七条金光寺文書[33]』）と、前稿で触れた「正平の法難」の様子を記す『祇園執行日記』正平七年（一三五二）条の「北少路白川一向宗堂仏光寺」「今比叡一向衆堂」「一向衆堂仏光寺」などにかぎられる[34]。しかも後者の「法難」において仏光寺擁護の立場を取ったのは、妙法院門跡の関係者ではなく、「大進注記」を名乗る曼殊院門徒の僧であった（前稿）。もっとも、『太平記』巻第二十一のエピソードで知られるように、妙法院門跡は暦応三年（一三四〇）に佐々木道誉の焼討ちにより回禄している。ちなみに、早島有毅氏によると、佐々木道誉とその子孫たちは、了源の師明光の建てた鎌倉最宝寺を厚く保護したという[35]。また、観応二年（一三五一）十二月十九日妙法院亮性法親王発願条々には「右依天下之大変及門跡牢籠之条、（中略）十六ヶ年之間門務之躰如無諸庄園故也」とあり[36]、南北朝期前半の妙法院門跡は混乱の最中にあったと考えられる。いずれにしても、この段階で、仏光寺と妙法院門跡の間に室町後期のような関わりを見いだすことは難しい。

そうなると、前章で論じた事書Aにみえる記述、すなわち「寛正の法難」の際に、妙法院門跡が仏光寺を「為法類各別当門跡候人」であると山門大衆側に訴えて難を逃れた一件が、両者の具体的な関係を示す初見となろうか。前稿で論じたように、大谷本願寺も寛正の法難に際して「青蓮院境内之候仁[37]」として青蓮院門跡の口入を得ていた。少なくとも十五世紀後半には、本願寺も仏光寺も天台門跡寺院に「候人」として属していたのである。この「候人」という立場は、事書Bにあるように門跡が住持補任権を有するもので、実際、事書Cにあるように、妙法院門跡は「当住花恩院大納言」すなわち経豪の「放御被官」ち、「正法興行仁躰」たる経誉を新住持として補任したのである。

このように、十五世紀後半、仏光寺と妙法院門跡との関係は、仏光寺が「候人」として妙法院門跡の一構成員となるかたちで存在した。現在のところ事書Aの記述を遡る所見を確認できないが、第三章で述べる仏光寺の活動を併せて考えるなら、「候人」関係の成立時期は、およそ室町中期（十五世紀前半）あたりが妥当であろうか。

もう一つ、仏光寺と妙法院門跡との関係を確認できるのが、妙法院門跡による仏光寺住持の僧官推挙である。『親長卿記』文明五年（一四七三）六月十八日条には「妙法院僧正申経豪律師事」とあり、妙法院僧正（教覚）から朝廷に経豪の律師補任が申請され、同二十日に許可が下りて口宣案が発給されている。小笠原隆一氏や奥野高廣氏の網羅的検討に明らかなように、僧事による僧位・僧官補任制度が崩壊した南北朝期以降、永宣旨もしくは勅許による補任が漸次的に増大する。また、補任の対象となる範囲も、中央の権門寺院から地方寺院の僧侶へ、また顕密諸宗から法華宗・浄土宗・浄土真宗ら鎌倉新仏教系の僧侶へ及んだ[38]。かかる状況が現出した背景として、小笠原隆一氏は、個別申請に基づく補任の増加、その取次に伴う「礼物」の収益化、補任条件における出自・階層の重視、等を挙げている。朝廷への取次には当然ながら相応の「礼物」が必要であり、それが社会的地位の象徴として僧位・僧官を求める地方寺院や新仏教系寺院と、財政の逼迫で「礼物」に期待を寄せる中央貴族・寺社との利害を一致させたことは想像に難くない。とはいえ、経済的な関係ですべてを説明するのは妥当ではない。一例として、仏光寺経豪の律師推挙と同じ文明五年に申請された讃岐国坂田無量寿院の玄通法印の事例を挙げる。

（三月）廿四日、陰（中略）讃州坂田無量寿院極官事、大覚寺僧正執申、同奏聞、可任人體歟、猶可尋使云々、

廿六日、晴、以量来、玄通法印事、以盛卿猶子事約束了、無相違之由出書状、

廿七日、晴、讃州坂田無量寿院事、以盛卿猶子之由申之、進上以量書状了、此上者　勅許、(39)

右の記事から、小笠原氏は極官（僧正）申請の場合に、対象者の出自が条件となることを指摘する。ここで注目したいのは、出自ではなく申請を「執申」した大覚寺僧正と玄通法印との関係である。無量寿院のあった「讃州坂田」とは、大覚寺門跡領讃岐国坂田庄（坂田勅旨）を指す。ここは、室町後期に至るまで大覚寺の経営が維持された数少ない所領の一つであった。この時期にも大覚寺門跡関係者が京と坂田庄を往来しており、空海有縁の古刹としても知られる無量寿院は、坂田庄現地における大覚寺門跡の拠点と考えてよいだろう。(40)こうした由縁から、大覚寺僧正を通じて無量寿院玄通の極官申請が行われたと考えられる。

したがって、妙法院僧正による仏光寺経豪の僧官申請も、事書Aから確認できる「候人」関係に基づき行われたとみるべきだろう。このことは、事書にみえる仏光寺と妙法院門跡との関係が一時的・形式的なものではなく、平時においても機能していたことを示唆しよう。

以上のように、仏光寺は、本願寺と青蓮院門跡の場合と同じく、「候人」という立場を介して妙法院門跡に所属していた。その成立時期は南北朝期までは遡らず、およそ室町中期あたりを想定すべきと考えられる。

三　仏光寺の社会的位置

1　『井戸村文書』の検討

冒頭にも少し触れたように、仏光寺を寺院史的に捉えるのではなく、関東から展開した荒木門流の一系統と考えた場合、その固有の特徴は何処に求め得るだろうか。すでに指摘したところでは、「首都」京都という地政的位置が規定した、天台門跡寺院との接触が挙げられよう。これは、より早い段階から天台門跡寺院との関係を結んだ大谷本願寺の事例からも明らかなように、その都市的性格の一つと位置付けてよいと思う。

また、親鸞諸門流の展開について包括的に検討した早島有毅氏は、荒木門流とくに明光門徒の動向として、明光の鎌倉最宝寺や明光の弟子了源の仏光寺を事例に、彼らが早くから武家権力の影響下にあったことを指摘している(41)。明光については措くとして、了源の出自が六波羅探題を勤めた大仏維貞の家人比留貞広の「中間」である以上、早島氏の指摘自体は首肯できる(42)。ただ、早島氏がその典拠として挙げるのは、十五世紀頃に佐々木京極氏の支配下に仏光寺が「免田」を獲得していたことを示す史料である(後述)。この「免田」に関して、早島氏は荒木門流の基本的特徴である非農業的・職能民的性格において、仏光寺にみられる「農民的性格」を示すもの、とも位置付けている。「農民的性格」なる言葉の含意を十分把握できないが、仮に「荘園制的性格」と読み替えるならば、「免田」の獲得は仏光寺が荘園制的秩序に経済基盤を置いていたことの徴証となり、それが示唆するものは頗る大きいといわねばならない。かように重要な意義を持つこの「免田」であるが、実際どのような性格の「免田」なのか、早島氏の論考を含め、これまで典拠史料自体を検証したものを知らない。そこで、やや瑣末な問題となるが、以下に該当史料の検討を行いたい。

さて、早島氏が仏光寺の「免田」を見いだしたのは、太閤検地研究で知られる『井戸村文書』（中村林一氏所蔵文書）所収の文明五年（一四七三）九月二十八日付「井戸村備後守定阿弥譲与目録之事」（以下『目録』とする）という史料である。この『目録』には、近江国坂田郡を中心に勢力を持った有力土豪井戸村氏が集積した所領・所職が掲載されている[43]。この地域は近江の守護大名佐々木京極氏の勢力下にあり、『目録』にも「日撫ノ本経田名、永代買徳而京極殿より御判を申請下給候」とみえる。

ところで、この『目録』は早く『改訂近江国坂田郡志』第六巻に採録され[44]、『近江町史』にも図版（ただし判読不可）と共に翻刻が掲載されている。また、宮川満『太閤検地論』Ⅲにも翻刻がある[45]。しかし、厄介なことに三者の間には異同が少なくない。早島氏は宮川氏の翻刻を典拠として、『目録』に「堯経田」（堯経＝仏光寺住持）や「仏光寺」（真宗仏光寺）の所見を指摘している。しかし、該当部分の「さわへ之畝堯経田」は、『改訂近江国坂田郡志』では「さふく三畝者経田」となっており、また同じく「こう屋兵衛未進し弁、仏光寺より預候」とある部分は、「こう屋兵衛未進候四石余　弁作識預候」となっている。したがって、もし『改訂近江国坂田郡志』を参照した場合、早島氏の指摘する仏光寺関係の所見は全く確認できないことになる。諸刊本の比較からは、どの翻刻に信を置くべきか、俄には判じ難い。

そこで、『井戸村文書』の現所蔵先である長浜城歴史博物館を訪れ原本を確認した[46]。三紙を継いだ本文書の法量は、縦二七・〇×横一二二・五センチメートルで紙継目に裏花押が確認できるが、現状は裏打ちが施されている。次いで字句について確認したところ、宮川氏の翻刻が概ね妥当であるとの結論を得た。ただし、宮川氏の翻刻にも若干の錯綜がみられることから、とくに本稿で関係する部分を抄出し補訂しておく（丸数字・傍線──筆者）。

井戸村備後守定阿弥譲与目録之事

（中略）

一、作識（ママ）足之事

二反　こう田北村山方未進有ヲ弁、日光寺ヨリ永代預候、

二反　さわへ之①堯経田之内、作人かうと（顔戸）の又太郎、八日いちは（市場）
の源内未進お弁、たなへ方よりあつかり候、

壱反余　梅[redacted]《つかまち》八日市のこうや未進し弁、②仏光寺より預候、

一反　山のきみ③堯経田、八日市の中屋兵衛未進に弁、
④仏光寺よりあつかり候、

一反小村岡まへ、日撫の大祢喜（禰宜）未進し、四石余弁、作識（ママ）預候、

（中略）

一反　九斗　公方年貢⑤仏光寺へ弁、其外満蔵公事なし、
北ハ十五条おかきり、東ハ今井殿地おかきり、南者
いわうき方の地をかきり、又南の西井村奥方地かきり、

（中略）

井戸村備後守沙弥定阿弥（花押）

其時文明五年ミつのとのミ　九月廿八日

右のように、井戸村氏が集積した所領・所職には、確かに「仏光寺」という寺院名が散見される（傍線②④⑤）。また、早島氏は、傍線①③の「堯経田」は、仏光寺歴代住持の堯経を指すとし、堯経の仏光寺継職が永享七年（一四三五）頃であることから、永享年間を仏光寺の「免田」＝「堯経田」獲得の上限とする。しかしながら、原本を見るかぎり「堯」の書体は一般的な「堯」の草書と異なっており、はたして「堯経田」と読むべきか疑問がある。また、たとえ「堯経田」であったとして、そもそも在京寺院の住持の諱を冠した免田というものがあり得るだろうか。『目録』中には「日撫ノ本経田」という記載もみえることから、「堯経田」は在地の仏事に関わる免田と考えるべきではないだろうか。

次に、「仏光寺」についても、これを京都の真宗寺院仏光寺とみることには疑問がある。まず、『改訂近江国坂田郡志』第五巻の記載をみよう。

廣林寺

日撫村大字顔戸に在り。真宗仏光寺派に属す。元天台宗にして佛光寺と称したり。其の故地を佛光寺谷と言ひ、今も遺れり。往古は同村日撫神社の別当寺なりしとも伝へらる。（第十三編）

日撫神社別当神宮寺阯

日撫村大字顔戸小字高寺にあり。今、日撫神社の倉庫及び忠魂碑のある所にして、礎石遺れり。朝妻山と号し、日撫神社の別当寺なりしが、其の創草、荒廃の年代確知し難し。一説同村の真宗仏光寺派廣林寺は、此の神宮寺の後なりと言ふ。廣林寺は、元天台宗にして、佛光寺と称し、其の創建の地を佛光寺谷と称したりしが、後、利生化益の便の為、朝妻山の南麓に移転、廣林寺と改め、又通称高寺とも言へり。当寺は永保三年洛東法勝寺

の支院として、日撫大明神の社坊神宮寺に指定され、大別当職を勤む。（後略）（第二十編）

右によれば、現在の廣林寺（真宗仏光寺派）は、かつては「佛光寺」と名乗る天台宗寺院で、移転して「廣林寺」と改称したという。そして、この「佛光寺」はかつて日撫神社の神宮寺（大別当職）であったと述べられている。ちなみに、長浜城歴史博物館編『滋賀県坂田郡近江町村落景観情報』所収の大字「顔戸」によると、日撫神社の側には寺院跡を示す遺構が確認されており、、これが地名として伝わる「佛光寺谷」とみてよいだろう（現状は墓石が点在）。

この『改訂近江国坂田郡志』の記事は、法華経談義（直談）で各地を行脚した天台律僧鎮増（一三七五—一四六一）の遺した『鎮増私聞書』という記録によって、ほぼ裏付けることができる。以下に挙げよう。

六日《（嘉吉三年五月）》ハ比叡辻ヨリ船ニテ打ヲロシノ宿マテ。七日ニハ箕浦ノ佛光寺へ着ク。八日ヨリ直談アリ。当所惣社ノ日撫《ナテ》ノ宮ニテ在之。此宮ニテ先師《（慈伝）》和尚先年談義アリ候。先例トテ人人興行ス。三十日結願ス。六月二日ニハ佛光寺ヨリ立テ。船ニテ伊崎寺トテ湖水ノ中ニ殊勝霊地アリ。(47)（後略）

嘉吉三年（一四四三）五月、鎮増は師匠（慈伝）の先蹤に倣って叡山の麓から「箕浦ノ佛光寺」を訪れ、日撫神社で法華経談義を行った。ここから、坂田郡箕浦庄には確かに「佛光寺」という天台系寺院が存在し、日撫神社と密接な関係にあったことがうかがえる。

さらに、先の『井戸村文書』中にも、「佛光寺」が登場する売券が存在する。

□《（私）》領田地新放養文《（巻）》事

在法勝寺御領内十三条郷内字サハノシリ

畠半者　東ハ溝限、南ハ限冨施寺百万坊ノ下地ヲ、
西ハ同寺之水本房下地カキル、北ハ限ル佛光寺之畠ヲ、得分五斗荒也、
□□畠元者、七郎殿私領也、雖然依直有要用能米肆石仁法勝寺斗定五斗ニ限り永代　賣渡實正明白也（中略）仍
為後日文書之状、如件、
賣渡主　ヒテ信（花押）
文明六年四月十一日[48]

このように、「佛光寺」は、在地の土地売券の四至にも確認される。これらの所見を勘案するならば、やはり『目録』にみえる「仏光寺」は、日撫神社神宮寺の佛光寺とみるのが妥当と考えられる。『目録』にみえる「日光寺」や「日撫大祢喜」など、他の寺社も在地関係で一貫しており、「仏光寺」だけが在京の寺院であるというのは、いかにも不自然であろう。

仏光寺門末が多く存在した湖東地域であること[49]、荒木門流と関わりが深いとされる佐々木氏の勢力範囲であること、井戸村氏の勢力範囲が妙法院門跡領坂田郡箕浦庄を含むこと[50]など、状況証拠的には確かに真宗仏光寺との関わりが浮かび上がってくる。しかし、早島氏が典拠とした史料は在地で完結する内容であり、ここにみえる「仏光寺」の所見を京都の仏光寺とみるのは無理がある。したがって、現在のところ、少なくとも経済基盤に関しては、荒木門流全体にみられる非農業的・職能民的性格を仏光寺も共有していたと判断しておきたい。

2　室町期京都における仏光寺

第二章でみたように、中世後期における僧位僧官補任に際して重視されたのが、その僧侶の出自であった。本願寺や仏光寺にかぎらず、新仏教系諸宗の系図・系譜類には、門跡寺院における得度・受戒の記事や、公家との猶子・婚姻関係の記載が多くみられる。ただし、その多くは先代を荘厳するための脚色や、現状の過去への投影が含まれており、そのまま一次史料として扱うことは難しい。もっとも戦国期に入ると、とくに本願寺の場合は、公家や幕府重臣との間で結ばれた婚姻や猶子に関する記事が古記録等に確認できるようになる。こうした動きは、本願寺の勢力拡大に比例した社会的地位上昇の徴証とみるのが一般的である。確かにそうした一面があるには違いないが、公武諸階層との交流は、何も身分上昇だけが目的とはいえないだろう。ことに、権門寺院のような強力な社会基盤を持たない戦国期以前の本願寺や仏光寺の場合、「首都」京都という特殊な空間で活動するためには、本末関係の如き縦の関係だけでなく、寺院以外の諸勢力との横のつながりも重要だったのではないか。

右のような視点から、ここでは仏光寺が室町期の「首都」京都において如何なる人的ネットワークを持っていたのか、古記録にみえる事実関係の掘り起こしを中心に検討したい。

さて、既存の記録類を網羅したわけではないが、管見の範囲で仏光寺関係の記事が比較的まとまって存在するものとしては、伏見宮貞茂親王の『看聞日記』と中御門宣胤の『宣胤卿記』の二つが挙げられる。そこで両者における関係記事の所見について、それぞれ**表1**・**表2**に内容をまとめた。

分析に先立って、まず両方の表にみえる「花恩院」という院号について説明しておく。第一章で検討した事書に経豪を指して「花恩院大納言」とあったように、仏光寺の歴代住持は「花恩院」という院号を名乗ったことが知られている。この院号の由来については、後世に諸説あって一致をみない。近世に入ると興正寺も仏光寺も「華園院」の院号を称したようである。この院号は、**表1**の所見から少なくとも永享年間まで遡ることになる。この時期の仏光寺住持は堯経（法名性曇）と考えられる。なお、以下では寺院としての仏光寺と区別するため、仏光寺住持一族を「花恩院家」として論じる。

さて、**表1**『看聞日記』における六件の所見は、いずれも伏見宮貞茂邸への参賀の記事である。他の参列者は六件とも様々で、ここから共通点を見いだすことは難しい。幅広い階層の記事を載せる『看聞日記』の性格を勘案しても、花恩院（堯経）が伏見宮への参賀にたびたび参加していることは、花恩院家が伏見宮家と何らかの接点を有

表1　『看聞日記』にみる花恩院の動向

年号	月日	内容	参列者
永享二（一四三〇）	11月27日	参賀	勧修寺中納言・花頂僧正・薗前中納言・花恩院
	12月26日	歳末参賀	随心院僧正・花恩院・左大史周枝朝臣・重仲・隆富朝臣・知俊朝臣
永享七（一四三五）	12月27日	歳末参賀	関白・右大臣・左大臣、（以下、俗人省略）御室・同二品親王・妙法院・聖護院准后・大乗院僧正・随心院・花頂・慈尊院・安久居僧正・法輪院・花恩院・三福寺長老・長徳院主・長講堂坊主・慢西堂・大通院看坊・入江殿方丈・今御所・岡殿・御喝食御所・西雲庵・東御寮・林芳庵・圓窓坊・如浄房・〈岡殿〉實載庵・〈同〉宗珍
永享十三（一四四一）	1月13日	年始参賀	青松院・花恩院
嘉吉三（一四四三）	12月25日	歳末参賀	智圓寺殿・上臈・大教院・花恩院・小松谷長老
文安四（一四四七）	11月30日	布衣始参賀	西園寺前内大臣・〈三條〉右大将・飛鳥井中納言入道、（以下、俗人省略）大性寺方丈御使・入江殿御庵・智圓寺・安楽光院・花恩院・持空房

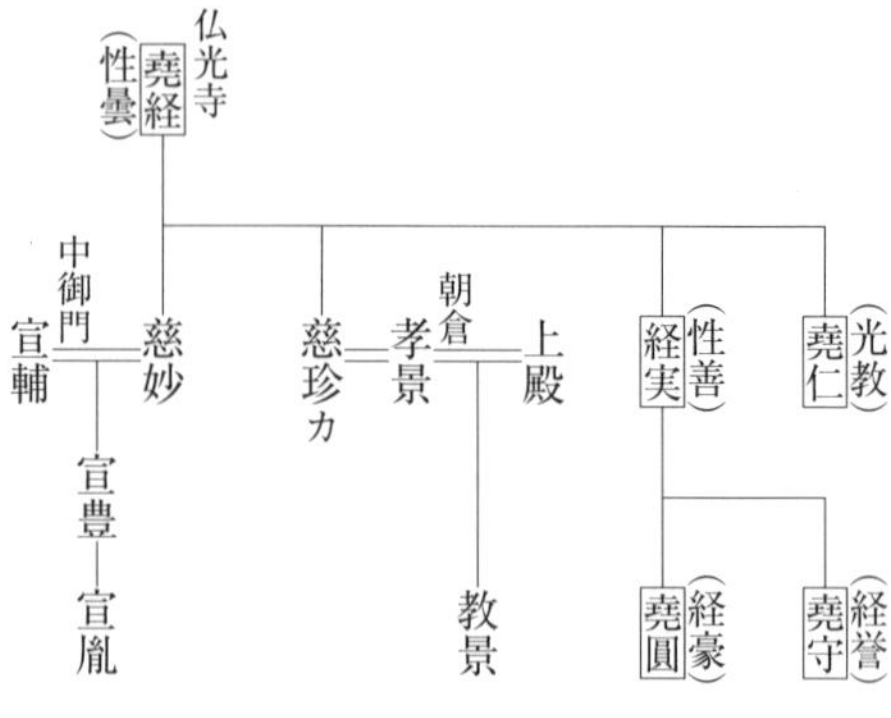

図1　仏光寺歴代の姻戚関係
※『宣胤卿記』・『興正寺歴世略年譜』・米原註(53)論文から作成
※四角囲いは仏光寺歴代、（　）内は法名

していたことを示す。参賀以外に両者の関係を確認できないので推測を重ねるのは控えたいが、後述する**表2**の事例から考えると、あるいは和歌会・連歌会が鍵となるだろうか。

次に、**表2**の『宣胤卿記』における所見について検討したい。『宣胤卿記』には頻繁に花恩院が登場し、その内容も贈答や典籍書写の事例が多く、**表1**に比べて格段に記主と花恩院家が親密であることがうかがえる。その理由は、熊野恒陽氏が指摘するように、中御門宣胤の祖父宣輔と仏光寺堯経の子女慈妙の婚姻をきっかけとする、両家の姻戚関係にあることは疑いない[51]。もっとも、花恩院家が結んだ姻戚関係はこれに止まらなかった。**表2**No.13の事例について史料原文を左に挙げる。

八日、雨、越前朝倉太郎左衛門尉教景母号上殿、女房三人、来、寄宿余方、（中略）此教景母元母与先考一品ノ母堂慈妙姉妹也花恩院堯経法印女、仍為余親類也、

この日、越前の朝倉教景の母が中御門邸に寄宿したが、それは教景の母と中御門宣胤が親類であったことが理由であるという。「教景母元母」の解釈が難しいが、いずれにしても両家が親戚関係にあったのは、両家に嫁いだ女性がともに花恩院堯経の子女だからであった。

この記事を手掛かりに、花恩院家の姻戚関係を整理したものが**図1**「仏光寺歴代の姻戚関係」である。このように、仏光寺住持一族は、子女を介して勧修寺流藤原氏の名門中御門家、および越前の戦国大名として名を馳せた朝

表2　『宣胤卿記』にみる花恩院の動向

No.	年号	月日	内容	発→受	備考
1	延徳一（一四八九）	1月8日	参賀・参詣	宣胤→花恩院	下御霊社→吉田社→墳墓→吉田兼倶邸→卜部兼致邸→青蓮院→花恩院→妙法院→九條殿→唐橋邸→因幡堂→二條殿→〈花山〉右府亭→〈西園寺〉前左府亭→山科宰相邸→一條前亜相邸→殿下〈一條殿〉→直指院→帰宅
2		1月13日	贈答	花恩院→宣胤	花恩院〈経豪／山科〉
3	文亀二（一五〇二）	1月10日	贈答	花恩院→宣胤	花恩院〈経照〉
4		3月13日	所望	花恩院→宣胤	三社託宣・短冊・手本を所望につき。
5		3月18日	所望（応対）	宣胤→花恩院	宣胤、花恩院より依頼の三社託宣らを書く。
6	永正一（一五〇四）	2月20日	贈答	花恩院→宣胤	花恩院〈経照律師／在山科〉
7		4月13日	御礼	花恩院→宣胤	『伊勢物語』書写の礼
8	永正三（一五〇六）	12月11日	所望	花恩院→宣胤	花恩院〈経照律師〉、宣胤の手跡（歌題など）を所望につき。
9	永正四（一五〇七）	1月19日	贈答	花恩院→宣胤	花恩院〈経照律師〉
10		5月1日	所望（応対）	宣胤→花恩院	花恩院・大覚寺殿らより所望の三社託宣を書く。
11	永正十四（一五一七）	3月14日	贈答	花恩院→宣胤	「毎年々始之礼也、依在国遅々云々」
12	永正十五（一五一八）	2月7日	贈答	花恩院→宣胤	花恩院〈経照〉
13		4月8日	その他		中御門邸に親類の朝倉教景母（上殿）が寄宿。教景母・元母と宣胤父の母慈妙（花恩院堯経法印女）が姉妹であることによる。
14	永正十六（一五一九）	1月17日	贈答	花恩院→宣胤	「佳例」の使者あり。
15		1月17日	消息	花恩院→宣胤	今春の参賀を期すと伝える。（紙背文書）
16		3月7日	訪問	宣秀→花恩院	宣秀（宣胤息）、山科野村の花恩院〈経照律師〉を初めて訪ねる。経照の祖父経實は、乱以来、毎月連歌会に出席した。その父堯経法印の女は宣胤父の母である。
17		3月10日	返礼	花恩院→宣秀	訪問の返礼。参謝すべきところ出頭停止につき使者を遣わす。

倉氏との関係を結んでいたのである。そして、表2から明らかなように、それは実際に相互の交流として機能していた[52]。

では、花恩院家と朝倉家・中御門家との姻戚関係は何を契機に成立したのだろうか。今度は表2№16の記事を検討したい。中御門宣胤の長子宣秀が山科野村（興正寺）に花恩院経照（興正寺蓮秀）を訪ねた記事に、宣胤は両家の関係について説明を加えている。その内容は、「経照祖父経実ハ、乱以来、毎月連歌会ニ来、其父尭経法印女ハ故一品ノ母也、由緒如此、以次記之」というものである。尭経の子女が宣胤の祖母に当たるという内容は表2№13の記事にもみえたが、経実に関する内容は、両家の邂逅の場が中御門家が主催した月次連歌会にあったことを示唆する重要な記事である。連歌関係の資料は未検討で今後の課題となるが、少なくとも尭経の子経実が中央貴族主催の連歌会に出仕できる立場もしくは能力を持っていたことは間違いない。

そのように考えれば、越前朝倉氏と花恩院家の関係もみえてこよう。戦国大名文芸研究の第一人者である米原正義氏によると、越前に台頭した朝倉氏は、家景の代まで歌壇に全くみえないが、その子孝景に至ると、月次歌会の張行や連歌師宗祇との関係を確認できるようになるという[53]。図1にみえるように、その孝景の室こそ、宣胤祖母の姉妹で尭経の子女慈珍（名前は米原氏の推定による）であった。越前朝倉氏が多くの文人を保護し、また自らも積極的に文芸活動を行っていたことは、米原氏の詳細な研究に明らかである。花恩院家と中御門・朝倉両家を結びつけた場は、公武の諸階層が参加する和歌会や連歌会等の文芸空間とみて大過ないだろう。

以上のように、参賀の場や連歌・和歌の場を通して、「花恩院」を名乗る歴代の仏光寺住持は、室町期京都社会に積極的にアプローチしていた。とくに、子女を諸家へ嫁がせ、子息経実を文芸の場に送り込んだ尭経の動きは注目に値する。熊野恒陽氏によると、興正寺塚口御坊をはじめ、仏光寺・興正寺門末には尭経の開基伝承を持つ寺院が多いという。[54] 応永二十年代の仏光寺繁栄の様子を描いた『本福寺旧記』の内容を含め、室町期仏光寺の発展に住持尭経の果たした役割を重視すべきであろう。

日野一流を名乗る本願寺一族が公家社会の末端につながり、蓮如期以降は武家勢力とも姻戚関係を結んだことはよく知られている。[55] ここでみたように、同じ在洛の真宗寺院仏光寺も早くから諸勢力との交流を進めていたのである。これらは、僧位・僧官の獲得による寺格上昇や、姻戚関係による身分上昇が第一目的というより、「首都」京都という社会空間で活動するために不可避の運動であったと考える。十六世紀段階の本願寺の急激な僧位僧官上昇や、「門跡成」実現へ向けた諸勢力との交渉と、十五世紀までの在洛真宗寺院による人的ネットワーク構築の動きは、別のベクトルとして考えるべきである。さらにいえば、この問題は、真宗にかぎらず在洛の法華宗寺院や浄土宗寺院の事例とも突き合わせて考える必要がある。後日の課題としたい。

おわりに

以上、仏光寺・興正寺分立期の問題について、可能なかぎり一次史料に拠りつつ再検討してきた。第一章では経豪の本願寺「帰参」に関わる史料をめぐって、これまでの弾圧史的な見方を相対化し、当該期の仏光寺門末内の矛盾として山門事書の発給を位置付けた。第二章では、前稿で指摘した天台門跡寺院と真宗寺院の「候人」関係を仏光寺についても確認した。前稿では「候人」関係の成立時期について曖昧な指摘に止まったが、仏光寺の事例を検討するかぎり、「候人」関係を確実に指摘しうるのは、室町中期以降と考えるべきとの認識に至った。これは、それ以前に本願寺や仏光寺が天台門跡寺院と没交渉であったという意味ではない。「候人」という立場を介した関係が、室町中期以降の天台門跡寺院と在洛真宗寺院の関係として現れた可能性を考えたい。第三章では、仏光寺の社会的位置を考えるため、まず経済基盤として荘園制的な「免田」の存在を確認しうるか否か、典拠史料に立ち戻って検討を加えた。また、室町期京都社会の一構成員としての仏光寺という視点から、仏光寺住持一族（花恩院家）が構築した人的ネットワークを跡付けた。草創期における武士層（北条氏・佐々木氏）との関係から、妙法院門跡そして貴族層・戦国大名との交流・婚姻関係へ、仏光寺は「首都」京都に着実な地歩を築いていた。

これまで、仏光寺史といえば、本願寺史の展開のなかで副次的に位置付けられてきた。それは、本願寺の歴史において仏光寺の存在が無視しえないことの証左でもあるが、同時に仏光寺史が常に本願寺の存在に規定されていたかのような窮屈な印象を与えてきた。これに対し、本稿では関東から諸国に展開した荒木門流の都市的展開という視点から仏光寺史を考えてみた。既知の事象の再解釈に終始したとの思いが拭えないが、大方の御批判を賜れば幸いである。

註

（1）代表的なものとして『蓮如方便法身尊像の研究』（同朋大学仏教文化研究所研究叢書Ⅶ、法藏館、二〇〇三年）を挙げておく。

（2）脊古真哉「荒木満福寺考――満福寺歴代の復元と源海系荒木門流の拡散」（『寺院史研究』一一、二〇〇七年）、祢津宗伸「木曾谷東野阿弥陀堂初期真宗本尊に関する考察――如信・覚如の描かれた和朝先徳連坐影像と常陸国真壁郡の関係――」（『同朋大学佛教文化研究所紀要』二五、二〇〇五年）など。

（3）大阪真宗史研究会編『真宗教団の構造と地域社会』（清文堂出版、二〇〇五年）所収。

（4）青蓮院門跡については、研究史も含めて平雅行「青蓮院の門跡相論と鎌倉幕府」、稲葉伸道「青蓮院門跡の成立と展開」(ともに河音能平・福田榮次郎編『延暦寺と中世社会』、法藏館、二〇〇四年)、および稲葉「鎌倉期における青蓮院門跡の展開」(『名古屋大学文学部研究論集』史学四九、二〇〇三年)参照。

(5) 南北朝期においても、例えば応安の山門嗷訴の際、北朝から「三門跡」に対して綸旨が出されている(『後愚昧記』応安元年十一月二十八日条)。

(6) 最新の成果として、曼殊院門跡を包括的に検討した五味文彦・菊地大樹編『中世の寺院と都市・権力』(山川出版社、二〇〇七年)の諸論考がある。

(7) 親鸞の直弟子真仏以降、源海―了海―誓海―明光―了源と続く血脈の呼称については様々な見解が存在する。それは、呼称自体が初期真宗門流をどう定義するのか、という大きな問題に直結するからに他ならない。今のところこの議論にコミットする能力はないが、さしあたり本稿では、仏光寺を関東から展開した門流の一つに位置付けるという意味で、関東荒木門流という呼称を用いた。

(8) 『真宗史の研究(上)』(宮崎圓遵著作集第四巻、永田文昌堂、一九八七年、初出一九三二年)二七五頁。

(9) 佐々木篤祐『仏光寺史の研究』(本山仏光寺、一九七三年)、佛光寺教学研究会編『佛光寺の歴史と教学』(法藏館、一九九六年)など。

(10) 井上鋭夫『一向一揆の研究』(吉川弘文館、一九六八年)一三頁。

(11) 神田千里『一向一揆と真宗信仰』(吉川弘文館、一九九一年)。

(12) 峰岸純夫「鎌倉時代東国の真宗門徒――真仏報恩板碑を中心に――」(『中世東国の荘園公領と宗教』、吉川弘文館、二〇〇六年、初出一九八五年)。

(13) 脊古註(2)前掲論文、同「飯田の寂円と和田の信寂――三河と南信濃に展開した源海系荒木門流――」(『同朋佛教』四二、二〇〇六年)、西岡芳文「阿佐布門徒の輪郭」(『年報三田中世史研究』一〇、二〇〇三年)、津田徹英『中世真宗の美術』(日本の美術四八八、至文堂、二〇〇七年)。

(14) 例えば、興正派の立場から正当性を述べたものに、中島慈応『真宗法脈史』(法文館、一九一一年)がある。

(15) 原田正俊「中世後期の国家と仏教」(『日本中世の禅宗と社会』、吉川弘文館、一九九八年、初出一九九七年)、河内将芳「法華教団の政治的位置――室町・戦国期における――」(『中世京都の民衆と社会』、思文閣出版、二〇〇〇年、初出一九九九年)、同「山門延暦寺からみた天文法華の乱」(『中世京都の都市と宗教』、思文閣出版、二〇〇六年、初出二〇〇二年)。
(16) 『妙法院史料』第五巻(吉川弘文館、一九八〇年)、古記録・古文書八二号。
(17) 『妙法院史料』第五巻、古記録・古文書八三号。
(18) 『妙法院史料』第五巻、古記録・古文書八四号。
(19) 佐々木註(9)前掲著、一八七頁。
(20) 『妙法院史料』第五巻、古記録・古文書五一・五二号。
(21) 『本願寺史』第一巻、千葉乗隆「佛光寺の歴史――鎌倉~室町――」(『佛光寺の歴史と信仰』、思文閣出版、一九八九年)など。
(22) 佐々木註(9)前掲書所収「天台の圧迫と興正寺の分立」、および日下無倫「興正派興正寺の起源」(『眞宗史の研究』第一編第七章、平楽寺書店、一九三一年)。
(23) 仏光寺六坊連署証状(『真宗史料集成』第四巻)。
(24) 仏光寺五人衆事書(『真宗史料集成』第四巻)。
(25) 『妙法院史料』第五巻、古文書・古記録八五号。
(26) 長性院性宗覚書(『真宗史料集成』第四巻)。
(27) 神田註(11)前掲書、七四~七五頁。
(28) なお、真宗寺院に対する山門大衆の衆議が必ずしも「弾圧」に限らないことは、例えば天文七年(一五三八)の加賀門徒と本願寺の仲裁をめぐる衆議が挙げられる(『天文日記』天文七年十月二十二日条)。なお、神田千里『一向一揆と石山合戦』、戦争の日本史14、吉川弘文館、二〇〇七年)一三七~一三八頁も参照。
(29) ちなみに、山門事書の発給は、大衆自身の手によるものではなく、坂本の「寺家」(執行機関)において文書が作成され当事者に通達された。下坂守「延暦寺における「寺家」の構造」(『中世寺院社会の研究』、思文閣出版、二〇〇一年)参照。
(30) 草野顕之『戦国期本願寺教団史の研究』(法藏館、二〇〇四年)四六七~四六八頁。

（31）首藤善樹氏が紹介した『仏光寺先規作法記録』（近世前期成立）には、東山大仏千僧会における本願寺と仏光寺の席次争いに関わって、仏光寺から豊臣政権へ出された訴状が書き留められている。左に該当部分を示す（首藤善樹「仏光寺の寺僧六坊――仏光寺先規作法記録――」、平松令三先生古稀記念会編『日本の宗教と文化』、同朋舎出版、一九八九年）。

一、文明年中ニ、彼本願寺邪法ヲトリオコナヒ申トテ、山門大講堂ノ集会ニテ被加御成敗之時モ、仏光寺各別之旨付而、無異儀至今日、本願寺ト別各《（マヽ）》之筋目、山門ヨリノ証文分明御座処ヲ、何カト被申掠候段、致迷惑事、

一、従古来、本願寺参会不仕候事ハ、文明年中山門ヨリ堅被定置証文在之付而、以其筋目、先祖共今生後生ノ罰文ヲモツテ誓詞ヲ仕ヲキ候間、子々孫々ノ分トシテ参会申候義、是又迷惑仕候事、

一、証文暦々慥ナル体御披露候者、一向宗義法度、山門ヨリノオキメ、仏光寺・本願寺各別ノ子細相聞可令申候事、

文禄五年正月廿二日　　仏光寺

民部卿法印

ここでは、文明年中の三通の山門事書が、発給当初とは別の文脈で仏光寺の由緒となっている点が興味深い。ちなみに、民部卿法印（前田玄以）は、この事書について「慥成証文ニテ候」と述べたという（『同記録』）。

（32）中世の妙法院門跡については、衣川仁「中世延暦寺の門跡と門徒」（『日本史研究』四五五、二〇〇〇年）、五味・菊地編註（6）前掲書所収の吉澤一成「妙法院門跡の確立」などがある。ただし、いずれも中世前期を対象としている。

（33）神田註（11）前掲書、六六〜六七頁。

（34）『八坂神社記録』一。

（35）早島有毅「中世に展開した親鸞とその諸門流集団の存在形態――浄土教の本尊研究の課題設定作業の一環として――」（『藤女子大学紀要』四三、二〇〇六年）。

（36）『妙法院史料』第五巻、古記録・古文書二九号。

（37）応仁元年三月日山門西塔院政所集会事書案（「本善寺文書」、真宗大谷派教学研究所編『蓮如上人行実』、東本願

寺出版、一九九四年）所収。

(38) 小笠原隆一「中世後期の僧位僧官に関する覚書」（『寺院史研究』四、一九九四年）、奥野高廣『戦国時代の宮廷生活』（続群書類従完成会、二〇〇四年）。

(39) 『親長卿記』文明五年三月条。

(40) 『親長卿記』文明四年（一四七二）十一月十五日条に「覚勝院良助自讃州知行分〈坂田庄〉上洛」、『同記』明応六年（一四九七）正月二十五日条に「遍照院僧都于《(了)》淳来、自讃州坂田庄上洛」とある。覚勝院・遍照院は大覚寺門跡の院家（「大覚寺譜」、『大覚寺文書』上）。

(41) 早島註(35)前掲論文。

(42) 草創期の仏光寺と鎌倉幕府権力の関係については、熊野恒陽「了源上人の教化と興正寺の建立」（大阪真宗史研究会編『真宗教団の構造と地域社会』、清文堂出版、二〇〇五年）参照。

(43) 井戸村氏については、太田浩司「北近江土豪層と「被官」――近世史料と現行民俗からのアプローチ――」（三鬼清一郎編『織豊期の政治構造』、吉川弘文館、二〇〇〇年）。

(44) 滋賀県坂田郡教育委員会編『改訂近江国坂田郡志』六、一九四五年。

(45) 宮川満『改訂太閤検地論第Ⅲ部　基本史料とその解説』（宮川満著作集第六巻、第一書房、一九九九年、初出一九六三年）。

(46) 『井戸村文書』の原本確認にあたり、長浜城歴史博物館の学芸員太田浩司氏にお世話になった。記して謝意を表したい。

(47) 『続天台宗全書』史伝二（春秋社、一九八八年）所収。『兵庫県史』史料編中世四（兵庫県、一九八九年）にも翻刻がある。なお、鎮増については田中貴子『室町お坊さん物語』（講談社現代新書、一九九九年）参照。

(48) 『井戸村文書』一八号。文書番号は『改訂近江国坂田郡志』七による。なお、同三三号文書の売券にも「北ハ佛光寺限」とある。

(49) 西口順子「中世後期仏光寺教団と村落――近江湖東地域を中心に――」（『中世の女性と仏教』、法藏館、二〇〇六年、初出一九九七年）。

(50) 康永三年(一三四四)七月日亮性法親王庁解(『妙法院史料』第五巻、古記録・古文書六五号)には、寺領の一つとして「一、西塔東谷常住金剛院付箕浦庄寺用」とある。
(51) 熊野恒陽「興正寺開山蓮教上人のこと」(『佛光寺異端説の真相』、白馬社、一九九九年)。
(52) なお、表2をみるかぎり、仏光寺・興正寺の分立後、中御門家は興正寺側の蓮教(経豪)・蓮秀(経照)を「花恩院」と呼び、交流を続けている。この問題については後日の課題としたい。
(53) 米原正義「越前朝倉氏の文芸」(『戦国武士と文芸の研究』、桜楓社、一九七六年)。
(54) 熊野註(51)前掲論文。
(55) 木越祐馨「政治権力と蓮如」(神田千里編『民衆の導師蓮如』、日本の名僧13、吉川弘文館、二〇〇四年)など。

付記 校正段階で熊野恒陽「興正寺の開創と蓮如上人」(『蓮師教学研究』三、一九九四年)の存在に気づいた。経豪「帰参」について、経豪と前住持光教や「五人衆」の対立関係を想定するなど、本稿に関わる重要な指摘がある。熊野氏に対しお詫び申し上げるとともに、併せて参照を願いたい。

Ⅲ　信仰の周辺

礼拝威力、自然造仏
――『三宝絵』所収「長谷寺縁起」の生成と東アジア的言説空間――

北條勝貴

はじめに――「長谷寺縁起」をひらく

源為憲が永観二年（九八四）に撰上した『三宝絵』三巻は、空也伝や往生伝の成立と密接な繋がりを持ち、日本浄土教史上に欠くことのできない位置を占める。しかしその重要性はより広い領域に及び、東アジアにおける日本仏教の形成さえ照射しうる可能性を有している。下巻／五月／（二十）も、その例に漏れない。同話は、長谷寺の主要な年中行事である菩薩授戒の由来を述べるにあたり、本尊観音菩薩像の成り立ちから説き起こす縁起譚となっている。やや長くなるが、まずは、該当部分を段落分けして掲げておこう[1]。

(a) 昔、[a]辛酉歳ニ大水イデヽ、大キナル木流レ出タリ。近江国高嶋郡ノミヲガ崎ニヨレリ。サトノ人ソノハシヲ切トレリ。スナハチソノ家ヤケヌ。又ソノ家ヨリハジメテ、村里ニシヌル者ヲホカリ。[b]家ヽ崇ヲウラナハスルニ、「コノ木ノナス所ナリ」トイヘリ。コレニヨリテ、アリトシアル人近付ヨラズ。

(b) 此時ハ、[c]大和国ノ葛城ノ下郡ニスム、イヅモノ大ミヅトイフ人此ノ里ニ来レリ。此木ヲキヽテ、心ノ中ニ願ヲオコス。「願ハ此木ヲモチテ、十一面観音ニツクリタテマツラム」ト。シカレドモ、ユクベキタヨリナクシテ、空クモトノ里ニ帰ヌ。コノヽチ、[d]大ミヅガタメニシバ〳〵シメスコトアルニヨリテ、糧ヲマウケ、人ヲ伴ヒテ、又彼木ノモトニイタリヌ。木オホキニ、人トモシクシテ、イタヅラニ見テカヘリナムトス。[e]心ミニ綱ヲツケテ引キ動スニ、カロクヒカレテヨクユク。道ニアフ人ミナアヤシビテ、車ヲトヾメ、馬ヨリヲリテ、力ヲクハヘテ共ニヒク。ツヒニ大和国葛城ノ下郡当麻ノ里ニ至リヌ。物ナクシテ久クヲキテ、大ミヅ已ニ死ヌ。

(c) 此木イタヅラニナリテ八十年ヲヘヌ。ソノ里ニ病オコリテ、カラクコゾリテヤミイタム。[f]「此木ノスルナリ」トイヒテ、郡ノツカサ、里ノヲサラ、大ミヅガ子ミヤ丸ヲメシテ勘レドモ、ミヤ丸ヒトリシテコノ木ヲサケガタシ。郡里ノ人トモニシテ、戊辰歳ニ、シキノ上ノ長谷河ノ中ニ引ステツ。ソコニシテ三十年ヲヘヌ。

(d) コ、ニ沙弥徳道トイフ者アリ。此事ヲキ、テ思ハク、[g]「此木カナラズシルシアラム。十一面観音ニツクリタテマツラム」ト思テ、養老四年ニ、今ノ長谷寺ノミネニウツシツ。徳道力無シテ、トクツクリガタシ。カナシビナゲキテ、七八年ガ間、此木ニ向テ[h]「礼拝威力、自然造仏」トイヒテ額ヲツク。飯高ノ天皇ハカラザルニ恩ヲタレ、[i]房前ノ大臣自ラ力ヲクハフ。神亀四年ニツクリ終ヘタテマツレリ。タカサ二丈六尺ナリ。[j]徳道ガユメニ神アリテ、北ノミネヲサシテイハク、カシコノ土ノシタニ大ナルイハホアリ。アラハシテ此観音ヲ立タテマツレ。トイフトミル。サメテ後ニ堀レバ有リ。弘サ長サヒトシク八尺ナリ。面平カナル事、タナ心ノゴトシ。ソレニ立タテマツレリ。[k]徳道、ヽ明等ガ天平五年ニシルセル、観音ノ縁起并ニ雑記等ニ見ヘ《え》タリ。

これまで右の史料が問題とされてきたのは、いうまでもなく長谷寺縁起の研究、そして長谷寺そのものの研究においてである。[2] かつては、道明の名のある「銅板法華説相図銘」が長谷寺の創建譚と誤解され、傍線k「徳道、ヽ明等ガ天平五年ニシルセル、観音ノ縁起并ニ雑記等」（以下「観音縁起」と略記）との関係、道明／徳道の関係をどう説明するかが最大の課題であった。しかし現在は、前者にみえる「宝塔」は『法華経』見宝塔品の多宝塔をしか指示せず、道明が敬造したのは「説相図」自体であると考えるのが通説的である。よって、「観音縁起」こそが長谷寺縁起の初発形態とされ、以降の研究の力点は、右と同じ誤解が生んだ二系統の縁起の融合過程や、中世的展開の解明へ移ってきた。近年では、『長谷寺霊験記』『長谷寺密奏記』における中世神話、中世的神仏習合の様相を探究することが、主要な潮流になっているといってもいいだろう(3)。ただし、現存最古と認知された「観音縁起」の成り立ちについては、いまだ充分解明されないままに放置されている感が強い。例えば逵日出典氏は、長谷観音を滝蔵神・山口神（水神・雷神・農業神が習合）の密教的現れと位置づけ(4)、寺川眞知夫氏は、「縁起」の形成を仏教的霊木伝承／神身離脱伝承の結合のなかに読み取っている(5)。前者は外来の仏教と在地の信仰との交渉のなかに、仏教的言説の編成過程のなかに、それぞれ「縁起」を考察する方向を拓いたが、史料的制約から一定の限界を生じてしまっている点は否めない。けれども、日本列島のみならず「漢文文化圏(6)」の広がりにおいて「縁起」を捉え直すとき、私たちは、多くの先行する言説群を比較材料として見出すことができるのである。

まず(a)～(c)は、〈樹霊婚姻譚〉と呼ばれる一連の物語りが共有するプロットと類似している。後述するように、これは樹木伐採に伴う〈木鎮め祭儀(7)〉と密接に関わる言説で、伐る側の人間／伐られる側の樹木の緊張関係を母胎とする。すなわち「観音縁起」を生じる現場の一端は、伐木や木材の運搬、木工・建築などを生業とする集団に置かれていた可能性があるのである。また、(a)～(d)の全体的流れは、祟りなす存在の観音像への昇華を主題としており、寺川眞知夫氏の指摘のとおり〈神身離脱譚〉に類似している(8)。神が仏教帰依を語る場面こそないものの、初期神仏習合の範疇に数えてよい事例であり、背景に山林修行者の実践をも想定することができよう。

以上二種類の言説形式は、ともにアジア的広がりを持つものであり、中国的言説の日本化という問題構成においても重要な意味を帯びる。その点からすれば、「観音縁起」の述作主体についても、徳道・道明説をそのままに肯定すべきなのか、それとも、勧学会に参加し天台僧とも交流のあった源為憲の役割を重視すべきなのか、慎重な検討を要しよう。本稿は、その最も基本的かつ困難な課題に答えるための、いくつかの材料を提供することを目的とする。

一 〈樹霊婚姻譚〉としての形成情況

1 〈樹霊婚姻譚〉と木鎮め祭儀

「観音縁起」を〈樹霊婚姻譚〉として読みうるかどうか、これは本稿における最初の難問である。まずは同言説の成立と典型例を確認し、「縁起」にちりばめられたモチーフとの比較を試みたい。

前稿で述べたように、(9)〈樹霊婚姻譚〉の完成された形は、浄瑠璃『祇園女御九重錦』や歌舞伎『卅三間堂棟木由来』にみることができ、昔話や民間伝承としても、近畿を中心に列島各地へ分布している。(10)類話の早い例としては、夫婦の情愛に焦点を絞った元禄十七年(一七〇四)『多満寸太礼』三「柳精霊妖」(11)、建築物を善光寺金堂に置き換えた宝暦四年(一七五四)『裏見寒話』追加「善光寺の棟木」(12)があり、成立期は不明ながら、男性の樹霊が人間の女性を訪う、陸奥の歌枕〈阿古屋の松〉の由来譚も有名である。(13)なお、これらの物語の基本的要素が整うのは、後白河院の前生譚を核とする三十三間堂創建説話群、浄土真宗に関わる平太郎の熊野参詣物語などを含み込んだ、延宝初年(一六七三頃)『熊野権現開帳』(14)(以下、『開帳』と略記)においてであるという。(15)同書は物語として長文であるため、まずは昔話として定型化した事例を掲げ、特徴的な部分を遡って確認することにしたい。

あのな、三十三間堂はあれ、棟木が柳でな、柳がどこにあったかいうと、それは分からんのやけど、平太郎ちゅうてな、百姓があってな、そこへおりゅうちゅう嫁さんがあってな、仲よう暮らしてみどりという男の子が出来とったんや。ほいたらなあ、ちょうど三十三間堂の棟木が、無いちゅうことで、そいたら平太郎の上にある、その山になあ、柳の木があって、それをしょうかちゅう村の者が寄って、そしてな、切ったんや。そしてまあ、切るのは良かったんじゃけども、どういうか知らんがそれが、その晩から、おりゅうがおらんようになってしもうて、ほいたら、襖になあ、「緑のゆく末」と書いてな、ほいて姿消したっちゅうんやなあ。そいからなあ、柳の木倒かしたんやけど、どなにも動かんのやなあ、どない引っぱっても何人かかっても。ほんでこら不思議やちゅうてなあ、そいで子どもが、みどりちゅう子がなあ、引っぱったちゅうんやなあ。ほいたらどんどんどんどん動きだしたちゅうんやなあ、たった一人で。ほんでこれは不思議やちゅうてなあ、ほんで村の者が何したらなあ、ほいたらそれが、柳の精でな、おりゅうが柳の木やって、ほいてそれをまあ知らんと、平太郎も、切ってくれっていうなり、村の人も切ったんのやけども、おりゅうは元の柳の木になってな。いま三十三間堂に上がっとる棟木はな、あれ、柳の木やって、柳の木には、棟木には由来があって、なかなか動かんやったけども、子どもが引っぱったら動いたちゅう、親子の情愛から、出た言葉で。

右に引用したのは、京都府船井郡和知町（現京丹波町）下乙見で採録された「おりゅう柳」である[16]。そのプロットを一般性のある形に整理すれば、ⓐ樹霊と人間との交流→ⓑ婚姻→ⓒ出産→ⓓ樹木が建造物の素材として伐採されるため、両者に別れが訪れる→ⓔ伐採／運搬に対する樹木の抵抗→ⓕ配偶者／子供による鎮撫→ⓖ建造物化、ということになろう。ⓑⓒには至らない事例もあるが、これは多くの〈樹霊婚姻譚〉に共通する形式であるといえ、『開帳』にも明確に見て取れる。物語のテーマは異類／人間の交渉にあるが、伝承の生成される現場を想定すれば、注意されるのはⓔⓕである。それぞれ「おりゅう柳」の傍線a・bに当たり、『開帳』には、「ごんのかみの郎等すがの藤内、ほう王のちよくによりあまたのにんぶをしたがへ熊野山へわけ入、件の柳を切たをし、しゆらにのせうしにも引せすまんのにんじゆつなを引、ひやうしをそろへ声を懸引け共〳〵はかゆかす、あくみはて、そいたりける」[17]、「よしかつおや子うけ給はり、やかてつなに手をかけ給へは、あらやさしやさし物大木ひかねとみづからさきへとゆきしは、きとく也ける次第也[18]」などとある。前者のⓔが、人間界の秩序に組み入れられることへの樹木の拒否表明であることは、すでに前田久子氏によって指摘されている[19]。氏は、〈大木の秘密譚〉にみられる狭義の伐採抵抗を「樹木」の抵抗、〈樹霊婚姻譚〉に顕著な運搬抵抗を「用材」の抵抗としているが、伐木に伴う多くの祭儀において大人数の参加する木曳きがハイライトをなすように、樹木を山から引き出すことこそが自然界／人間界の帰属転換を意味するのである[20]。そして後者のⓕは、暴力によって従属を強いる人間への樹木の怒りを解き、逆に建造物の守護神へ転化してゆく木鎮めを象徴する表現と思われる[21]。

「観音縁起」にも、これらと共通の表現が見出せる。注意されるのは傍線eで、当初は動かしがたいと考えられていた巨木が、大ミヅが試みに引くと比較的容易に動き出すという場面である。「木オホキニ、人トモシクシテ、イタヅラニ見テカヘリナムトス」という微妙な書きようについて、文中では一切の説明が排されている。確かに明確な運搬拒否ではなく、単に大きさの問題にすぎないのかも知れないが、大ミヅが巨木を運送困難とみなしていたのは間違いない。それがなぜか、試しに綱をかけて引いてみると軽々動いてしまう。その理由の一端は、「大ミヅ」という名前に暗示されていよう。いうまでもなくこの人物には、巨木を押し流した河川の氾濫、すなわち「大水」の属性が表象されているのである。前述した〈曳く〉行為の重要性からすると、巨木が水上ではなくあえて陸上を通り、しかも路上で行き交った人々がみな牽引に参加したと書かれることにも意味があろう（後世の説教節「小栗判官」を髣髴とさせる）。次いで傍線fをみると、当麻里でふたたび祟りを発した巨木を引き動かす役目が、村の住人たちにより、今度は大ミヅの子・ミヤ丸へと委託されている。父親に対し、このミヤ丸が表象しているものは何だろうか。住民たちの期待からすれば、大ミヅの属性がミヤ丸にも受け継がれていたことは確かである。ミヤとは「宮」、すなわち神仏や王権に関わる建築物を意味しよう。樹木を運ぶ水と、樹木からなる建築物を象徴する親子。〈樹霊婚姻譚〉のプロットを参照すれば、この二人の人物設定の背景には、樹木を伐採し造船や造宅を行う職能集団の存在がみえてくる。

巨木が移動してゆく南近江・南山城の隣接する山地は、藤原京造営の七世紀から林業の盛んな地域であった。『万葉集』には、田上山からの伐採と木津川での筏送を歌った「藤原宮の役民の作れる歌」（一―五〇）のほか、「吾が大君　天知らさむと思はねば　凡にぞ見ける　和豆香蘇麻山」（三―四七六）、「宮材引く　泉の追馬喚犬に立つ　民の息む時なく　恋ひわたるかも」（一一―二六四五）など、近隣の杣山に言及したものがみえる。天平宝字年間（七五七〜七六五）には、瀬田川上流で石山寺の建立が行われており、伐採や木工を担う様工集団が盛んに活動していた。[22] 彼らのなかに、山神祭や山口神祭といった木鎮めを執行する者があったことも判明している。[23] 大ミヅの名は、巨木を登場させた洪水であると同時に、筏に組んだ木材を運ぶ瀬田川―宇治川、木津川の流れをも意味しよう。このような山・川、そして樹木を母胎に創出されるのが建築物、ミヤ丸なのである。彼ら父子は、山・川／建築物であるとともに、木鎮めを担う伐採・木工従事者自身でもあった。大ミヅ―巨木／ミヤ丸の関係に、先にみた平太郎―柳／みどりを重ね合わせることも、あながち不自然とはいえないだろう。

蛇足だが、ここで古代における木鎮め実践者の典型、紀伊忌部をめぐる諸言説を比較材料として掲げておこう。[24] 紀伊国は森林の豊富な地として「木国」と呼ばれ、杉・楠を用いた造船、檜を用いた造殿、槙を用いた造棺などの林業・木工業を展開していた。[25] おそらくは、それらに従事するなかで木鎮めをも担っていたのが後の紀伊忌部で、紀ノ川沿いの御木郡・麁香郡に住み、山中での伐木、水運による木材の搬送、平地における木工・建築を分掌していたと考えられる。彼らの祖という手置帆負・彦狭知は、ともに空間を測定する意味の名称を持ち、[26]『古語拾遺』において、初めて天皇の大殿（すなわち神武天皇の宮殿）を造営したと記されている。『延喜式』大殿祭祝詞によると、忌部は一連の木鎮めを通じ、樹霊を屋船命なる建物の守護神に転換する。[27]紀伊でもほぼ同様の祭儀が行われていたことは、例えば、『日本霊異記』下巻二十八縁によって確かめられる。光仁朝（七七〇〜七八一）のある夜、紀伊国名草郡貴志里の一道場（貴志寺）で、同寺に逗留していた優婆塞が何者かの呻き声を聞く。声の主は、実は大蟻に首を嚙み切られた仏像だったのだが、優婆塞は、作りかけのままに放置された塔の木（おそらくは心柱だろう）をみて、「塔霊」の呻きではないかと執拗に疑うのである。「其の時に塔の木有り。未だ造らずして、淹しく仆れ伏して朽つ。斯の塔の霊かと疑ふ」「猶ほ塔の霊ならむと疑ふ」。[28]「塔霊」なる存在は、もちろん仏教においては一般的ではない。しかし、優婆塞が造りかけの柱をみてすぐに想起し、まるで自明のことのように固執したのは、それが当該地域に深く浸透した霊格であったからだろう。舞台となっている名草郡貴志里には、木本という地名、木本八幡宮などの神社も存在しており、周辺で木鎮めの行われていたことがうかがえる。「塔霊」とは、木鎮めによって樹霊から転生した塔の守護神であり、大殿の屋船命に等しい存在であったと考えられる。また、紀伊国に緑をもたらしたという伊太祁曾三神は、それぞれ大屋毘古神・大屋津姫命・抓津姫命という建物の名を持つ。これも、屋船命に近い神格といえるかも知れない。すなわち、忌部―樹霊／屋船命もしくは伊太祁曾三神という構図が成り立つわけで、類似の環境を背景とする大ミヅ―巨木／ミヤ丸の関係においても、特別な位置づけが浮かび上がってくるようである。

また、すでに石山寺の事例において明らかだが、『霊異記』の「塔霊」は、木鎮め集団が仏教の造作工事に深く関わっていたことを示している。「観音縁起」の御衣木伝承としての要素に注目した寺川眞知夫氏は、伝菅原道真撰『長谷寺縁起文』に霊木出現の地として明記された「前山」について、石山寺造営の高島山作所があった嶽山である可能性を指摘、長谷寺が東大寺と関係の深かった時代に作られた伝承か、もしくは高島郡周辺の寺院縁起が源流ではないかと推測している。(29)「縁起」前半が近江・山城の木鎮め集団を母体に形成されたとすれば、寺川氏の想定も、もとより大きな蓋然性を帯びることになろう。

2　〈樹霊婚姻譚〉と東アジアの言説空間

東アジア的規模で〈樹霊婚姻譚〉の源流を探ろうとしても、現在、歴史学的な視点においてはまったく研究が進んでいない。国文学や民俗学の分野では、例えば許曼麗氏が〈楊柳〉に注目し、生命力の強さに由来する柳への信仰（辟邪性・農耕予祝・神霊の依代など）が、それゆえに旅立つ人への加護を祈る贈答物となり、詩文を通じて別れの象徴に変わってゆく過程を跡づけている。(30)また郭富光氏は、遼寧省、満州族の神話伝承を調査し、洪水で全滅した人類の生き残りの男性と柳の枝との婚姻譚があること、始祖神・子授け祈願神としての柳が広く信仰されていること、列島の〈婚姻譚〉に類似する柳女房譚が語られていることなどを指摘した。(31)私も前稿において、樹霊が人間の姿を借りて人間と交渉する物語の初見は、東晋の祖台之による五世紀前半の古小説『志怪』（『芸文類聚』巻八十八／木部上、『太平御覧』巻九百五十六／木部五収録の逸文）にあると述べた。前稿では紙幅の都合から概要を紹介するに止まったので、今回は全文を掲げておく。

騫保、至㆓壇丘塢㆒上㆓北楼宿㆒。暮鼓二中、有㆔人著㆓黄練単衣白帢㆒、将㆘人持㆓炬火㆒上㆖楼。保懼、蔵㆓壁中㆒。須臾、有㆓三婢上㆒㆑帳、使迎㆓一女子上㆒。与㆓白帢人㆒入㆑帳中宿。未明、白帢人輙先去。如㆑此四五宿。后向㆑晨、白帢人才去。保因入二帳中一、問二侍女子一、「向去者誰」。答曰、「桐郎、道東廟樹是」。至二暮鼓一中一、桐郎復来。保乃斫取之、縛二著楼柱一。明日視之、形如レ人、長三尺余。檻送二詣丞相一、渡レ江未レ半、風浪起。桐郎得レ投二入水一、風浪乃息。[32]

言説形式は微妙に相違するが、樹霊の呼称が樹種に基づいていること（傍線a）、その樹霊が人間の女性のもとを訪れること（「阿古屋の松」をはじめとして、三輪山型の樹霊婿入り譚にみられる）、水や川との関わり（傍線b）など、列島の〈婚姻譚〉との共通点も多い。原型の一つとみてよい史料だろう。

ところで、列島で語られる〈樹霊婚姻譚〉には、柳が主人公の女房となる事例が圧倒的に多く、それは『開帳』系統の物語が、浄瑠璃や歌舞伎を通じて広く人口に膾炙したためと考えられている。[33] しかし、口承や書承のルートは明確に実証できないものの、中国や朝鮮の文芸が直接・間接に影響している可能性は否定できない。柳というと、許曼麗氏が注目した〈楊柳〉が想起されるが、関係史料を遡ると、漢代の長安城周辺に関する地理書『三輔黄図』巻六／橋の記事、「灞橋、在二長安東一。跨レ水作レ橋。漢人送レ客至二此橋一、折レ柳贈レ別」[34] へゆき着く。何清谷氏は、傍線部十一字を後世の「妄加」とする孫星衍の説を紹介し、漢代の詩文には参照しうる記事がなく、唐代の習俗である可能性が高いと指摘している。[35] 許氏も、梁代から唐代への流れのなかに、別れの象徴としての定着をみている。[36] その唐代の伝奇小説には許尭佐撰「柳氏伝」[37] があり、安禄山の乱や蕃族の襲撃による男女の別れ、再会が描かれる。「柳氏」が女性であることが興味を惹くが、樹木としての固有の形態が生じる連想だろう。朝鮮半島でも、一八四三年成立の金敬鎮撰『青邱野談』巻七に、燕山朝（一四九四～一五〇六）の士禍を背景として柳葉に彩られた男女の出会いを綴る、「贅柳匠李学士亡命」という物語が収められている。[38] 主人公李学士の逃亡先は咸鏡道で、元来は朝鮮族・女真（満州）族が混在していた地域であり、中国遼寧省とも近接している。李を助ける女性は柳匠（柳を素材とした曲物師で、屠殺なども行う被差別民の集団。白丁、楊水尺（ともいう）の娘ということになっているが、郭氏の遼寧省・満州族に関する調査結果を踏まえると、元来は柳の精霊とする伝承が存在したものとも考えられる[39]。「柳氏伝」「贅柳匠李学士亡命」とも、基本的な枠組みは史実に基づいているらしい。それが、別れのイメージを獲得した柳を媒介に、愛し合う男女が政治的事件に翻弄される内容へ整理されていったのだろう。『開帳』はともかく、やはり女性が他の武将に横取りされる『多満寸太礼』三「柳霊精妖」も、その系列に連なる物語である可能性は高い。

「観音縁起」の主要モチーフである〈祟りなす流木〉も、早く六朝古小説には見出される。古小説の類は、『芸文類聚』や『法苑珠林』などの類書を通し、すでに八世紀の『書紀』編纂にも利用されている[40]。「縁起」形成の参考にされたことも充分に考えられるので、いくつか例を掲げておこう。

呉時、葛祚為二衡陽太守一。郡境有二大槎横一レ水。能為二妖怪一、百姓為立レ廟。行旅禱祀、槎乃沈没、不者槎浮、則船為レ之破レ杯。祚将レ去レ官、乃大具二斧斤一、将レ去二民累一。明日当レ至。其夜、聞二江中洶洶有一レ人声一。往視之、槎乃移去、沿レ流下二数里一、駐二湾中一。自レ此行者无二復沈覆之患一。衡陽人為レ祚立レ碑曰、「正徳祈禳、神木為移[41]」。

四世紀後半、東晋の干宝が撰した『捜神記』の巻十一第二七五話である。全体としては、葛祚なる人物の勇気を誉めたたえる良吏譚で、同書には、こうした英雄による神殺しの物語が少なくない。しかし、長江に浮かび、祭祀の有無に応じて「妖怪」をなす神木は注意を引く（傍線a）。「槎」との表記からすれば、筏に組んだ木材が目的地へゆくことを拒否した結果の、一種の運搬抵抗として認識されているのだろう。おそらくは、実際に多くの河川において、放棄された筏や流木による船舶の破損が頻発していたものと考えられる。やはり六朝まで遡る伐採抵抗と並び、右のような水上事故を運搬抵抗と捉える心性が、すでに存在した証左とみることができる。また、傍線bの

話し声は樹霊のもので、〈大木の秘密譚〉における鬼霊の相談に通底するものだろう。(42)

流木をめぐるこの種の言説は、以降様々に語られ続け、抵抗の表現を豊かに拡大してゆく。前節にて考察したように、定型的運搬抵抗の列島における初見は「観音縁起」である可能性が高い。中国ではどこまで遡れるのか判然としないが、管見の限り、九世紀末の薛用弱撰『集異記』逸文／「嘉陵江巨木」が、早い例の一つと思われる。

閬州城臨二嘉陵江一。江之滸有二烏陽巨木一。長百余尺、圍将レ半焉。漂泊揺二撼於江波一者、久矣。而莫レ知二奚自一。閬之耆旧相伝云、「堯時汎二洪水一而至、亦靡レ拠焉」。襄漢節度使渤海高元裕、大和九年、自二中書舎人一牧二閬中一。下車未レ幾、亦嘗見之。固以為レ異矣。忽一日、津吏啓レ事曰、江中巨木、由二来東首一。去夜無レ端、翻然西顧。高益奇之。即与二賓寮一遥往観焉。因広召二舟子一、泊二軍吏群民輩一。則以二大索羈一而出之。初無二艱阻一、随レ拖登レ岸。[a]太半之後、屹而不レ前。雖二千夫百牛一、莫レ能レ引之。人力既竭、復如二前時一。自レ是日曝風吹、僵二然沙上一。或則寺僧欲三以為二卒塔婆之独柱一、或則州吏請三支分剞劂、以備二衆材一。高以二奇偉異常一、皆莫二之許一。毎擬レ還二之於江一。但慮レ労レ人、逡巡未レ果。開成三年上元日、高准レ式行二香於開元観一。寮吏畢至。高欲レ因二衆力一、得三共牽二復其木一焉。及レ至、則又広備二縻索一、多聚二勇力一。[b]将レ作二気引曳一之際、而巨木因レ依二仮藉一、若二自転移一、軽然已復二於江一矣。拒レ江尚余尺許、欻然驚迸、百支巨索、皆如二斬截一。其木則沿二洄汨一没。径去絶レ江、上及二中流一、寂然遂隠。高遣二善泅者数輩一、遽往観之。江水清澈、毫髪可レ見。善遊者熟視而廻。皆曰、[c]「水中別有二東西二木一。巨細与二斯木一無レ異」。適自レ岸而至者、則南北叢焉。高顧二坐客一、靡レ不二驚愕一。自レ是則不二復得一而見矣。(43)

……

これは、嘉陵江に浮かぶ烏陽（黒檀）の巨木に関する物語で、土地の長老たちからは、堯帝期の洪水で流れ出たものと認識されていたという。最終的に禹の治水に結びつく始原的な洪水であり、発想としては、「観音縁起」の巨木が欽明天皇二年（五四一）の「大水」を原因に持ち出すのと類似している。[44] しかし、さらに注意されるのは、前述のとおり定型的運搬抵抗が確認されることだろう。傍線aでは、岸まで引かれてきた巨木が突如動かなくなる。「雖二千夫百牛一、莫レ能レ引之」との表現は、前掲「おりゅう柳」の傍線cとも通じる部分があろう。傍線bのひとりでに軽々と川へ戻る様子は、前掲『捜神記』十一―二七五とも共通し、鎮祭者こそいないものの、怒りを静めて動き出す表現の原型と考えられる。傍線cはややわかりにくいが、水中に発見された東西の木は、後に樹霊／人間に振り分けられる配偶の暗喩かも知れない。

以上のように、日本古代の作文に多大な影響を与えた古小説において、すでに〈樹霊婚姻譚〉の構成要素は断片的に確認できる。柳モチーフを持つ物語についても、中国や朝鮮からの波状的な影響が想定される。ただし、いまだ内外で完全に合致する事例は見つかっておらず、現時点では、同言説が輸入のものか、列島で作られたものかを断定することは難しい。しかしその形成が、〈大木の秘密譚〉と同じく、アジア的繋がりのなかで行われたことは間違いないようである。

二　〈神身離脱譚〉から観音霊験譚へ

1　〈神身離脱譚〉としての枠組み

「観音縁起」が〈神身離脱譚〉としての枠組みを持つと指摘したのは、「はじめに」でも触れたように寺川眞知夫氏である。氏は、列島の離脱譚のなかから若狭比古神願寺の縁起（『類聚国史』天長六年〈八二九〉三月乙未条）を挙げ、両者が類似していること、ゆえに「観音縁起」も同時期の成立と考えられることなどを述べている。ここでは参考に、『多度神宮寺伽藍縁起幷資財帳』の該当部分を掲げておこう。

……以二去天平宝字七年歳次癸卯十二月庚戌朔廿日丙辰一、神社之東有レ井、於道場満願禅師居住。敬二造阿弥陀丈六一。于時在レ人、託神云、「我多度神也、吾経二久劫一作二重罪業一、受二神道報一、今冀永為レ離二神身一、欲レ帰二依三宝一」。a如レ是託訖、雖レ忍二数遍一、猶弥託云々。b於茲満願禅師神坐山南辺伐掃、造二立小堂及神御像一、号称二多度大菩薩一。(45)……

離脱譚の言説形式については別稿(46)で触れたが、ⓐ神の出現→ⓑ自身の宿業に関する神の語り→ⓒ神身を受けた苦しみに関する神の語り→ⓓ神身を離脱するための仏教的作善に関する神の願い→ⓔ神のための作善行為→ⓕ神の入滅を基本プロットとして持つ。そもそも中国においては、六朝期江南にて廟神信仰を解体・吸収するために形成され(47)、列島では、山林修行のテキストとなった僧伝類を介し定着していったと考えられる(48)。しかし、その形式は定着の過程で変質を被り、ⓑⓕはほとんど語られなくなってゆく。すなわち、列島の〈神身離脱譚〉は、神身の離脱自体が行われないことが特徴なのである。自然神さえもが人格神化した中国とは異なり、日本的神祇はよりプリミティヴな状態にあって、自然の要素そのものを象徴する面も大きい。彼らは輪廻の枠外に置かれた存在であって、この言説をもって解体することはできないのである。またいくつかの史料（例えば、寺川氏の挙げた若狭神願寺や、『叡山大師伝』に載る賀春神宮院の創建縁起など）で、神の苦しみを災害＝祟りとして表象している点も見逃せない。災害をなす神を何らかの方法で鎮め、天下安寧や五穀豊穣を生み出すのは、前代の〈祟り神言説〉以外の何ものでもない(49)。仏教で神を奉祭しその苦しみから救うのだから、神祇信仰の再編強化を目的とするものともいえるだろう。前掲『多度神宮寺縁起』の傍線bで、多度神の像が造立されている点、菩薩称号を付与されている点も重要である。

そこで、あらためて「観音縁起」をみると、やはり〈神身離脱譚〉との共通性は高いように感じられる。適当な祭祀を受けずに災害をなしていた神木が、行者の礼拝の功徳で救済され観音菩薩として再生する全体的構図は、まさに悪身からの離脱を意味しよう。若狭神願寺を創建した和（私）朝臣赤麿、多度神宮寺や鹿島神宮寺を創建した満願、そして長谷観音を造立した徳道は、初期神仏習合を担った同種の山林修行者と思われる。長谷と同じ観音の色彩を持つ〈離脱譚〉には、最澄による賀春神宮院の創建譚がある。その後半部分には、「又託宣曰、『海中急難時、我必助守護。若欲レ知二我助一、以レ現レ光為レ験』。因レ茲毎二急難時一、有レ光相助。託宣実有、所レ求不レ虚」[50]とあり、山野河海の遭難より救う観音の特性が如実に表れている。これは、左に掲げたような観音霊験譚（陸杲撰『繫観世音応験記』九）と通底する表現だろう。

梁声居二河北虜界一。後叛帰レ南、夜半過レ河、為二復流所一レ転、船覆落レ水。声本事レ仏。唯念二観世音一。向二大半一河遭レ敗、去レ岸殊遠、一沈一浮、飲レ水垂レ死。忽然覚二脚得一レ踏レ地、便已在二岸上一。明日視二昨上処一、絶岸甚高、非二人力可一レ升也。[51]……

「観音縁起」の祟る樹木が水と密接な関係を持つことは、おそらくは樹霊の属性によるのだろうが、観音のそれと重なり合う部分もあるのかも知れない。傍線部は、これまで紹介した流木のなす災禍とは対照的だが、それゆえにかえって、水難を起こす流木／水難救済者としての観音の転換には必然性を感じる。ところで観音霊験譚は、『法華経』観世音菩薩普門品に基づく効験が称名を通じて現れることを示した、実践性の高い説話である。その意味で「縁起」には、徳道自身の修行経験が反映されている可能性があろう。しかし同時に、観音への信仰は源為憲とも矛盾しない。観音霊験譚の〈神身離脱譚〉への援用は、『法華経』を所依経典とする天台宗が担ったと考えられるが、小原仁氏や勝浦令子氏が明らかにしたように、為憲自身の仏教信仰にも同宗の影響が強かった。[52]「縁起」

の具体的造形を担ったのが徳道であるのか、それとも為憲であるのか、判断を下すことは極めて難しい。

2　流木と造寺・造仏

前章では、漂流する樹木が祟りをなすモチーフが、六朝の志怪や唐代の伝奇にみられることを述べた。実は、そうした流木を寺院造営などへ用いることも、中国成立仏典のなかに多く見出されるのである。寺川眞知夫氏は、「観音縁起」の先蹤として「比蘇寺縁起」、『梁高僧伝』巻十三「釈慧達伝」を指摘した[53]。確かに、流木を生み出した洪水が欽明天皇二年の出来事と想定される点、祟りを疫病として表現する点など、「縁起」がおそらくは『霊異記』上巻第五縁を経由しつつ、そのイメージの多くを『書紀』崇仏論争記事や「比蘇寺縁起」より受け継いでいることは否定できない。しかし、下記に紹介する史料群は、仏教における流木の利用が決して特別な行為ではなく、むしろ東アジアにおいて広汎な必然性を持っていたことを教えてくれる。

> 幽州沙門釈智苑、精練有二学識一。隋大業中、発心造二石経一蔵之、以備二法滅一。既而於幽州北山、鑿レ巌為二石室一。即磨二四壁一、而以写レ経。又取二方石一、別更磨写、蔵二諸室内一。毎二一室満一、即以レ石塞レ門、用レ鉄錮之。時隋煬帝幸二涿郡一。内史侍郎蕭瑀皇后之同母弟也。性篤信二仏法一、以二其事一白レ后。a后施二絹千匹余銭物一、以助成之。瑀亦施二絹五百匹一。朝野聞之、争共捨施。故苑得レ遂二其功一。苑嘗以レ役匠、既多道俗奔レ湊、欲三於巌前造二木仏堂幷食堂寝屋一。b而念二木瓦難レ弁、恐レ分二費経物一、故未レ能二起作一。c一夜暴雨雷電震レ山、明旦既晴。乃見二山下有二大松柏数千株一、為レ水所二漂流一、積二道次一。山東少二林木一、松柏尤稀。道俗驚駭、不レ知二来処一。推二尋蹤跡一、遠自二西山一、崩レ峯倒レ木、漂送来レ此。於是遠近歎服、謂為二神助一。苑乃使二匠択二取其木一、余皆分二与邑里一。邑里喜悦、而共助造二堂宇一。頃之畢成、皆如二其志一焉。苑所レ造石満二七室一。以二貞観十三年一卒。弟子猶継二其功[54]一。……

右に掲げたのは、永徽年間（六五〇～六五五）の唐臨撰『冥報記』上巻第七話である。隋の大業年中（六〇五～六一八）、幽州の僧智苑が北山に石室を穿ち、法滅に備えて石経で満たす事業を行っていた。それ自体は朝野の協力を得て完遂できたが、その前に建てるべき仏堂・食堂・寝屋については木材・瓦を用意できず、建築に取りかかれないでいた。しかし傍線cによると、山東では珍しい大きな松・柏数千株が、一夜の大暴風雨を経て遠く西山から流れ着き、人々は「神助」と言い合ったという。財源の不足による作業の停滞（傍線b）、「神助」との認識、時間配列は異なるものの朝野の協力があった点（傍線a）など、「観音縁起」の(d)に酷似している。同じような記述は、貞観十九年（六四五）の道宣撰『唐高僧伝』（以下『唐伝』と略記）巻二十九／興福九「梁蜀部沙門釈明達伝一」にもみえる。該当箇所のみ引用しておこう。

……行至二梓州牛頭山一、欲レ構二浮図及以精舎一。不レ訪二材石一直覓二匠工一、道俗莫レ不レ怪二其言一也。于時二月水竭。即下求レ水、乃於水中得二一長材一。正堪二刹柱一、長短合レ度。僉用欣然、仍引而竪焉。至二四月中一、涪水大溢木流翳レ江。自泊二村岸一都無二溜者一。達率二合皁素一通皆接取、縦横山積。創二修堂宇一架二塔九層一。遠近併レ力一時繕造。役不レ逾レ時、欻然成就。(55)……

傍線bは『冥報記』上七と同じく、洪水によって流木が集まり、堂宇や九重塔を建立しえたとする。興味深いのは傍線aで、塔の心柱となる巨材を水中に発見し、引き出してきて立てたという。災害こそ起こしていないが、長谷川に曳き捨てられた「観音縁起」の巨樹を髣髴とさせる。

『冥報記』上七には「神助」との言葉があったが、これら仏教的に利用される流木の出現は、建立主体である僧侶の篤信に応じ、神仏がもたらすものとの具体的な記述もみられる。そこでは当該僧侶と神仏、ひいては彼らのもたらした樹木との間に特別な結びつきが生まれ、〈樹霊婚姻譚〉における樹霊／配偶者・子供の関係に類似の描写を生み出してゆく。六世紀前半の恵皎撰『梁高僧伝』巻五／義解二「釈曇翼伝八」をみよう。

釈曇翼。姓姚、羌人也。或云二冀州人一。年十六出家、事二安公一為レ師。少以二律行一見レ称。学通二三蔵一為二門人所一レ推。経二遊蜀郡一、刺史毛璩深重之、為設二中食一躬自瞻奉。見下翼於飯中得二一粒穀一先取食上之、璩密以敬異、知三必不レ孤二信施一。後餉二米千斛一、翼受而分施。翼嘗随レ安在二檀溪寺一。晋長沙太守騰含、於江陵捨レ宅為レ寺、告レ安求二一僧一為二綱領一。安謂レ翼曰、「荊楚士庶始欲二師宗一、成二其化一者非レ爾而誰」。翼遂杖レ錫南征締二構寺宇一、即長沙寺是也。後互賊《呉カ》越逸侵二掠漢南一、江陵闔境避二難上明一。翼又於彼立レ寺。群寇既盪復還二江陵一、修二復長沙寺一。丹誠祈請遂感二舎利一、盛以二金瓶一置二于斎座一。翼乃頂礼立レ誓曰、「若必是金剛余蔭願放二光明一」。至二乎中夜一有二五色光一。彩従レ瓶漸出照二満一堂一。挙レ衆驚嗟莫レ不レ挹二翼神感一。当二于爾時一雖二復富蘭等一見亦廻レ偽帰レ真也。a後入二巴陵君山一伐レ木。山海経所レ謂洞庭山也。山上有レ穴通二呉之苞山一。山既霊異人甚憚之。翼率レ人入レ山、路値二白蛇数十臥遮二行轍一。翼退還二所住一、遥請二山霊一為レ其礼懺。乃謂レ神曰、「吾造レ寺伐レ材、幸願共為二功徳一」。夜即夢見二神人一告レ翼曰、「法師既為二三宝一須用、特相随喜。但莫レ令二余人妄有一レ所レ伐」。明日更往路甚清夷。於是伐レ木沿レ流而下。其中伐人不レ免二私竊一。還至二寺上一、翼材已畢、余人所レ私之者悉為レ官所レ取。其誠感如レ此。翼常歎、寺立僧足、而形像尚少、阿育王所レ造容儀神瑞皆多布二在諸方一、何其無レ感不レ能二招致一。b乃専精懇惻請二求誠応一。以二晋太元十九年甲午之歳二月八日一、忽有二一像一現二于城北一、光相衝レ天。時白馬寺僧衆先往迎接不レ能レ令レ動。翼乃往祇礼、謂二衆人一曰、「当三是阿育王像降二我長沙寺一焉」。即令二弟子三人捧接一、飄然而起。迎二還本寺一、道俗奔赴車馬轟塡。賓禅師僧伽難陀、従レ蜀下入レ寺礼拝。見三像光上有二梵字一、便曰、「是阿育王像、何時来レ此」。時人聞者方知三翼之不一レ謬。年八十二而終。終日像円光奄然霊化、莫レ知レ所レ之。道俗咸謂二翼之通感一焉[56]。

傍線aによれば、巴陵君山の山霊が、礼懺を行った曇翼にのみ樹木の伐採を許している。二重傍線部をみると、「共為二功徳一」という曇翼の願いを受け入れた山霊の語りは、護法善神のそれと重なっている。後半で曇翼の権利が特別視されるのは、山霊が曇翼の至誠溢れる実践を喜んでいるためだろう。また傍線bでは、やはり曇翼の至誠懇請に感応して阿育王所造の仏像が出現する。二重傍線部にみるように、他寺の僧衆が運ぼうとしても微動だにしなかったものが、曇翼の弟子三人が触れると「飄然」と立ち上がっている。〈樹霊婚姻譚〉における運搬抵抗、配偶者の鎮祭による移動と同じ表現である。奇跡を呼ぶ傍線aの「其誠感如レ此」、傍線bの「専精懇惻請二求誠応一」も、「観音縁起」の徳道による「礼拝威力、自然造仏」と繋がっていよう。伐採主体となる僧侶と山神との結びつきは、『唐伝』巻十九／習禅四「唐台州国清寺釈智晞伝七」に、より具体的に述べられる。ここでは、「山巌峻嶮林木秀異」「巨有二霊験一」と称される香鑪峯の神が、智晞に感じ、その樫柏を経台の材として喜捨する。巨大な力を持つ同神がなぜ智晞に協力したかは、次のエピソードによって示される。

……時有二僧法雲一。欲下往二香鑪峯一頭陀上。晞諫曰、「彼山神剛強、卿道力微弱、向レ彼必不レ得レ安、慎勿レ往也」。雲不レ納レ旨、遂往到レ山。不レ盈二一宿一、神即現レ形駆レ雲令レ還。自陳二其事一、方憶二前旨一深生二敬仰一[57]。……

香鑪峯の神の力は極めて強く、並の僧侶では山中で彼と向き合うことすらできない。その神を感応させた智晞の高徳のほどがうかがえるが、これも山神／伐採主体としての僧侶の特別な結びつきを暗示する一表現だろう。

ところで「観音縁起」は、祟る樹木を観音像に造ろうとする徳道の祈りを聞き、元正天皇や藤原房前が援助の手を差し伸べるという、いわば現世的な感応譚となっている。しかし、徳道による「礼拝威力、自然造仏」との祈りの言葉からすれば、本来はその至誠に応え、観音が樹木のうちより自然に姿を現すことが希望されていたのだろう。このような、祈願に感応した山野河海よりの聖物の出現も、中国仏典のうちに多く見出すことができる。道宣撰

『集神州三宝感通録』は、その種の記事を集成した代表的な書物だが、例えば中巻五段には次のような記事がある。

……東晋成帝咸和中、丹陽尹高悝、往二還帝闕一毎見三張侯橋浦有二異光現一。乃使三吏尋之一獲二金像一、西域古制光趺並缺。悝下レ車載レ像、至二長干巷口一、牛不二復行一。悝止二御者一、任二牛所一レ往。遂径趣二長干寺一。因安置之。揚レ都翕然観拝、悟者甚衆。像於中宵必放二金光一。歳余、臨海県漁人張侯世、於海上見二銅蓮花趺丹光遊泛一。乃馳レ舟接取、具送二上台一。帝令三試安二像足一、恰然符合。[58]……

水中より金銅像と蓮華座を得る内容で、「西域古制」と表現されていることからすれば、やはり阿育王所造に仮託されているのだろう。祈願に関する記述はないが、傍線aには動かなくなるモチーフがみえる。続いて中八をみよう。

東晋周玘、字宣佩。義興陽羡人。晋平西将軍処之第二子也。位至二呉興太守一。家内奉レ仏、其女尤甚精到。家僮捕レ魚、忽見二金光溢レ川映レ流而上一、当即下レ網得二一金像高三尺許一。形相厳明、浮レ水而住、牽排不レ動。馳往報レ玘、玘以告レ女。乃以二人船一送レ女往迎。遙見喜心礼而手挽、即得レ上レ船。在レ家供養。女夕夢二仏左膝痛一。覚看二像膝一果有二穿処一。便截二金釵一以補之。玘後以レ女適二呉郡一。張澄、将レ像自随言、「帰二張氏一」。後病卒。乃見二女在二城牆上一、姿飾逾二於平日一。内外咸覩俄而紫雲下迎、遂上二升空一。[59]……

これも水中より金銅像を得る話だが、傍線bによればやはり引けども動かず、篤信の女性によって初めて船揚げできたという。聖物を動かす主体は、当初は宗教者にのみ限定されていたのだろうが、唐代には、篤信の在家信者にも可能になってゆく。中八は、女性がその役割を担っている点で画期的であり、阿古屋姫型の〈樹霊婚姻譚〉の原型をみるようである。これまで私自身、〈婚姻譚〉の源流は中国の在来信仰にあると無意識に前提していたが、以上のように考えてくると、同言説は仏教のなかで、造寺・造仏との関わりにおいて醸成されてきたようにも見受けられる。事実、運搬抵抗モチーフの登場も、先に紹介した『集異記』より一世紀ほど早い。少なくとも、木材を大量に用いる造寺・造仏事業が、同言説の形成に拍車をかけたことだけは確かだろう。ちなみに、『唐伝』巻二十／習禅六「益州浄恵寺釈恵寛伝七」は、什県陳家の喜捨した竹園より心礎と仏舎利の出現したことを述べるが、恵寛の臨終に伴う天変に「寺中大豫樟樹三四人圍、忽自流レ血、血流入レ澗、澗水皆赤(60)」とあるのが注目される。詳しくは前稿を参照していただきたいが、木が血を流すことは〈大木の秘密譚〉にみる伐採抵抗の定型であり、僧伝や縁起と伐採抵抗伝承とが密接な関係にあることをうかがわせる。

ところで、本節でみてきた聖物出現が語られるようになった背景には、山野における観相（好相）行の実践があったと考えられる。『梵網経』下／第二十三軽蔑新学戒には次のようにある。

若仏子、仏滅度後、欲三心好心受二菩薩戒一時、於仏菩薩形像前自誓受戒。当二七日一仏前懺悔、得レ見二好相一便得レ戒。若不レ得二好相一、応三二七三七乃至一年、要得二好相一。得二好相一已、便得二仏菩薩形像前受戒一。若不レ得二好相一、雖二仏像前受戒一不レ得レ戒。若現前先受二菩薩戒一法師前受戒時、不レ須三要見二好相一。何以故。以二是法師師相授一故、不レ須二好相一。是以法師前受戒即得レ戒。以レ生二至重心一故便得レ戒。若千里内無二能授レ戒師一、得二仏菩薩形像前受戒一、而要見二好相一(61)。……

すなわち、菩薩戒を受けるためには仏菩薩の姿を観ていなければいけなかったのであり、この修行は中国で連綿と続けられ、つい最近まで日本天台宗でも実践されていたという(62)。中国はもちろん、古代日本における仏像出現譚も、このような修行の現場から読み直してゆく必要性があろう。また、「観音縁起」に限定して考えれば、『三宝絵』においては菩薩授戒行事の由来譚として引用されているのであり、両要素の結合は受戒のための好相行を媒介にしているとみるべきだろう。同書が若くして出家した尊子内親王の仏教入門書として作成、献上されたことはいうまでもないが、横田隆志氏によれば、その成立は永観二年（九八四）十二月の尊子受戒とほぼ同時期であったらしい(63)。とすると、「火の宮」と悪口された尊子が受戒を経て清浄な世界へ入ったことと、祟りなす樹木が観音像に転生することとは無関係ではあるまい。為憲も尊子自身も、祟る樹木に彼女自身を見出し、その転生に希望を賭けていたのではないだろうか。『三宝絵』に挿画が残っていたとすれば、それは莫高窟の仏教壁画と同じく、尊子の修する好相行の手がかりであったといえるかも知れない。

おわりに——良源・草木成仏説・長谷寺縁起

以上、『三宝絵』下二十に引用される長谷寺縁起の初発「観音縁起」について、東アジア的視野で先行するモチーフを探り、その成り立ちについて考えてきた。(a)〜(c)が〈樹霊婚姻譚〉の特徴である運搬抵抗、鎮祭による駆動を備えていることは、伝承形成の背景に木鎮めを行う木工・林業集団が存在したことを想定させる。しかし、(a)〜(d)の全体的構図は〈神身離脱譚〉としても読むことができ、流木の仏教的利用や〈樹霊婚姻譚〉的要素も、中国仏典に先蹤のあることが確かめられた。さらに、山野河海に仏像が出現する奇跡は観相の山林修行に由来する可能性があり、「観音縁起」の場合は、菩薩授戒との関係からとくにその確率が高いことを述べた。これらの点からすれば、「観音縁起」の骨子は、長谷寺で僧侶の実践を反映しつつ造作されたとみていいだろう。しかし、本論で引用した『冥報記』や『集神州三宝感通録』の記事は、『法苑珠林』を通じて為憲も認知していたと考えられる。「縁起」の原文を確認できない現在、為憲が机上の仏典を参照して文章を整えた可能性も否定できない。

なお、この点と関連して、最後に言及しておかなければならない問題がある。「観音縁起」と、日本天台宗が宗義として発展させてきた〈草木成仏説〉とが結びついている可能性である。〈草木成仏〉については明確な経証がなく、本覚思想の展開と軌を一にし、〈論〉として構築されてきたというのが通説的な理解だろう。仏教的共生思想として一般にいわれる『涅槃経』の一節、「一切衆生悉有仏性」は、厳密には草木を含意しない。衆生は心を持つ有情を指すのに対し、草木は心を持たない非情とされたからである。ちなみに、中世に謡曲などへ引用され浸透してゆく〈中陰経の妙文〉「一仏成道、観見法界、草木国土、悉皆成仏」は、現行の竺仏念訳『中陰経』二巻には見当たらない（同様の経文は、安然『斟定草木成仏私記』、証真『止観私記』第一などにみえる）。白土わか氏は、竺仏念訳の道樹品に類似の文言がみえることから、『開元釈教録』巻十四・『貞元釈教録』巻二の「有訳無本」に載る一巻本が右の四句を持つ訳本であり、竺仏念訳を承けて発展させたものか、同一系統の異本である可能性を指摘している[64]。一方芹川博通氏は、草木の亡霊の救済を中陰信仰に結びつけて説いた、日本選述の偽経と断定している[65]。どちらの見解も傾聴に値するが、史料も少なく結論を出すのは難しい。中国では、吉蔵・智顗・法蔵・湛然らが、一念三千・色心不二・依正不二・随縁真如といった相即・唯心の論法により、草木にも仏性があると主張している。しかしそれは、仏性を持つ〈私〉と私を取り巻く環境〈器世間〉に区別を認めず、ゆえに草木にも真如が遍満しているとする見方であって、草木が主体的に悟りに達するという考え方ではない。ところが日本天台宗は、草木が自ら発心・修行するという後者の立場、〈草木発心修行成仏説〉に固執した。早く承和年中（八三四〜八四七）の円澄の頃には、無情における知覚の有無や無情の発心修行成仏について、中国仏教界へ質問を送っている。また、貞観年中（六二七〜六四九）の叡山法華会においては度々草木成仏論が議論され、宗内で様々に動揺は認められるものの、円仁によって「宗旨」と肯定されている。同説は、『胎蔵金剛菩提心義略問答抄』『即身成仏義私記』『斟定草木成仏私記』などを著した安然によって整理され、「一色一香」に如来を観ずる立場が確立してゆく[66]。尊子内親王の授戒の師となった良源も、その継承者なのである。

良源については、応和の宗論において草木成仏の義を立て、『円覚経』の「地獄天宮皆為二浄土一、有性無性斉成二仏道一」という一文を引いて経証としたことが知られている[67]。このとき論敵となったのが法相宗の仲算だが、五姓格別を掲げる同宗では草木成仏を認めていない。覚運がまとめたという『草木発心修行成仏記』、撰者不明の『法相宗十疑』は、いずれも良源が草木成仏に関する法相宗の疑義に答える形式となっている。例えば前者の「於草木者、自雖レ有二理仏性一、不レ可レ有二行仏性一。豈具二縁了二因一成仏耶」なる疑義は、応和の宗論で仲算が投げかけたものであり、それへの回答は情非情の不二説で提示され、「有情中道、有二縁了二因一。草木中道、亦可レ有二二因一也」「依之金錍論云、一草一木一礫一塵、各一仏性。各有二因果一具二足縁了一」と結ばれる[68]。大久保良峻氏はこれらについて、「こういった説が正しく良源の説に基づくものかどうか判らないが、おそらく良源が法相宗に応対する形で草木の発心成仏を主張したであろうこと、並びに、その教義が日本天台の、とくに安然以降の学者であれば、必ずしも時代にかかわらず提示しうるものであることは、十分に言えるのである」と論評している[69]。平安中期以降の天台宗においては、法相と論議した良源の記憶が、草木発心修行成仏説のメディアとして機能したのだろう。

ところで、良源の出身が近江国浅井郡の木津氏[70]であることは、これまであまり注目されてこなかった。しかし、本稿の観点からすれば、極めて重要な問題となる。『新撰姓氏録』左京諸蕃上には、「後漢霊帝三世孫阿智使主之後」である木津忌寸（すなわち東漢氏系の渡来氏族）がみえ[71]、佐久間竜氏は、そのウジ名の由来を近江国高島郡木津郷に求めたうえで、良源の出身氏族との関係も示唆している[72]。高島といえば、かつては造東大寺司関連の高島山作所が置かれていた地である。おそらく木津氏は、材木の伐り出しや運搬、水上での管理を担っていた氏族ではなかろうか。良源が幼少時をそうした環境で過ごしたとすると、僧侶となった後に草木成仏説を宣揚したのも頷ける

（櫛田良洪氏の紹介した梵照撰『慈恵大僧正拾遺伝』によれば、厳密な出生地は「浅井郡有河字田河」であり[73]、田川沿いにも林業や木鎮めを担う集団が存在した可能性はある）。そして、「観音縁起」に登場する祟りなす樹木こそは、その高島に現れ、木津川ルートを介して初瀬に至るのである（木鎮め集団と関わりがあるらしい巨樹の遍歴譚自体、良源の周辺から出たものかと考えるのは、穿ちすぎであろうか）。また、徳道が祟りなす樹木に語りかける「礼拝威力、自然造仏」との言葉は、後半部分に重点を置くと、草木発心修行成仏説を背景にしているように解釈できる。「自然」はおのずからしからしむ[74]、「造」は至る・成ると読みうるので、樹木が自ら本来的な仏の姿を現すという意味になろう。ただし、前半部分は如来や有情の働きかけを前提にしており、いまだ依報／正報の差別に止まっているともみえる。天台のなかでさえ異論のあった問題だけに確定はできないものの、〈草木成仏説〉との繋がりについては否定できまい。とすると、この言説の形成の背景には、華厳宗や法相宗などより、天台宗の関与を想定する方が必然性があろう。良源と為憲の交流がどの程度のものだったかは不明だが、為憲の思想形成には、前述のとおり叡山勧学会をはじめとする天台の影響が色濃い。「観音縁起」の文章は天平五年（七三三）「観音ノ縁起幷ニ雑記」そのものとは考えがたく、為憲が山野よりの仏像出現譚や神身離脱譚を用い、異類婚姻的色彩を持つ木鎮めの物語を、草木成仏的に再構成したものといえるかも知れない。

註

（1）引用は、馬淵和夫校注、新日本古典文学大系『三宝絵　注好選』（岩波書店、一九九七年）より行った。

（2）研究史については、藤巻和宏「長谷寺の縁起――再生産と変容の様相――」（『国文学解釈と鑑賞』六三―一二、一九九八年）・「南都系縁起説と長谷寺縁起の言説世界――研究史の整理と新たな視点の導入に向けて――」（『むろまち』九、二〇〇五年）、横田隆志「長谷寺研究の過去・現在・未来――『国文論叢』三六「特集　長谷寺研究」の総括をかねて――」（二〇〇七年三月、南都文化研究会での報告レジュメ）などを参照。

（3）例えば、藤巻和宏氏や横田隆志氏の一連の研究、『国文論叢』三六「特集　長谷寺研究」（二〇〇六年）にその成果がまとめられている。

（4）逵日出典『奈良朝山岳寺院の研究』（名著出版、一九九一年）、三～五章。

（5）寺川眞知夫「御衣木の祟――長谷寺縁起――」（石橋義秀・寺川眞知夫・廣田哲通・三村晃功編『仏教文学とその周辺』和泉書院、一九九八年）。

（6）『文学』六―六「特集　東アジア――漢文文化圏を読み直す」（二〇〇五年）参照。

（7）この概念については、神野善治『木霊論――家・船・橋の民俗――』（白水社、二〇〇〇年）のほか、拙稿a「伐採抵抗・伐採儀礼・神殺し――開発の正当化／相対化――」（増尾伸一郎・工藤健一・北條編『環境と心性の文化史』下「環境と心性の葛藤」勉誠出版、二〇〇三年）・b「大殿祭にみる忌部の祭儀実践――木鎮め祭儀と屋船命――」（『日本文学』五三―五、二〇〇六年）c・「樹霊に揺れる心の行方」（『古代文学』四六、二〇〇七年）などを参照。

（8）寺川註(5)前掲論文、一二三～一二四頁。なお寺川氏は、〈神身離脱譚〉のことを「神身離脱願望伝承」と呼ぶ（寺川「神身離脱を願う神の伝承――外来伝承を視野に入れて――」『仏教文学』一八、一九九四年）。列島の事例では神がその現身を離脱することはなく、内容的には氏の呼称の方が正鵠を射ている。しかし、私は中国的事例との比較の必要から、その相違を前提としたうえで〈神身離脱譚〉と総称している。

（9）拙稿註(7)前掲c論文、四八～四九頁。

（10）拙稿註(7)前掲a論文、九一～一三三頁に集成してある。

（11）木越治「玉すだれ〈翻刻〉上」（『富山大学教養部紀要　人文・社会科学篇』一三―二、一九八〇年）、二三～二五頁。

（12）甲斐叢書刊行会編、甲斐叢書六『裏見寒話・甲斐名勝志・甲斐叢記』（第一書房、一九七四年）所収。

（13）管見の限り、山形県上山市（荻生田憲夫『上山の民話』二〈上山中学校郷土研究班、一九六六年〉、武田正編

『佐藤家の昔話』〈桜楓社、一九八二年〉)、同県西村山郡西川町(西川町昔話調査会『西川町昔話集』一、一九七九年)・山形市(須藤恵三・野村純一・佐藤義則『出羽の伝説』〈角川書店、一九七六年〉、武田正・江口文四郎・大友義助・清野久雄『山形のとんと昔』〈高陽堂書店、一九七六年〉)、同市滝山(山形県立山形東高等学校郷土研究部『山形県伝説集』総合編、一九六〇年)・東沢(読売新聞社山形支局編『やまがたの峠』高陽堂書店、一九七八年)・松波(南村山郡役所編『南村山郡誌』同所、一九二三年)、福島県福島市(近藤喜一『信達民譚集』〈郷土研究社、一九二八年〉、香内佐一郎『民譚』〈自刊、一九三六年〉)に記録がある。『日本昔話通観』六、『日本伝説大系』三も参照。

(14) 山田和人『古浄瑠璃の研究と資料――洛東遺芳館所蔵――』(和泉書院、二〇〇〇年)所収の影印・翻刻を参照した。

(15) 中村誠「樹木信仰と文芸――「三十三間堂棟木由来」を中心に――」(『國學院大學大学院文学研究科論集』一、一九七四年)、中前正志a「三十三間堂創建説話群と因幡堂」(『日本宗教文化史研究』三―一、一九九九年)・b「髑髏と柳――三十三間堂創建説話群について――」(『国文学解釈と教材の研究』四四―八、一九九九年)を参照。なお最近では、中村生雄「殺生罪業観と草木成仏思想」(中村・三浦佑之・赤坂憲雄編『狩猟と供犠の文化誌』森話社、二〇〇七年)にも言及がある。

(16) 稲田浩二編『丹波和知の昔話』(三弥井書店、一九七一年)、四七頁。

(17) 山田註(14)前掲書、翻刻一五五頁・影印十ウ(二六八頁)。

(18) 同前書、翻刻一五六頁・影印十一オ(二六九頁)。

(19) 前田久子「木霊婚姻譚――その成立背景――」(『梅花日文論叢』三、一九九五年)、三～四頁。

(20) このことについては、上智史学会例会(二〇〇七年七月)における報告の折、大澤正昭氏や吉野恭一郎氏からいただいた質問で注意を喚起された。今後、より詳しく考えてゆきたい。

(21) 註(7)に同じ。

(22) 大日方克己「造石山寺所と年中行事」(同『古代国家と年中行事』吉川弘文館、一九九三年)、鷺森浩幸「天平宝字六年石山寺造営における人事システム」(『日本史研究』三五四、一九九四年)などを参照。

(23)『大日本古文書』第四巻五二七～五三八頁、五─七七・八六～八七・九〇、一五─三四五、一六─一二四。
(24)詳しくは、拙稿註(7)前掲b・c論文を参照。
(25)「木国」表記は『古事記』神代巻にある。樹種と用途については、『書紀』神代上／第八段一書第五。造船は、四～五世紀に紀水門がヤマト王権の外港であり、紀伊国造が有力な水軍を有していたこと、造棺は、紀伊国造を含む首長墓である岩橋千塚の存在によって証される。造殿は、国造の居館や、柱を用いた祭場の設営に関わるか。拙稿註(7)前掲b論文参照。
(26)西宮一民校注『古語拾遺』(岩波文庫、一九八五年)、六四～六六頁注十四・十五。
(27)註(24)に同じ。
(28)引用は、出雲路修校注、新日本古典文学大系『日本霊異記』(岩波書店、一九九六年)より行った。
(29)寺川註(5)前掲論文、一一七～一一八頁。
(30)許曼麗a「楊柳小考──柳の民俗、中日比較の視点から──」(『芸文研究』五〇、一九八六年)・b「楊柳続考──信仰から別離の象徴へ──」(『芸文研究』五三、一九八八年)。
(31)郭富光「中国遼寧省の異類婚姻譚」(『昔話──研究と資料──』二一「日中昔話の比較」、一九九三年)・「中国遼寧省の民間説話──柳女房譚をめぐって──」(『立命館文学』五五二、一九九八年)。
(32)魯迅『古小説鈎沈』(斉魯出版社、一九九七年、初刊一九三八年)も参照した。なお、拙稿註(7)前掲c論文(四八頁)では、これを「『冥祥記』逸文」と誤記しているので訂正しておく。
(33)前田註(19)前掲論文は、〈樹霊婚姻譚〉における建築物の三十三間堂への単一化を、歌舞伎・浄瑠璃の上演に求めている(二一頁)。この視角からすれば、同話型における柳の多さも、同様に解釈されることになろう。
(34)陳直校証『三輔黄図校証』(陝西人民出版社、一九八〇年)、一三九頁。
(35)何清谷校注『三輔黄図校注』(三秦出版社、二〇〇六年)、四二〇頁注二。
(36)許註(30)前掲b論文。
(37)『太平広記』巻四百八十五／雑伝記二(中華書局標点本)所収。
(38)栖碧外史海外蒐佚本叢書『青邱野談』亜細亜文化社、一九八五年(山内弘一氏よりご提供いただいた)。野崎充彦訳（東洋文庫、二〇〇〇年）も参照した。

(39)『三国遺事』『三国史記』などの高句麗始祖神話にみえる朱蒙の母柳花は、河伯の娘であり、柳の精霊である可能性をうかがわせる。同神話については、金厚蓮・田畑博子『韓国神話集成』（第一書房、二〇〇六年）、三〇〇〜三〇九頁参照。

(40)例えば、拙稿「祟・病・仏神――『日本書紀』崇仏論争と『法苑珠林』――」（あたらしい古代史の会編『王権と信仰の古代史』吉川弘文館、二〇〇五年）などを参照。

(41)引用は、劉琦・梁国輔訳注『捜神記捜神后記訳注』（吉林文史出版社、一九九七年）より行った。

(42)漢籍における〈大木の秘密譚〉の先例については、拙稿註(7)前掲a論文表3（一四三〜一四四頁）、成立過程については同c論文、四七頁を参照。

(43)『広記』巻四百五／奇物所収。

(44)冒頭の「辛酉歳」を欽明天皇二年と解することについては、馬淵校注註(1)前掲書、一八九頁脚注十を参照。『書紀』欽明天皇二十八年（五六七）条にみえる大規模な洪水記事は、『漢書』元帝紀／初元元年（前四八）九月条を引き写したものだが、同朝の風雨・天候不順については『本朝月令』所引『山城国風土記』逸文にもみえる。拙稿「災害と環境」（北原糸子編『日本災害史』吉川弘文館、二〇〇六年）参照。

(45)『平安遺文』一巻二〇頁。

(46)拙稿a「東晋期中国江南における〈神仏習合〉言説の成立」（根本誠二・宮城洋一郎編『奈良仏教の地方的展開』（岩田書院、二〇〇二年、初出二〇〇一年）・b「〈神仏習合〉言説の日本的展開」（古代考古学フォーラム〈古代の社会と環境〉資料集『考古学からみた古代の環境問題』帝京大学山梨文化財研究所、二〇〇三年）。

(47)拙稿註(45)前掲a論文。最近では、寺川眞知夫氏・吉田一彦氏の研究（寺川「神身離脱を願う神の伝承――外来伝承を視野に入れて――」〈『仏教文学』一八、一九九四年〉、吉田「多度神宮寺と神仏習合」〈梅村喬編『古代王権と交流』四「伊勢湾と古代の東海」名著出版、一九九六年〉）によって外来説は定着をみたものの、さらにインド以来の経典に出典があるといった普遍性ばかりが強調され、個々の言説の固有性や独自性、なぜその地域で離脱譚が援用されねばならなかったかといった社会的な視角が欠落している感がある（稲本泰生「神仏習合の論理と造像

――インド・中国から日本へ――」『特別展神仏習合――かみとほとけが織りなす信仰と美――』奈良国立博物館、二〇〇七年)。
(48) 吉田註(47)前掲論文。
(49) 〈祟り神言説〉の成り立ちと機能については、拙稿註(44)前掲論文を参照。
(50) 佐伯有清『伝教大師伝の研究』(吉川弘文館、一九九二年)、四二〇~四二二頁。『続日本後紀』承和四年(八三七)十二月庚子条にも同様の記載がある。
(51) 引用は、董志翹訳注『「観世音応験記三種」訳注』(江蘇古籍出版社、二〇〇二年)より行った。
(52) 小原仁『文人貴族の系譜』(吉川弘文館、一九八七年)・「摂関時代における『日本仏教』の構想――『三宝絵』と『空也誄』を素材にして――」(同『中世貴族社会と仏教』吉川弘文館、二〇〇七年、初出二〇〇一年)、勝浦令子「源為憲と『三宝絵』の世界――仏法のエクリチュール――」(河添房江他編、想像する平安文学二『〈平安文化〉のエクリチュール』勉誠出版、二〇〇一年)。
(53) 寺川註(6)前掲論文。
(54) 説話研究会編『冥報記の研究』(勉誠出版、一九九九年)、一九五~一九九頁。
(55) 『大正新脩大蔵経』第五十巻/史伝部二、六九一c頁、『国訳一切経』史伝部十、一九〇~一九一頁。
(56) 同前、三五五c~三五六a頁、『国訳』史伝部七、一一五~一一六頁。
(57) 同前、五八二b~c頁、『国訳』史伝部九、一〇四頁。
(58) 『大正蔵』第五十二巻/史伝部四、四一四a~b頁、『国訳』護経部五、九〇~九一頁。
(59) 同前、四一六b~c頁、『国訳』一〇五~一〇六頁。
(60) 『大正蔵』第五十巻、六〇一b頁、『国訳』一五八頁。
(61) 『大正蔵』第二十四巻/律部三、一〇〇六c頁、『国訳』律部十二、三四二~三四三頁。
(62) 山部能宜「『梵網経』における好相行の研究――特に禅観経典との関連性に注目して――」(荒牧典俊編『北朝隋唐中国仏教思想史』法藏館、二〇〇〇年)参照。また、師茂樹氏も同様の観点から、『日本霊異記』に関する新たな読み込みを行っている(同「五姓各別説と観音の夢――『日本霊異記』下巻三十八縁の読解の試み――」仏教史学会一月例会レジュメ、二〇〇六年)。

(63) 横田隆志「尊子内親王と『三宝絵』序説」(『国文論叢』二八、一九九九年)、五頁。

(64) 白土わか「草木成仏説について――その形成と展開――」(『仏教学セミナー』六八、一九九八年)、一六～一七頁。

(65) 芹川博通「仏教の自然観――仏教の環境倫理を考える手がかりとして――」(『淑徳短期大学研究紀要』四〇、二〇〇一年)、二八頁。

(66) 以上の記述については、安然『斟定草木成仏私記』参照。安然の所説については、新川哲雄『安然の非情成仏義研究』(学習院大学、一九九二年)、末木文美士『平安初期仏教思想の研究――安然の思想形成を中心として――』(春秋社、一九九五年)に詳しく、同文献についても後者に翻刻・訳注が掲載されている。

(67) 『塵添壒囊抄』巻第十六(『大日本仏教全書』一五〇)、三九八頁。平林盛得『良源』(吉川弘文館、一九七六年)、六九～八二頁、石田瑞麿「空也・良源・源信・良忍――叡山の浄土教――」(『浄土仏教の思想』六「新羅の浄土教・空也・良源・源信・良忍」講談社、一九九二年)、一二一～一二六頁に詳しい考証がある。

(68) 『大日本仏教全書』一二四、三〇九頁。

(69) 大久保良峻「現実肯定思想――本学思想と台密教学――」(同『天台教学と本覚思想』法藏館、一九九八年。初出一九九四年)、六七頁。

(70) 『慈恵大僧正伝』(『群書類従』巻第六十九/伝部)、五五三頁。

(71) 佐伯有清『新撰姓氏録の研究』本文篇(吉川弘文館、一九六二年)、二八二頁。

(72) 佐久間竜「木津」(佐伯有清編『日本古代氏族事典』雄山閣出版、一九九四年)、一八八頁。

(73) 櫛田良洪「慈恵大師伝の新資料について」『印度学仏教学研究紀要』一四―二、一九六六年。

(74) 「自然」の語が草木成仏説や本覚論と密接な関わりを持つことについては、渡辺喜勝「草木成仏論の形成と意義」(『論集』(印度学宗教学会)』二七、二〇〇〇年)、一二～一四頁を参照。

付記　本稿の要旨は、二〇〇六年一月の三宝絵研究会例会、二〇〇七年七月の上智史学会例会にて報告させていただいた。当日、貴重なご意見をいただいた方々には、篤く御礼を申し上げる。また、前者の研究会の成果は、本稿校正中に、小島孝之・小林真由美・小峯和明編『三宝絵を読む』（吉川弘文館、二〇〇八年）として刊行された。収録された論考には本稿と関係するものも多く、併せて参照されたい。なお、本来私に課せられたのは〈日本浄土教の成立〉というテーマであったが、結果的に大きく隔たる内容のものとなってしまったことを、早島有毅先生はじめ、平雅行先生・草野顕之先生にお詫び申し上げる。法然・親鸞の浄土教と草木成仏説の関係も重要な論点だが、すべて今後の課題としたい。

京都商人の信仰と経営

——上京野洲井と下京沢村の事例を中心に——

早島大祐

はじめに

明応七年（一四九八）七月二十五日、細倉の屋号を有す土倉、宗本沢村平左衛門定広[1]の葬儀が行われ、「路次諸人群衆成ㇾ市」有様であったことが、『親長卿記』に記されている。翌明応八年七月二十二日に一周忌が営まれているから、命日は二十二日。享年はわからない。この沢村の葬儀については、早くからその豪華さや、禅僧の参加などから禅宗との宗教的な繋がりが指摘されてきたが、近年、『八瀬童子会文書』が公刊されたことで十五世紀中葉に沢村が日吉神人であったことが判明し、禅宗だけに止まらない多様な宗教的繋がりを有す京都商人の実態が明らかになった。商人と信仰の問題に関しては、先に中世後期商人の経営が神人のネットワークを基盤に形成されていたことを指摘したが[2]、商人の信仰は観念的な側面だけに止まらず、経営の実際とも密接に関わっていた。中世商人の本質がこのようなものであるならば、沢村に見られるような多様な信仰のあり方を、単に宗教・信仰一般の問題としてのみ光をあてるのではなく、彼らの経営との関わりも視野に入れて論じなおす必要があるだろう。そこで本稿では、沢村、そして同じく日吉神人であったことが明らかになった野洲井の動向を中心に、中世後期における京都商人の信仰と経営の問題について論じることにしたい。

一　応仁の乱後の商人の動向

まず、小谷利明氏の研究[3]や、その後に活字化された『八瀬童子会文書』の史料内容も参照しつつ、十五～十六世紀の沢村家の動向を概観しておこう。沢村は日吉神人としての経営基盤を有していたが、乱中には課税を忌避して八幡神人への道を模索する。乱後、山門による日吉神人の掌握が有名無実化していく中、武士への接近を深め、細川被官としての徴証が数多く見られるようになり、延徳二年（一四九〇）までには幕府納銭方としての活動を始めていたことが確認できる。この時期の沢村は洛中の自衛団的役割を果たしており、明応四年には徳政帳本を退治、[4]また、明応六年および文亀二年（一五〇二）には、東寺から、京郊荘園の在地領主と並んで、合力を要請されていた。[5]その前提には、この時期の沢村が下京において近隣村落の小領主と同等の武力を有していたことがあり、下京における沢村の卓越した地位を察することができる。そして、このように自衛軍として活動し、洛中の治安維持に尽力したからこそ、宗本の死を多くの人が悼んだのだろう。その後も、沢村の家は中世末まで徴証が認められ、室町・戦国期を通じて、京都で活動していたのである。

武家との関係については次章で論じることにして、以上の概略の中で、『八瀬童子会文書』から新たに判明した事実が、「はじめに」でも触れた、沢村が日吉神人であった点である。

（前欠）

相模殿被官

四条猪熊西北頬沢村事、馬上役久勤仕候仁躰也。其謂ハ、此仁根本ハ高辻猪熊西北頬ニ住ス。其時一衆定泉坊

下ニテ、馬上役勤二仕之一。其後大炊御門烏丸南東頬ニ住ス。其時も馬上役勤レ之。就二乱世一、近年、大炊御門猪熊南東頬ニ住ス。既文明二年分マテ、致二其沙汰一候処、為レ遁二此役一、今ノ四条猪熊ニ移、剰始テ八幡神人云々。言語道断之所行也。仍中興ト申候ハ二条東洞院ノ柳也。柳ノ一党ハ為二八幡神人一、馬上役免除也。往古ヨリノ例也。如二風聞一者彼沢村、近年中興之聟ニ成云々。若然者為レ遁二当役一、相二語中興一致二代官一之由掠申者歟。所詮被レ任二出座停止御教書之旨一、可レ被レ加二御成敗一。尚以及二異儀一者、不日罷下於二坂本一可二申明一候由、御下知可レ為二肝要一候[6]。

（後欠）

応仁の乱以前、沢村は定泉坊管轄下の日吉神人であったが、馬上役の課税を忌避して八幡神人であった柳酒屋中興に婿入りして八幡神人になろうとしていたことがここに記されている。前欠文書のために最初の「相模殿被官」という記載の意味が明瞭ではないが、この時期は西軍が東軍の「御構」を除く洛中のほとんどを掌握していたから[7]、この頃に沢村が西軍山名相模守教之の寄子であったことを指すのだろうか。また、後半で触れるが、柳酒屋として有名な中興が八幡神人であった事実の記されていることも貴重な情報である。

このように沢村が山門配下の神人であることに抵抗を見せていたことは、その後の幕府納銭方として活動を行うに至る前提条件として注目できるが、確認しておくべきは、日吉神人から出座しても八幡神人へ入座しようとした点である。ここから、神人という身分が依然として必要だったことがうかがえる。先に山崎神人に即して明らかにしたように[8]、都鄙にまたがり物資を商う前提には、神人同士の繋がりが重要であったから、京にあって、地方の物産を入手する上で、神人であることは不可欠であった。そのために、神人であり続ける必要があったわけである。このことは、交通の確保と神人身分が密接に関わっていたことを何よりもよく示すといえる。

乱後、納銭方への就任など幕府との関係が深まるにつれて、彼らから神人という側面は希薄になっていくのだが、それではそれと一体であった特権的な流通路の確保は、どのように試みられていたのだろうか。この点は、沢村に関する史料からうかがうことは困難だが、『八瀬童子会文書』によって沢村と同じく日吉神人であることが判明した野洲井の事例も参照しつつ、検討することにしたい。

諏信
一　誓願寺扇屋加賀祐賢　　—十　廿五（文明十五年十月二十五日）

商人五郎左衛門在所舟橋に隠岐越後守粟田口絵師替銭弐拾六貫文但六貫文ハ夫賃事、祐賢立二請人一之処、閣二本人一、懸二請人一譴責、不レ及二覚悟一云々(9)。

まず、内容から確認すると、商人五郎左衛門が、扇屋加賀祐賢を請人として隠岐越後守に「替銭」二十六貫文を借用したところ、返済の譴責が五郎左衛門本人ではなく請人に対して行われたために、祐賢が幕府政所に訴えを起こしたことが読みとれる。「替銭」とは出先での借銭手段である利息附替銭(10)のことであり、舟橋の五郎左衛門は、京の東の出口である粟田口を経由した地で隠岐越後から銭を借りて、出先での資金運用を行ったと考えられる。舟橋、誓願寺はいずれも現在の堀川今出川近辺であり、近隣の商人が相互に信用保証をしていたことが確認できる事例である。

この五郎左衛門、残念ながら姓が記されていないが、舟橋に住む五郎左衛門という商人に関して、一人の心当たりがある。それは野洲井五郎左衛門宣助である。文明十八年（一四八六）九月の端裏書をもつ日吉神人現在所書付に「□（舟カ）橋南西頬　野洲井」(11)との記載があるから、彼がこの時期に日吉神人であり、舟橋に居住していたことがわかる。つまり、舟橋の五郎左衛門とは野洲井五郎左衛門宣助であると推定できるのである。

とすると、右の史料に記載される京から東への出口である粟田口で借銭をしていた事実に、彼と行動を共にしていたと見られる請人が「加賀」という国名を有していた点も加味すると、野洲井が琵琶湖を経由して日本海へ向かう流通路を商圏にしていた商人であったことが明らかになる。野洲井は日本海方面に商圏を有した日吉神人であり、乱後もそのネットワークを保持して活動していた様子が、右の史料から垣間見えるのである。

従来の研究で、野洲井に関してまず知られていたのは、賀茂社との関わりであった。賀茂社領能登国土田庄と野洲井の関係を明らかにした須磨千穎氏は、野洲井が同荘代官を請け負うことができた前提の一つとして、彼が北陸との日常的な商取引ルートを確保していたことを推定していたが、日吉神人としての活動を見ても、その指摘の確かさが裏づけられる(12)。

日吉神人であった沢村においても、野洲井のような北陸との繋がりが確認できる。『鹿苑日録』明応八年七月十九日条には次のような記事が残されている。

建仁玖首座来。請曰、来廿二日就二細倉之宅一煎點、蓋故倉主一周忌之辰也。今日京兆命二諸党一、以奪二取都下四方蔵財物一者云々。文揔（寿顗）曰、聞、細倉平次郎知己之在二越前一者、寄レ書曰、将軍進軍者必矣。雖レ然朝倉者不レ従也。故不レ可二入洛一也。将軍則可レ軍二于江州清水一矣。若如レ此、則豈レ得二入洛一哉。（後略）

来月に沢村の一周忌があること、そして当時、越前に逃亡していた前将軍義材の動向が、建仁寺の玖首座と文揔寿顗から記主景徐周麟に伝えられている。ここでの関心から重要なのは、後者が沢村の越前の知己を情報源とした点であり、沢村も越前の人間とのネットワークを保持していたことがうかがえる。これは日吉神人であった頃に築かれていたものと推測しても大過ないだろう。野洲井と同様の状況が、やはり沢村においても確認でき、乱後の京都商人が山門と距離を置こうとした一方で、そのネットワークは残そうとしていたことがわかるのである。なお、ここから禅僧、とくに建仁寺と沢村の繋がりもうかがえるが、この点については後述したい。

そのほかの乱後の動向として挙げられるのが、これまでも注目されてきた沢村や野洲井が幕府納銭方として活動していた点である。沢村が納銭方であった徴証が確認できるのが延徳二年以前であることは、はじめに触れた通りだが、沢村と同じく納銭方を務めた中村が将軍義尚の財政を管理していたことが文明十年（一四七八）以降に散見するから、両者が納銭方として活動を始めたのも従来の理解よりも早く、乱直後にまで遡る可能性がある。(13) その後、大永頃には沢村彦二郎が米屋課役の徴収を請け負っており、幕府の徴税代官として様々な活動を行っていたことが確認できる。(14)

また、この時期の動向として注目できるのは、荘園領主との関係である。能登国土田庄をめぐる、野洲井と賀茂社の関係についてはすでに周知の通りだが、沢村も三条西家との繋がりを有しており、例えば明応七年には苧課役公用代官としての徴証が確認でき、(15) 永正九年には六条坊門地の地子銭を沙汰している。(16) こちらは遠方荘園の代官請負ではないが、経営基盤を確保しようとする沢村の動向として注目できるだろう。

このように乱後の京都商人は、山門からの支配とは距離を置きつつも、神人であった時に有していたネットワークを維持しようとしていたことがわかる。そして役銭の徴収や荘園代官を請け負うことで経営基盤を確立しようとしていたのである。

二　武家被官化と経営

乱後の京都が直面していたのは、火災・強盗・疫病といった第二の罹災(17) であり、この時の京都では治安と衛生がきわめて悪化していた。このような中で、京都の商人が選択したのは武家の被官となる道であった。乱後には京都の商人のほとんどが細川家の被官となっており、例えば文明十八年には、土一揆が東寺に陣取りをした際に、細川家被官が「洛中土倉質屋之輩」を引き連れ土一揆と戦ったことが見え(18)、このような洛中警備における細川家の主導的立場を反映してか、翌年には京の地下人は全て細川政元の被官となり、侍所の下知に従わない様子が当時の記録に記されている(19)。沢村平左衛門定広も早く文明十五年には細川家臣である安富新兵衛尉の寄子であったことが確認でき(20)、乱後の治安の悪化が一つの要因となって武家への被官化傾向を強めていたのである。

このような武家への被官化傾向は、乱後の治安悪化を契機としたものであることは確かだが、乱後に突然、出現した現象ではなく、すでに乱前に萌芽があったことにも注意しておきたい。文正元年（一四六六）には山名や朝倉の被官が土倉酒屋を襲撃した記事が見え、伊勢や蔭凉軒主季瓊真蘂の被官の町人の多くが犠牲になったことが記されている(21)。同年九月六日には伊勢貞親・季瓊真蘂といった義政親政を支えた大立物が失脚した文正の政変が起こっていたから、その影響で被官の町人が襲撃されたのだろう。嘉吉の乱後、土倉酒屋が衰退し、山門による把握も不十分な状況において、伊勢貞親主導の下、新規・再興在所の日吉神人化などの幕府・山門経済の再建策が採用されていたから(22)、その流れで、都市においては、山門を介さずに直接武家と繋がった伊勢被官が増加していた。室町幕府の商人支配は本来、山門を通じて行われていたが、十五世紀中葉には山門による神人支配が動揺して、武家と商人が直接結びつく動向が見られ、室町幕府の都市支配は変質しつつあった。乱後には、沢村らが納銭方となったことに象徴されるように、幕府も山門を後援することがなくなり、乱前に見られた流れが加速して、京の地下人は全て細川家の被官といわれるような状況が現出したわけである。

このように嘉吉の乱後の山門による神人支配の動揺に加え、乱後の京都が直面していた強盗や土一揆などの暴力の存在が、彼らを武家被官へと向かわせていたのだが、それでは被官化は、自衛という側面以外、具体的には経営面で京都商人にどのような影響を与えたのだろうか。

この点については別稿で、酒商売の事例から、この時期に他国商人による流通が大きく展開しており、これが京都の商人を阻害する方向で進んでいたことを明らかにした[23]。また近稿で述べる予定だが[24]、その展開を容認していたのは、実は細川家そのものであり、京都商人はこれら他国商人の排除を被官主には期待できなかった。そのために別のかたちで新たに流通路を開拓する必要があったわけである。

このように細川氏への被官化は経営の保護というかたちには直結していなかったのであるが、この問題について検討する前に、武家との接触との関連で注目できる禅宗と京都商人の関わりについて触れておきたい。沢村と禅宗の関係については、周知に属しているが、同じく日吉神人であった野洲井家も禅宗に深く帰依していたことが確認できる。

a一、野洲井修理亮光助申状　天文十五　十二

右子細者、栖雲庵住持職、同寺領買得之地等事、前住修蔵主、対二愚息宗悟喝食一譲与之旨、帯二置文一当知行之処、光助伯父加賀入道、其子小五郎等、及二競望一之条、不レ能二覚悟一次第也。殊当庵領大宮敷地事、加賀入道令二買得一由申懸之段、謀略之至極也。所詮、被レ成二下問状御下知一、預二御糺明一、任二理運之旨一為レ蒙二御裁許一、謹言上如レ件。

天文十五　十二月　日[25]

b一、野洲井修理亮光助与二同名小五郎宗助一相論栖雲庵同寺領等事、三問答趣令二披露一了。雖二事多一、於二檀那職一者、浄勢為二嫡孫一之間、小五郎可レ令レ存二知之一。於二住持職一者、前住可任附属云、（浄勢子孫云　旁宗悟喝食存二知之一、庵領以下弥可レ令レ全二所務一。）旨次大宮敷地之儀者、恵康永正三年雖レ買二得之一、栖雲庵至二享禄天文一無二懈怠一、寺領証跡為二分明一之上者、弥全二寺納一、専二勤行一。何以

浄勢為レ孫之間、宗助・光助申合、栖雲庵無二退転一之様可二申付一之由、頭人被レ申候。恐々。

（天文十六年）九月廿八日

松田対馬守殿

諏訪神左衛門尉殿　御宿所(26)

この二点の史料は、南禅寺栖雲庵の住持職と寺領をめぐる野洲井修理亮光助と叔父加賀入道との相論の模様を記したものである。まずこの相論の内容に入る前に、記事からうかがえる野洲井家の人物関係を整理しておくと、次の通りである。

浄勢（五郎左衛門宣助）┬加賀入道恵康（助賢）― 小五郎宗助
　　　　　　　　　　　└修理亮光助 ―― 宗悟喝食

この系図について説明すると、史料bに見える浄勢には、五郎左衛門宣助をあてるのが妥当だろう。恵康子小五郎が嫡孫とあるので、加賀守（入道）の流れが野洲井家嫡流ということになる。嫡流が加賀守という官途を有していたことは、先述した野洲井の日本海への商圏の存在も想起すると適合的であり、その経営の軸足の所在を象徴するものといえる。この加賀流に関しては、文亀元年（一五〇一）に野洲井加賀守助賢が近衛殿旧跡船橋殿地代官職を仰せ付けられ(27)、また天文十二年（一五四三）に野洲井加賀入道恵康が幕府法廷に出訴した記事が見えるから(28)、助賢が出家して恵康を名乗ったと考えられる。

次に相論の対象となった南禅寺栖雲庵について見ておくと、同庵は観応二年（一三五一）に来日した元僧東陵永璵開基の由緒を有する庵である(29)。文明十一年に二十貫文の銭主として幕府政所引付に見え、そこには「在所櫛笥与二大宮┐間、北小路与二武蔵小路一間」と記されており、[30]当時の所在地が明らかになる。

野洲井家と栖雲庵の関係であるが、天文十五年に宗悟喝食に住持職と寺領が与えられたのは史料aに見える通りである。史料bに初めて見える檀那職については、それ以前に野洲井が掌握していたとみるのが妥当だろう。同じく史料bによると、永正三年（一五〇六）に恵康が買得した土地が、享禄・天文年間には栖雲庵領となっていた旨が述べられているから、おそらく恵康からの寄進などによって、寺領の充実がはかられたのだろう。ここから野洲井嫡流が同庵を保護しようとしていた様子がうかがえる。

ところが、史料aに記される通り、その土地が前住修蔵主から宗悟への譲りに伴い実質的に修理亮流の所有となった。恵康はこのことを嫌い訴訟を起こしたに相違ない。後述するが、これより三年前にも嫡流加賀と修理亮の間で相論が発生しており、同族間の関係は悪化していた。このことも今回の栖雲庵をめぐる相論の伏線となっていたと考えられる。それはさておき、以上の点から、栖雲庵と野洲井家の関係が深まったのは永正年間頃だったと判明し、その後に、檀那職を獲得、そして今回、住持職と寺領が宗悟喝食に渡されることになり、嫡庶の区別は別として、栖雲庵は実質、野洲井家の有に帰したわけである。永正八年（一五一一）十二月十八日付の奉行人奉書に、断絶した塔頭を俗縁・買得と号して、諸家輩が進退することを禁止しているが、[31]これは南禅寺に宛てられた奉行人奉書であるだけに、野洲井家による南禅寺栖雲庵買得の動きを契機に、このような幕府禁令が出された可能性は高いといえる。

それでは、永正年間以降、野洲井はなぜ栖雲庵獲得に動いたのだろうか。この点については以下二つの可能性が指摘できる。

一つは野洲井家の菩提寺としての役割である。史料aから一族宗悟喝食が入寺しており、おそらくは野洲井家の経営の礎を築いた祖父浄勢の菩提を弔う目的があった可能性は高い。

もう一つが野洲井家の経営転換という側面である。須磨千穎氏によると、永正元年の幕府徳政令により多額の借銭が破棄された結果、能登国土田庄の代官請負が行われなくなるなど野洲井と賀茂社の関係は悪化していた。(32)このような経営の不安定化を背景に、この時期、野洲井が細川被官香西氏に接近していたことは、同じく須磨氏が指摘している通りであり、この時期、野洲井が経営の見直しを迫られていたことは確かである。同庵は地理的に、野洲井の本拠である舟橋の近くに所在しており、その取り込みには、賀茂社との関係悪化に直面した野洲井が足許を固める意味合いが強かったのではないだろうか。文亀元年(一五〇一)には近衛殿旧跡船橋殿地代官職にも任命されているから、賀茂社との関係悪化が、舟橋近辺への経営の重点化をもたらした可能性は高く、栖雲庵の吸収などを通じて、その権威をもとに経営基盤を確保しようとしたと想定したい。その展開の結果だろうか、天文十五年(一五四六)には、野洲井町という町が史料に見えるようになる。(33)上京の土倉酒屋役徴収の役割に加え、近衛家の旧跡の管轄、そして由緒ある栖雲庵の掌握を通じて、舟橋界隈における野洲井の位置は、下京の沢村と同様、あたかも村落の小領主のように卓越していたことが明らかになるのである。

以上、元日吉神人が禅宗に帰依していた様子を確認してきたが、経営と禅宗信仰との関わりにはどのようなものがあったのだろうか。この点については、沢村が建仁寺から祠堂銭を預かっていたことが確認でき、(34)一般論として禅院との繋がりが彼らの土倉経営の利点となったことが指摘できるだろう。しかし、これにしてもあくまで金融業の範疇におさまる問題であり、彼らの流通的展開を保障するものではない。武家被官化の経営上の意味について論じた際にもこの問題は保留しておいたが、武家被官化でも禅宗への帰依でも、経営の問題は十分に解決されなかった。それではこの時期に、京都の商人はどのように、都鄙間の物流を維持していたのだろうか、という先に保留した問いについて考察する必要がある。

この点を論じるにあたり、重要なのが法華宗との関わりである。十六世紀初頭までに京都に法華宗が流行していたことが早くから知られているが、それは純粋に教義の問題だけに止まらず、京都と瀬戸内の物流を結ぶネットワークでもあったことが明らかにされている[35]。残念ながら野洲井や沢村と法華宗との関わりはわかりにくいが、小谷氏は、天文十四年（一五四五）に沢村が堺から還京した本能寺に土地を売却したことから、沢村と法華宗の繋がりを推測しており、武家や禅宗との繋がりでは都鄙間の物流の掌握に限界のあった彼らからすれば、法華宗の教義だけではなく、そのネットワークは魅力的に映ったに相違ない。

法華宗への傾倒がうかがえるのは、柳酒屋中興であり、十六世紀中葉の法華宗側の史料には、中興の献身的な活動が記されている[36]。信仰の度合いには個別的事情も当然存在していただろうが、中興が傾倒した理由の一つとして、彼が八幡神人であったことに注目したい。すなわち八幡在京神人であった彼は本来、京都―淀川―瀬戸内間で特別の庇護を受けていた商人であり、そのために、京都―尼崎を押さえた法華宗のネットワークに親和しやすかったと考えられるわけである。

先に触れた通り、武家との接触は流通路の保障には繋がりにくく、そのために法華宗のネットワークなどを通じた、流通路の確保が重要な要件の一つであったと推測され、それが京都商人の法華信仰の一因となったと考えられる。

ところが、例えば沢村の場合、中世末期に東綾小路町の行事に沢村宗音という宗本末裔と見られる人物の名が見え[37]、沢村の禅宗帰依は続いていた。野洲井についても同様であったことは先に見た通りであり、法華宗の強い影響下にあった十六世紀の京都で、乱後に活躍した沢村・野洲井といった京都商人と法華宗との繋がりを示す徴証は意外にも乏しく、むしろここまで見たように禅宗への繋がりのほうが顕著であった。室町期には神人のネットワークの存在が都鄙の交通と商人経営の根幹であり、彼らも神人としてその恩恵に浴していたわけだが、神人を出座してからの武家への被官化や、禅宗への帰依という過程は、流通路の確保には積極的に結びつくことはなかった。後者に関していえば、これは信仰と経営の分離といえる現象である。加えて彼らは法華宗のネットワークとも距離をおいており、これらのことも要因となって、この時期、彼らから都鄙を交易する商人としての性格が希薄になったと考えられる。先の小領主の比喩にならえば、これは「在地性の深化」ともいえる現象である。

おわりに

本稿では沢村と野洲井の動向を中心に中世商人の信仰と経営について見てきたが、その信仰は、日吉神人としての信仰、武家への接近に付随した禅宗への帰依、そして法華宗との関わりといった具合に、多様で柔軟に展開していたことがわかる。これは神仏習合的で多様・重層的な信仰形態の一事例であることは確かだが、信仰を通じて獲得された人的な繋がりが商業経営とも不可分なものであり、祠堂銭などの土倉業原資や流通路の確保といった世俗的な経営の要請が、以上のような信仰の変遷を規定していた。この点はこれまであまり注目されていなかっただけに、信仰の職縁的要素として強調しておきたい。

それでは、野洲井、沢村らが出座した後の神人たちは、乱後、どのような展開をたどったのだろうか。例えば、十六世紀には山崎神人らの経営基盤が動揺したことについては別稿でも述べたことがあるが[38]、彼らは大永二年（一五二二）には、石清水八幡の霊験を強調して経営の好転を計ろうとしたものの、実際には、他の商人の台頭を抑止できず、油庭銭という関税を徴収することに止まっていた[39]。これは八幡宮の事例であるが、このような状況はいずれの神人においても共通して認められる。かつて幕府の庇護のもと、独占的に流通路を保障した神々は威光を失い、商人たちは新たな庇護をもとめて多様な動きを見せていた。本稿で論じたのはその一つの事例なのである。

以上で見てきたのは、経営とも関わる信仰の職縁的要素についてであるが、当然のことながら、沢村の信仰は経営に関わるものだけに限定されない。例えば、下京を基盤とした沢村の信仰に祇園への信仰も含まれていた可能性は高く、明応三年の大火により下京の住人の祇園神への信仰は強まったが、その中にやはり下京の沢村も含まれていたのではないか。つまり信仰の地縁的要素である。このように職縁や地縁といった生活様式の様々な要素と信仰は繋がっており、それが時に交差しつつ、中世人の信仰の多様性・重層性というかたちで現れているのである。

さて、乱後の京都商人の物流の掌握には、例えば法華宗との関わりが重要になっていた点は、すでに論じてきた通りであるが、このように考えると、京都の商人にとって天文法華の乱後の法華寺院の退去という事態は、信仰面のみならず、経営の面からもきわめて深刻な問題であったと考えられる。

折しも天文十年代には、沢村、野洲井が経営危機を迎えていた徴証がうかがえる。

沢村による天文十四年(一五四五)の本能寺への土地売却[40]については、本能寺への後援という要素も読み取れるが、天文十六年に、徳政に乗じて下京沢村新兵衛尉が建仁寺祠堂銭を破棄していたことは、それが沢村の運用資金であっただけに、その背景に沢村の経営危機が起こっていたことが読み取れる[41]。建仁寺との関わりは明応年間にも確認できたことであったが、寺財の祠堂銭の破棄は、長らく続いていた両者の蜜月関係に亀裂をもたらすことになったことは想像に難くない。祠堂銭破棄の要因として沢村の経営悪化が想定できる。

野洲井の場合も、上述の栖雲庵相論以前に次のような相論が発生していた。

一　松豊　野洲井加賀入道恵康申状　　天文十二　六　九

右買得相伝之地北白川追分中嶋畠七段事、対㆓同名修理亮㆒、連々借銭等五貫文余之質物ニ入㆓置之㆒。本利相当程以㆓此地子銭㆒可㆓引取㆒之由相㆓談之㆒候。然者既一倍馳過之上者、逐㆓算勘㆒畠之儀可㆓返付㆒旨度々申理候之処、兎角申㆑之、結句買得仕之由修理亮申候。一向無㆓其謂㆒候。更以非㆓沽却㆒、先年遣置算用状可㆑在㆑之。能々可㆑致㆓分別㆒由雖申㆓聞之㆒、彼等不㆑能㆓承引㆒候。所詮、被㆑遂㆓御糾明㆒任㆓理運㆒被㆑成㆓下御下知㆒者、可㆓忝存㆒者也。仍粗言上如㆑件。

天文十二年六月　日(42)

先述の栖雲庵相論から遡る三年前、加賀入道恵康と修理亮の間で借銭相論がもちあがっていた。具体的には恵康が修理亮からの借入金の質として入れた土地の返却を求めたところ、買戻しを要求されたために幕府法廷で争われたのである。同族同士の資金の融通は日常的に行われていたはずであるが、嫡流の恵康が、土倉経営からすれば多額ではない五貫文ほどの借入を返却できなかった点は注目できる。そしてここでの相論が後の栖雲庵相論にも影響を及ぼしたと考えられるから、天文年間に同族間での資金の融通に亀裂が生じていたのである。先に沢村が土倉経営の原資である祠堂銭を破棄したことに触れたが、同じく経営の基盤である同族間での資金融通を阻害するような状況が生まれていたのである。このような京都商人の経営を悪化させる相論が発生した背景には、彼らの経営自体の不安定化を挙げることができるのではないだろうか。とくに経営の危機が生じていたのが、嫡流加賀守系であったことは、野洲井が経営の軸足にしていた京から加賀にまたがる隔地間交易の不調を暗示している。

それでは、京都に拠点を置いたと見られる修理亮流野洲井家が安泰であったかといえば、必ずしもそうではない。その後、野洲井らが請け負っていた納銭業務についても正実坊に一任されることになり、京都商人は納銭徴収業務の権限も失うことになる[43]。十六世紀中葉に、隔地間商人から京の小領主的存在へと経営の軸を転換した野洲井家だが、その過程で一族の亀裂が生じ、経営規模を半減させる結果となった。さらに修理亮流の経営も順風ではなかったことは、右に見た通りであり、その後の同家の行末を暗示するものといえるだろう。

乱後の京都復興に際し、洛中警備などの点で重要な役割を果たした下京の沢村定広と、野洲井町という町名まで残した上京の野洲井宣助。十五世紀初頭に彼らの葬儀や供養が大規模に行われたことは、彼らが乱後の京都復興の立役者であったことを意味する。しかし、天文年間に彼らの経営の悪化がうかがえ、野洲井に至っては、菩提寺と考えられる寺庵をめぐる同族間の相論にまで発展していた。都市京都において小領主的な活動を見せた彼ら一族も、近世の入り口に至り、沢村は町の月行事としての姿しか見えず、野洲井町も元亀三年（一五七二）に一条組寄町のうちに見えるが[44]、現在はその名をとどめていない。

註

（1）小谷利明「土倉沢村について」（『畿内戦国期守護と地域社会』、清文堂出版、二〇〇三年、初出は一九八六年）では、暫定的に宗本と平左衛門定広を別人としているが、宗本＝定広とした村山修一説（『日本都市生活の源流』、国書刊行会、一九八四年、初版は一九五三年）への積極的反証はなく、本文の通りにした。

（2）早島大祐「中世後期社会の展開と首都」（『首都の経済と室町幕府』、吉川弘文館、二〇〇六年、初出は二〇〇三年）。

（3）小谷註(1)前掲「土倉沢村について」。以下、小谷氏の見解は本論文による。

（4）『大乗院寺社雑事記』明応四年十月条。

（5）「最勝光院方引付」明応六年八月十三日条、「植松庄方引付」文亀二年三月二十五日条。田中倫子「東寺の合力要請」（『山口芸術短期大学研究紀要』二一号、一九八八年）。

(6)『八瀬童子会文書』一二三五号。
(7)下坂守「応仁の乱と京都――室町幕府の役銭と山門の馬上役の変質をめぐって――」(『学叢』二四号、二〇〇二年)。
(8)早島註(2)前掲「中世後期社会の展開と首都」。
(9)「政所賦銘引付」四七三号。
(10)百瀬今朝雄「利息附替銭に関する一考察」(『歴史学研究』二一一号、一九五七年)。
(11)『八瀬童子会文書』一二一三号。
(12)須磨千穎「土倉による荘園年貢収納の請負について」(『荘園の在地構造と経営』、吉川弘文館、二〇〇五年、初出は一九七一年)。
(13)『親元卿記』文明十年正月五日条、七月二十五日条など。
(14)『蜷川家文書』四七六号。
(15)『実隆公記』明応七年五月七日条。
(16)『実隆公記』永正九年閏四月一日条、五月二十一日条など。
(17)早島大祐「応仁の乱後の復興過程」(早島註(2)前掲書)。
(18)『長興宿禰記』文明十八年九月十三日条。
(19)『蔭凉軒日録』文明十九年七月十日条。
(20)「政所賦銘引付」四七六号。
(21)『大乗院寺社雑事記』文正元年九月九日条。
(22)早島大祐「戦国時代の土倉酒屋役と室町幕府」(早島註(2)前掲書、初出は二〇〇一年)。
(23)同前。
(24)早島大祐「応仁の乱後の京都市場と摂津国商人」(『立命館文学』掲載予定)。
(25)「別本賦引付二」四五号。
(26)「賦引付並徳政方」一五号。

(27)「賦草案之引付」三一号。
(28)「別本賦引付四」九四号。
(29)桜井景雄『南禅寺史』上(法藏館、一九七七年、初版は一九四〇年)。玉村竹二『五山禅僧伝記集成』新装版(思文閣出版、二〇〇三年、初版は一九八二年)。
(30)「賦引付一」一八九号。
(31)『南禅寺文書』二六一号(『室町幕府文書集成　奉行人奉書篇』二七一〇号)。
(32)須磨千穎「土倉の土地集積と徳政」、須磨註(12)前掲書、初出は一九七三年。
(33)「徳政賦引付」九四号。元亀三年に上京一条組寄町として見えるから(「上下京御膳方御月賄米寄帳」、『立入宗継文書』八号)、舟橋以東、室町以西の範囲に存在したのだろうか。
(34)下坂守「中世土倉論」(『中世寺院社会の研究』、思文閣出版、二〇〇一年、初出は一九七八年)。早島大祐「足利義政親政期の財政再建」(早島註(2)前掲書、初出は一九九九年)。
(35)糸久宝賢『京都日蓮教団門流史の研究』(平楽寺書店、一九九〇年)。
(36)河内将芳「柳酒屋について」(『中世京都の民衆と社会』、思文閣出版、二〇〇〇年、初出は一九九二年)。
(37)元亀二年御借米之記(『立入宗継文書』八号)。
(38)早島註(2)前掲「中世後期社会の展開と首都」。
(39)「別本賦引付四」一〇号。『大山崎町史』本文篇(大山崎町、一九八三年)。
(40)「別本賦引付二」一一号。
(41)「銭主賦引付」五六号。
(42)「別本賦引付四」九四号。
(43)早島註(22)前掲「戦国時代の土倉酒屋役と室町幕府」。
(44)上下京御膳方御月賄米寄帳(『立入宗継文書』八号)。

ある利休画像をめぐって
――利休の娘おちょうについて――

山田哲也

京都の茶家長生庵堀内家には、**図1**のような千利休の肖像が所蔵されている[1]。この画像については、すでに杉本捷夫氏によって紹介されている[2]のだが、なぜか一顧だにされた痕跡もなく、埋もれた研究となっているようである。以下、同氏の論の要点を紹介してみたい。

図1　春屋宗園賛千利休画像（堀内家蔵）
〈千利休大事典より転載〉

杉本氏によれば、堀内家では、毎年利休忌に上の画像を無着軒の床に掛けるのが慣わしだという。茶の湯の家元である千家では、それぞれの利休忌で、各々に伝来されてきた利休画像を掛けて利休居士の供養を行っているが、表千家の脇宗匠である堀内家でも同様なことが行われてきたようだ。本画像（以下、堀内本と呼ぶ）は描いた絵師については不明のようであるが[3]、画像の上部に記された讃語の着讃者は、驚くべきことに春屋宗園であるという。

春屋宗園とは、臨済宗大徳寺派の僧侶で、永禄十二年には大徳寺第一一一世住持となり、津田宗及・千利休・古田織部・千道安・小堀遠州・千宗旦・薮内紹智などの茶人の多くと交友、あるいは師弟関係をもった茶の湯に嗜みの深い人物である。大徳寺の住持となったほかにも、開山となった禅院も多く、津田宗及の堺大通庵をはじめとして、石田三成・浅野長政による大徳寺三玄院、三成の領地近江国佐和山の瑞岳寺、黒田長政が創建した大徳寺龍光院などが挙げられる。また千利休がその一族を挙げて実現した大徳寺山門の寄進の際、その落慶法要の導師を勤め、さらには利休の孫千宗旦を弟子として育てたことは、その語録『一黙稿』に詳しい。また表千家に所蔵される、長谷川等伯筆の利休画像（以下、表千家本と呼ぶ）の着讃者でもある。つまり表千家と、現在は堀内家に所蔵される二本の利休画像に、春屋は着讃しているのである。

さて堀内本利休画像の讃語は以下のようである。

市中卜隠
常避塵縁
喫三巡茗
当一味禅
　画宗易師人之肖像
　其信女需賛語叨書

短偈以塞請云

前大徳春屋叟宗園

慶長八癸卯仲春日（4）

ここで注目されるのは、讃語の内容はともかく、まず春屋に讃を依頼した人物である。表千家本は「常随信男宗慶」とあり、この人物については従来、楽焼きの楽家の祖、田中宗慶と考えられてきた。この考えは概ね妥当だと思われるが、では堀内本にみえる「其信女」とはいったい誰なのであろうか。杉本氏は所蔵者第十二代堀内宗完宗匠より、春屋ゆかりの三玄院住職からの話として、「信女」は「娘」と解するよう教示されたことを紹介され、同氏はその場合、利休の娘で千家二代少庵の妻となり、三代宗旦の母親とされる「亀」＝喜室宗桂をその人物としている。また喜室宗桂が春屋に着讃を請うた慶長八年（一六〇三）という年が、利休居士十三回忌にあたることも指摘されている。

さらに堀内本が同家に納まったのは、収納されている箱の書付を四代宗心がしていることから、天明から文化までのころであるという（堀内宗心、文化十三年没、七十四歳）同家の見解を紹介される。この堀内本には、裏千家第四代の仙叟宗室によって「利休宗易居士画像　大徳寺春屋国師賛　宗室（花押）」という外題が書かれており、次のような玉舟宗璠の極書が添っている。

利休居士之像

円鑑国師之賛

令披見真蹟不

渉貴紙之通也恐惶

謹言

芳春院

五月十九日　　宗璠（花押）

山田長左衛門殿

玉舟宗璠は、先に挙げた春屋と同じく臨済宗大徳寺派の僧侶で、春屋の俗甥で、その法を嗣いだ玉室宗珀の嗣法。玉室に次いで大徳寺芳春院に住し、慶安二年（一六四九）に大徳寺第一八五世住持となった。茶の湯の石州流の祖である片桐石州の参禅の師であるほか、千家三代千宗旦との親交も知られ、石州を宗旦に紹介し、次男の甚右衛門に「一翁」・「宗守」などの号を与え、四男の仙叟宗室の加賀前田家への仕官にも尽力するなど、千家との関係が濃厚な禅僧であった。宛先の山田長左衛門とは、堀内家の古くからの門人で、杉本氏の紹介の時点でもその家は門人であった。代々酒造業を営み、銘酒「嶋臺」の名は京都では隠れもない存在である。そして堀内本の伝来過程を、お亀―宗旦―仙叟―山田家―堀内家と考察されている。

ここで問題点を整理すると、

①京都の茶家堀内家には、慶長八年（一六〇三）の利休居士十三回忌にあたり、「其信女」の依頼を受けて春屋宗園が着讃した利休画像が今に伝えられていること。

②「其信女」とは利休の娘と考えられること（この娘を杉本氏はお亀とされる）。

③堀内本は、お亀に所持され手厚く供養された後、宗旦、その末子仙叟宗室と千家に所蔵されたが、仙叟の時、玉舟の極書が添えられて京都の山田家に譲られ、そして山田家から茶の湯の師匠であった堀内家に譲られたこ

と。

以上三点となろう。

だが、ここで大きな疑問というか、問題が生起する。それは利休の娘お亀を、現在の研究状況は少庵の妻とは考えていないからである。それは千原弘臣氏が指摘され(5)、その後中村修也氏も支持された(6)説で、利休の娘お亀は、堺商人万代屋宗安の妻となり、文禄三年（一五九四）の宗安死後寡婦となった女性だというものである。故に少庵の妻女とはなり得ないのである。さらに中村氏の説によれば、千原説の出されるまで学会に通用していた代表的な説は村井康彦氏の説で(7)、それは宗旦の母である「喜室宗桂」を利休の娘お亀にあて、利休の書簡に出てくる「おちょう」をお亀と同一人物とし、「おちょう」をお亀の「早い時期の名」であるとするものである。この村井説に中村氏は千原説をもとに反論され(8)、少庵妻＝宗旦母＝おちょう、万代屋宗安妻＝お亀＝利休娘とされ、その後も基本的には自説を了とされ、杉本氏の提出された堀内本の「其信女」については宗旦の妻が妥当であると考えられている(9)。

だが何故、宗旦の妻が春屋に利休居士の画像に着讃を求めたのか、という点においては、中村氏は「宗旦の若き妻女が、次男誕生を祝って、今後の千家の隆盛を祈願して、改めて春屋に利休像の讃を求めたと考える方が自然ではなかろうか(10)」とされるが、はたしてそうであろうか。春屋と宗旦とはもともと大徳寺において師弟関係にあり、両者の間は深い。しかし還俗した宗旦の最初の妻女と、春屋との関係はどのようなものであったか、具体的には全く不明なのである。次男誕生云々ならば宗旦本人が依頼すれば済む話ではないのか。

ところで中村氏が否定した村井説に出てくる「おちょう」であるが、この女性の名が出てくる利休の書簡とは、東京の畠山記念館に所蔵されるもので(11)、

むらさきの
せうあんよりきたり候きんす
壱まいまいらせ候已上
天正十二年十二月二十一日　そうえき（花押）
おちやうへまいる

というものである。真贋含めて大量に残されている利休の書簡のなかでも、ほぼ全文仮名書きされた、いかにも女性宛にふさわしいものであり、小松茂美氏は「利休の最も確かな筆跡の基準となる」と高く評価[12]されている。しかし借用証文でもないのに年紀を入れている点に、疑問をはさむ余地がないわけではない。実は「おちょう」の名はもう二箇所出てくるのである。それは本書簡に添えられたもので、以下の通りである。

むらさきの
せうあんよりきたり候きんす
壱まいまいらせ候已上
天正十二年十二月二十一日　そうえき判
おちやうへまいる
「堺《（仙叟）》より
利休者少庵より跡ニ上京申候おちやうハ少庵妻女也

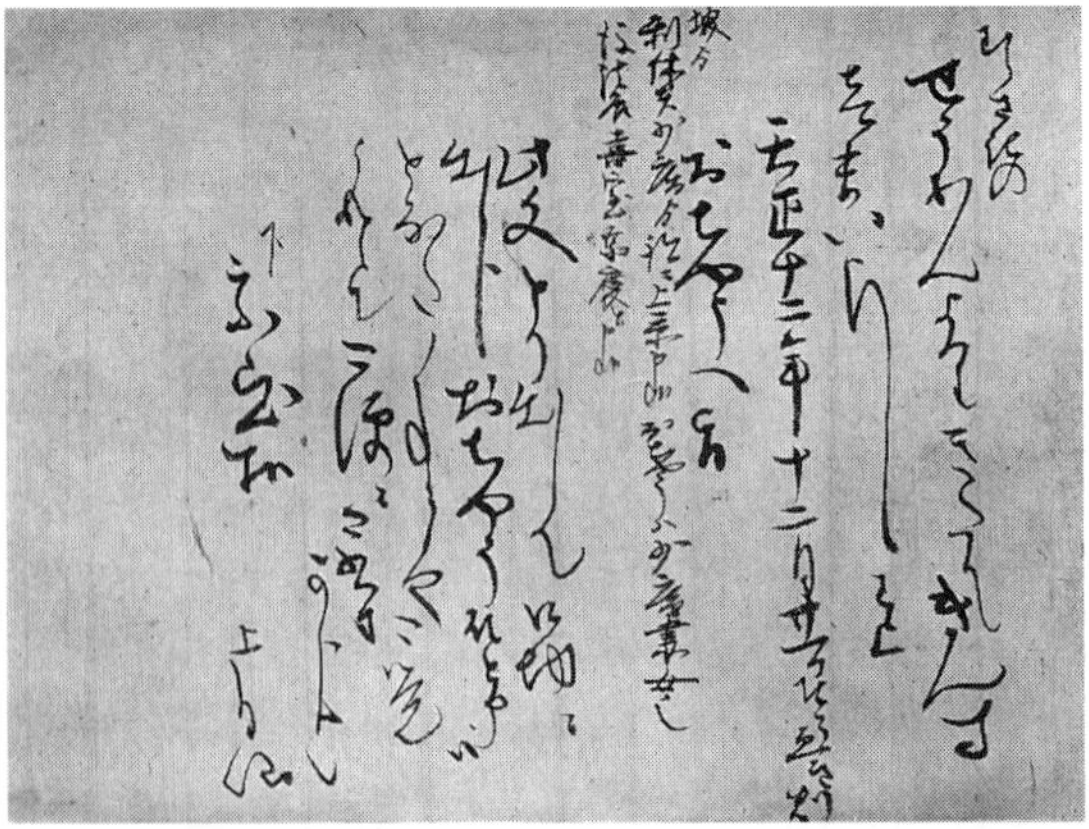

図２　仙叟宗室勘返状（畠山記念館蔵）

後法名喜室宗桂と申候」

此文とり出して口切ニ
出申候おちやう殿と申候ハ
となたノ事ニ候ヤ御覧
被成候て御便ニ御書付
可被申候

下

宗室様　　上自仙

と、おちょう宛の利休書簡の所蔵者自仙が宗室に宛てたものの勘返状である。ここでいう自仙とは家原自仙のことで、元禄四年（一六九一）の『京都覚書』[13]に「京都金銀持町人」「西洞院丸太町下ル丁　家原　自仙」とある人物で、京都の富商の一人で、かつ予楽院近衛家熙にも「家原自仙ハ蒔絵ノ目利ハ天下ニ並ナキ者」[14]という評価を与えられてもいる。茶の湯では、利休作の竹花入「園城寺」（東京国立博物館蔵）や、利休所持「高麗筒花入」などの茶の湯道具の名品を多く所蔵していたことでも知られている。また宛名の宗室とは、筆致からも仙叟宗室のことである。仙叟と自仙は、仙叟の茶会記[15]にも自仙の名が残り、自仙宛の仙叟書簡[16]も残っているように、茶の湯の交流が深かったようである。なお家原家は享保年間に三井家と姻戚関係を結び、同十五年には三井家の連家に取り立てられ、三井十一家に連なっている。[17]

さて仙叟の家原自仙宛勘返状によれば、自仙所蔵の利休書簡の宛名の人物を仙叟に尋ねたところ、仙叟からの返事に、利休が堺から上京する前に少庵が在京していて、おちょうとは少庵の妻女で法名を喜室宗桂といったという。つまり天正十二年十二月二十一日付の利休書簡は、京都の「むらさきの＝紫野」に利休上京以前に住んでいた少庵から、堺の利休宛に送られてきた金子一枚を、少庵の妻女である「おちょう」に利休が分け与えたというものである。ここでいう紫野とは大徳寺門前町をさし、後に利休がここにあった屋敷に住んだことがわかっている。[18]また少庵の在京については、『天王寺屋会記』宗及自会記の天正八年（一五八〇）十二月二十八日、宗及が少庵の「帰洛のてたち（出立）」の会を開いており[19]、この年以前に少庵が在京していたこともわかっている。したがって内容そのものにはさほど無理は認められない。

ここで問題なのは、少庵の妻女に対して利休が「おちょう」とその名を記していることである。単なる後妻、宗恩の息子の嫁ならば、「少庵内」とか「少庵内室」などの表現のほうが適切ではなかろうか。なぜ利休はその名を記したのであろうか。やはりこの「おちょう」とは利休の娘と考えるのが妥当ではなかろうか。たった一通の書簡で断定することは難しいが、娘のような関係でなければ、この当時宛名に名を記すということは考えにくい。仙叟がおちょうを「少庵妻女」「法名喜室宗桂」と記していることからすれば、「おちょう」を利休の娘と考えるのが、二点の史料から出てくる素直な結論ではなかろうか。そうすれば、杉本氏が主張された堀内本の着讃依頼者である「其信女」が、利休の娘であり、名を「おちょう」、法名「喜室宗桂」といった女性ということになろう。喜室宗桂が宗旦の母であることは間違いがないので、母が自らの禅の師である春屋宗園に着讃してもらった利休画像を、その子である宗旦が受け伝え、隠居の際にも跡取りの江岑宗左に譲らず、宗旦がそのまま所持し続け、隠居の後にも、後妻真巌宗見とともに生活を共にした末子仙叟宗室に譲られたものが、堀内本利休画像と考えられる。それは画像の外題を仙叟がしていることからも、無理のない理解と考えられる。

以上少ない史料から利休の娘おちょうについての考察を加えた。杉本説のように、「其信女」は「お亀」ではなく、「おちょう」であること、また中村説のように「おちょう＝喜室宗桂」が宗旦の妻女ではなく、「おちょう」が利休の娘であり、少庵の妻女であることを提案するものである。

註

（1）『利休大事典』所載「春屋宗園賛　利休画像　堀内家蔵」（淡交社、一九八九年）。

（2）杉本捷夫「慶長八年春屋宗園賛利休坐像について――机辺つれづれ」（『茶道雑誌』、昭和三十四年〈一九五九〉十一月号）。

（3）「伝狩野永徳筆」ともいわれる。矢野環氏よりご教示。ただし永徳は天正十八年九月十四日に没しているし、利休は永徳よりも、対立する長谷川等伯の支持者であり、表千家本利休画像を描いたのも等伯であるので、にわかには首肯しがたい。

（4）同偈は三玄院本『一黙稿』には別人に与えられたものとして記載される。このようなことはままあるようで、大阪府忠岡町の正木美術館蔵利休画像の古渓宗陳偈も、別本では「月翁宗智禅人幻容」となっている（『蒲庵稿』〈『茶道文化研究』第三輯、茶道総合資料館、一九八八年三月〉）。

（5）千原弘臣『元伯宗旦』、淡交社、一九八九年。

（6）中村修也「千少庵論」（『茶人と茶の湯の研究』、思文閣出版、二〇〇四年）。

（7）村井康彦「少庵と道安（その四）」（『茶道雑誌』昭和五十三年〈一九七八〉一月号）。のち『利休とその一族』（平凡社、一九八七年）に所収。

（8）中村註（6）前掲書。

（9）中村修也「再び少庵妻、宗旦母について」（『東京例会々報』第一七号、二〇〇六年）。

(10)同前。
(11)畠山記念館の展示で実見。また同館『昭和四五年秋季展図録』に収録。
(12)小松茂美『増補版利休の手紙』(小学館、一九九六年)。
(13)鎌田道隆校注「京都覚書」(『日本都市生活史料集成』一、三都篇Ⅰ)。
(14)山科道安編『槐記』享保十一年十月二十日条(『茶道古典全集』第五巻、淡交社、一九七七年)。
(15)「仙叟宗室会附」(『仙叟宗室居士の遺芳』、財団法人今日庵、一九九六年)。
(16)「正月二十八日付家原自仙宛仙叟宗室消息」(『特別展 千家の道統』、茶道資料館、一九九三年)。
(17)『三井文庫別館蔵品図録』茶道具Ⅱ「三井家の表千家道具1」(財団法人三井文庫、一九九一年)、一六四頁解説。
(18)(天正九年)卯月一日付平野勘兵衛宛利休書簡は「だいとくじもんぜんより」出されている。
(19)永島福太郎編『天王寺屋会記』七、解説編下(淡交社、一九八九年)、三五五頁。

付記 早島有毅先生との邂逅は、大谷大学の学部二回生の一九七七年八月の滋賀県八日市市の寺院調査の時でした。この調査は、大桑斉先生を中心に京都の仏教系大学の史学科を有する大学が参加した大がかりなものでした。そこで大きなお腹をゆすられながら(今ではそうでもありませんが)、我々初学の者を的確にご指導いただいてからのご縁でした。しかもそのご縁が三十年も続くとは、当時思いもだにいたしませんでした。大学院の修士論文でもご指導を受け、「天文日記を読む会」の活動を通して、懇切な、かつ、厳しいご指導を受けました。その間の思いはいまだに尽きることがありません。さらに修士課程修了後は、全く異なる茶道史の分野で生活するようになりましたが、絶えず気に懸けていただき、現在の私があります。ここに改めて三十年間のご指導に感謝を捧げますとともに、奥様泰子様の厚きご支援に併せて感謝を捧げさせていただきます。これからもお二人の一層の安寧と発展を念じてやみません。有り難うございました。

あとがき

早島有毅先生は、二〇〇八年三月をもって藤女子大学を定年退職されました。これを記念いたしまして、私ども先生の学恩を蒙った者により、先生の編著になる記念論集を刊行いたすことといたしました。二〇〇五年の一二月頃から、先生と二人の発起人で論集の編集方針について協議を始め、その概要が定まった翌二〇〇六年二月に、それぞれの方に執筆依頼をいたしました。爾来、二年余の執筆・編集期間を経て、本日ここに無事刊行の日を迎えることができましたことは、早島先生をはじめ、ご多忙の中、論文をお寄せいただきました方々のおかげであると感謝いたします。

早島有毅先生は、一九四三年二月二五日北海道小樽市のお生まれで、龍谷大学文学部史学科で仏教史を専攻され、修士課程を経て博士課程を満期退学されました。その後、しばらく本願寺史料研究所で真宗史料の調査研究にあたられ、宮崎圓遵先生をはじめ、千葉乗隆先生や平松令三先生等のご薫陶をうけられ、真宗寺院に所蔵される文書や絵画についての研究を深められました。こうした経験を先生は、『真宗史料集成』第六巻「各派門主消息」や、『真宗重宝聚英』第八巻「高僧連座像」の編纂という大きなお仕事に結実させられました。また、今回のこの記念論集のタイトルが『親鸞門流の世界――絵画と文献からの再検討――』とされたことも、この時期が先生の研究の出発点となっていることを窺わせます。

一方、早くから仏教史・宗教史に関わる研究会を幾つも主導されて、ご自身の研鑽と後進の育成にも力を尽くされました。一九四九年発足という伝統をもつ仏教史学会では、一九八〇年から三年間、委員長として会の運営にあたられ、九三年からは評議員を務められておりますし、一九七七年～八八年に期間を限って行われた近世仏教研究会（第二期）では、発起人の一人となって、会を主導されました。さらに、一九九二年から始まった日本宗教史懇話会サマーセミナー（第一期）においても、呼掛人の一人となるだけでなく、毎回会場の設営から史料見学の下準備まで、ご自身であたってこられました。こうした研究会では、積極的に質疑を交わされ、議論を深める中心的役割を果たされました。それに啓発されて研究を進めてきた友人・後輩各位の熱意によって、このように論集が完成いたしました。

早島先生は、本願寺史料研究所を退職されたあと、神戸女子大学・愛知女子短期大学を経て、一九九九年に藤女子大学に赴任され、文学部文化総合学科の教授として学生の教育にあたられましたが、まる九年を経てめでたく定年をお迎えになったことであります。今後も健康にご留意いただき、ますますお元気で、後進を叱咤激励するあのお声をお聞かせいただきたいと思います。

最後になりましたが、専門書出版の困難な今日、快く私どもの企画を実現していただき、立派な論集をつくっていただきました法藏館の会長・西村七兵衛氏、前編集長の上別府茂氏、編集担当の辻本幸子氏に深甚の謝意を表します。

二〇〇八年五月二四日

早島有毅先生ご退職記念論集　発起人
草野顕之
平　雅行

著者紹介（執筆順）

早島有毅（はやしま　ゆうき）
→奥付に記載

山田雅教（やまだ　まさのり）
一九六〇年生まれ。本願寺史料研究所客員研究員。論文「親鸞門弟中における〝真仏〟の位置」（『高田学報』九六）、「六角堂夢告私考」（『真宗研究』四九）ほか。

脊古真哉（せこ　しんや）
一九六〇年生まれ。同朋大学・中部大学・名古屋市立大学非常勤講師。著書『陰陽道叢書』一～四（共編・名著出版）、『蓮如方便法身尊像の研究』（共著・法藏館）ほか。

青木　馨（あおき　かおる）
一九五四年生まれ。同朋大学講師。編著『蓮如名号の研究』（法藏館）、『大系真宗史料　伝記編6　蓮如絵伝と縁起』（同）。論文「本尊・影像論」（『講座蓮如』第二巻）ほか。

吉田一彦（よしだ　かずひこ）
一九五五年生まれ。名古屋市立大学大学院教授。著書『日本古代社会と仏教』（吉川弘文館）、『民衆の古代史』（風媒社）、『古代仏教をよみなおす』（吉川弘文館）ほか。

平　雅行（たいら　まさゆき）
一九五一年生まれ。大阪大学大学院教授。著書『日本中世の社会と仏教』（塙書房）、『親鸞とその時代』（法藏館）、共編著『周縁文化と身分制』（思文閣出版）。

今堀太逸（いまほり　たいつ）
一九五〇年生まれ。佛教大学教授。著書『神祇信仰の展開と仏教』（吉川弘文館）、『本地垂迹信仰と念仏』（法藏館）、『権者の化現―天神・空也・法然―』（思文閣出版）。

大田壮一郎（おおた　そういちろう）
一九七六年生まれ。帝塚山大学他非常勤講師。論文「室町幕府宗教政策論」（『室町・戦国期研究を読みなおす』思文閣出版）、「足利義満の宗教空間」（『ＺＥＡＭＩ』四）ほか。

北條勝貴（ほうじょう　かつたか）
一九七〇年生まれ。上智大学専任講師。共編著『環境と心性の文化史』上下（勉誠出版）、共著『日本災害史』（北原糸子編、吉川弘文館）ほか。

早島大祐（はやしま　だいすけ）
一九七一年生まれ。京都大学助教。著書『首都の経済と室町幕府』（吉川弘文館）、共編著『室町・戦国期研究を読みなおす』（思文閣出版）。

山田哲也（やまだ　てつや）
一九五六年生まれ。今日庵文庫主任。論文「近江湖西地域における蓮如教団の形成と展開」（『講座蓮如』第五巻）、「南方録と青木凡鳥」（『禅文化研究所紀要』第二六号）ほか。

早島有毅（はやしま　ゆうき）

1943年北海道小樽市生まれ。1972年龍谷大学大学院文学研究科国史学専攻博士課程単位習得満期退学。本願寺史料研究所助手、愛知女子短期大学教授を経て、2008年３月まで藤女子大学文学部教授。現在、北海学園大学人文学部講師。日本中世宗教史を専門とする。
著述に『真宗重宝聚英』第八巻（同朋舎出版）、『朝鮮日々記を読む』（法藏館）、「本尊と影像」（『週刊朝日百科』、朝日新聞社）など多数。

親鸞門流の世界
——絵画と文献からの再検討——

二〇〇八年五月二〇日　初版第一刷発行

編　者　早島有毅
発行者　西村明高
発行所　株式会社法藏館
京都市下京区正面通烏丸東入
郵便番号　六〇〇-八一五三
電話　〇七五-三四三-〇〇三〇（編集）
　　　〇七五-三四三-五六五六（営業）

印刷・製本　亜細亜印刷株式会社

ISBN 978-4-8318-7561-7　C3021